절반으로 줄이는
상속·증여 절세법

신방수 세무사의

절반으로 줄이는
상속·증여 절세법

신방수 지음

두드림미디어

왜 절반으로 줄이는
상속·증여 절세법이 필요한가?

흔히들 이 세상에서 피할 수 없는 것이 바로 '세금과 죽음'이라고 한다. 그런데 상속이라는 것은 이 2가지가 동시에 발생한 중대한 사건에 해당한다. 상속이 발생하면 상속세라는 세금을 거두기 때문이다. 물론 축적한 재산이 별도로 없으면 이를 면제하지만, 어느 정도 재산이 생성되었다면 어김없이 이를 거두어간다. 이때 어떤 가정들은 부의 사회 환원 차원에서 기꺼이 상속세를 부담하지만, 다른 어떤 가정들은 그동안 이런저런 세금을 내왔는데 또 내야 한다는 사실 자체를 받아들이기가 힘들다. 그래서 상속개시 전이나 후에 이런저런 방법을 찾아 헤맨다.

하지만 어디를 가더라도 속 시원한 답변을 듣지 못한다. 처한 상황에 따라 해결할 수 있는 방법들이 천차만별이기 때문이다. 그래서 일단 급한 대로 과세망부터 피하고자 현금을 무단으로 인출하거나 재산을 숨기곤 한다. 그러다가 한참 뒤에 이러한 행위들이 발각되면 가산세 등이 추징되어 곤혹을 치르게 된다. 신고 후 바로 세무조사가 뒤따라온다는 사실을 경시한 결과다.

이 책은 누구나 한 번쯤 겪어야 할 상속에 관한 책이다. 재산이 없으면 없는 대로 있으면 있는 대로 상속재산을 슬기롭게 배분하고, 그에 맞는 절세법을 찾는 것을 목표로 하고 있다.

그렇다면 이 책《절반으로 줄이는 상속·증여 절세법》은 다른 책들에 비해 어떤 장점들이 있을까?

첫째, 상속과 증여 등에 관한 모든 세무상 쟁점을 다루었다.

이 책은 상속과 증여에 관해 실무적으로 알아야 할 것들로 총 8장과 부록으로 구성되었다. 구체적으로 1장과 2장은 상속과 증여에 대한 기본적인 지식을, 3장과 4장은 금융자산과 부동산에 대한 증여세 과세문제를, 5장과 6장은 상속세 과세문제를 다루었다. 한편 7장과 8장은 상속과 증여 선택 등에 대한 내용을, 부록에서는 상속·증여재산가액의 평가와 관련된 내용을 다루었다. 독자들은 이러한 순서에 따라 이 책을 살펴보면 상속·증여 세무 등에 대한 통찰력을 얻을 수 있을 것이다.

- 제1장 상속·증여 기본 알기
- 제2장 상속세 절세를 위해 증여지식이 중요한 이유
- 제3장 계좌이체 잘못하면 화를 부른다
- 제4장 부동산 증여 대충 하지 마라
- 제5장 슬기로운 상속재산 분배법
- 제6장 전문 세무사의 상속세 줄이는 비법
- 제7장 상속이 좋을까? 증여가 좋을까?
- 제8장 상속·증여에 대한 궁금증 Q&A
- 부록 상속·증여재산가액 정하는 방법

둘째, 스토리텔링기법을 동원해 재미나게 내용을 전개하고 있다.

20여 년 넘게 실무를 하고 책을 써온 저자는 현행의 상속과 증여에 관한 내용이 상당히 난해하다고 생각하고 있다. 한 인생의 삶 속에서 일어나는 모든 재산관계에 대해 복잡한 법의 잣대로 상속세 등을 제대로 과세하는 것이 생각보다 쉽지 않기 때문이다. 이에 저자는 일반 대중들의 눈높이에서 제대로 된 정보를 쉽게 전달하기 위해 스토리텔링 기법을 가미해 이 책을 선보이게 되었다. 이 책에서는 주인공이라고 할 수 있는 동해선과 강필수 세무사 등이 등장해 다양한 사례에 맞는 해법을 제시하고 있다. 이들이 현장에서 문제를 어떻게 해결하는지를 지켜보는 것만으로도 이와 유사한 세무문제를 손쉽게 해결할 수 있을 것으로 기대한다.

셋째, 상속과 증여 등에 대한 전략을 스스로 세울 수 있도록 했다.

상속은 일생 중 1회 발생하지만, 증여는 수회에 걸쳐 일어날 수 있다. 그런데 생전의 증여가 상속세에 영향을 주기 때문에 이 관계를 잘 알아두어야 한다. 또한 상속세와 증여세 등에 대한 과세망이 생각보다 촘촘하기 때문에 평소 상속과 증여 등에 관한 세무지식도 가지고 있어야 한다. 그렇게 해서 기본기를 쌓은 후에는 비로소 본인에 맞는 다양한 대안을 만들 수 있다. 이 책은 이러한 흐름에 따라 상속과 증여 등에 대한 기본지식은 물론이고, 실무에서 필요한 내용들을 최대한 실었다. 이를 통해 현금을 어떤 식으로 인출하는 것이 좋을지, 상속이 좋을지 증여가 좋을지, 법인에 증여하는 것이 좋을지, 상속재산을 어떤 식으로 배분하는 것이 좋을지 등에 대한 판단을 쉽게 할 수 있으리라고 본다.

이 책은 상속과 증여에 관심이 있는 분들을 위해 최대한 쉽게 쓰도록 노력했다. 따라서 대한민국의 일반 가정은 물론이고, 금융 및 세무업계 등에서 일하고 있는 분들에게도 많은 도움이 될 것으로 기대한다. 만약 책을 읽다가 궁금증이 생기는 경우에는 저자가 운영하고 있는 네이버 카페(신방수세무아카데

ⓜ를 찾기 바란다. 이곳에서는 실시간 세무상담은 물론이고, 최신의 세무정보, 그리고 상속세 등 세금계산기도 장착되어 있어 활용도가 높을 것이다.

　이 책은 많은 분들의 응원과 도움을 받았다. 우선 저자가 일하고 있는 세무법인 정상의 임직원들과 항상 저자를 응원해주신 카페회원들, 그리고 가족의 안녕을 위해 늘 기도하는 아내 배순자와 대학생으로 본업에 충실히 임하고 있는 두 딸 하영이와 주영이에게 감사의 말을 전한다.
　아무쪼록 이 책이 상속과 증여세무 등에 대해 능통하고자 하는 분들에게 작은 도움이라도 되었으면 한다. 독자들의 건승을 기원한다.

역삼동사무실에서
세무사 신방수

등장인물

박단단
금융회사의 팀장으로 고객들을 관리하고 있다.

박탄다(박단단의 형)
중소기업을 운영하고 있다. 세무에 관심이 많다.

동해선(박단단의 배우자)
금융상담에 필요한 세무지식을 연마하고 있다.

판매왕
동해선의 직장 상사다.

강필수(세무법인 정상 세무사)
국내 최고의 실력을 갖춘 세무전문가다.

배순자(세무법인 정상 실장)
세무법인 정상에서 세무실무를 담당하고 있다.

CONTENTS

제6장 전문 세무사의 상속세 줄이는 비법

제7장 상속이 좋을까? 증여가 좋을까?

(제8장) **상속·증여에 대한 궁금증 Q&A**

(부록) **상속·증여재산가액 정하는 방법**

(제1장)

상속·증여
기본 알기

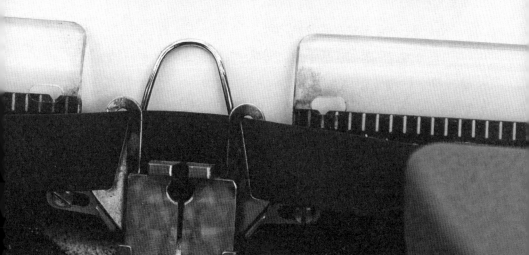

INHERITANCE TAX
AND GIFT TAX

가족 간의 거래에
증여세가 붙은 이유

"단단아, 오랜만이다. 그동안 잘 있었어?"

박탄다 사장이 오랜만에 동생에게 전화했다. 박 사장은 현재 중소기업체를 10년째 운영하고 있었고, 동생은 한 금융회사에서 팀장을 맡고 있었다.

"형, 무슨 일이야? 요즘 사업은 어때?"

"사업이야 그럭저럭 잘되고 있어. 그런데 어제 세무서에서 안내문이 왔더구나."

단단은 그 말을 듣는 순간 '무슨 일이 터졌구나' 하는 생각이 들었다.

"형, 무슨 일인데…."

"어, 2년 전에 아버지께 매매한 주택이 문제가 되었나 봐. 그 거래에 대한 자금흐름을 입증하래."

"아니, 형은 지금 담당 세무사가 있잖아."

"그래, 있지. 하지만 이런 문제까지 상의하는 것은 좀 그렇고, 네가 내막을 조금 알 것 같아서 이렇게 전화를 했다."

"형, 일단 그 안내문 톡으로 넣어줘 봐. 검토해볼 테니…."

얼마 후, 단단은 형이 보내온 안내문을 자세히 보고 있었다. 거기에는 그의 형이 아버지와 거래한 주택에 대해 자금흐름이 입증되지 않거나 소명되지 않으면 증여로 보겠다는 내용이 들어 있었다.

그걸 본 순간, 단단의 얼굴색이 붉으락푸르락했다. 사실 형이 아버지에게 매매한 주택은 진짜로 한 것이 아니었기 때문이다. 그런데 문제는 박단단 자신이 중간에 끼어 이런 거래를 알선했다는 것이다. 설마 무슨 문제가 발생할까 싶어 아버지한테 소유권을 이전해두라고 했던 것이다.

그렇게 일과를 마치고 단단은 집으로 돌아왔다. 마침 그의 아내 동해선도 퇴근해 집에 있었다. 해선도 남편 박단단과 같은 업종에서 재무관리자로 일하고 있었다. 비록 그가 속한 업계 환경이 하루가 다르게 변하고 있었지만, 하루하루를 최선을 다해 살아가는 당찬 여성이었다.

"해선 씨, 이거 봐봐."

"뭐, 어떤 거?"

동해선이 약간 놀라는 표정을 지어 보였다.

"아, 이게 말야…."

동해선은 더 이상 말을 잇지 못했다. 동해선의 표정으로 봐서도 예사로운 일은 아닌 듯 보였다.

"내일 빨리 담당 세무사한테 연락해서 해결하라고 해. 이것은 현안에 밝은 사람들이 해결할 문제야."

그렇게 해서 박탄다 사장과 회사의 담당 세무사가 마주하게 되었다.

"사장님, 그때 왜 그렇게 하셨나요?"

"그렇게 하면 세금을 아낄 수 있다고 해서요."

한숨을 쉰 후 박탄다 사장이 자초지종을 이야기를 하기 시작했다.

"그 당시, 집이 일시적으로 2주택이 되었습니다. 그런데 양도소득세 비과세를 받기 위해서는 기존 주택을 새로운 주택을 산 날로부터 2년(현재는 3년으로 통일되었음)

안에 처분했어야 합니다. 그런데 기존 주택이 안 팔리는 겁니다. 그래서 하는 수 없이 매매 형식을 취한 겁니다."

"아, 가족 간에 매매하면 세법에서는 증여로 추정한다는 이야기를 듣지 못하셨나 보군요."

"아…, 네…."

"사장님, 매매대금을 주고받은 것을 입증하지 못하면 증여에 해당되고, 그에 따라 증여세가 나옵니다."

"하지만, 우리 상식으로는 이게 왜 증여가 되는지 잘 모르겠습니다. 다른 사람들은 가족끼리 잘도 주고받던데요."

"그럴 수 있습니다. 하지만 세법은 특수관계인끼리 거래를 통해 세금을 줄이는 것을 용납하지 않습니다. 사장님의 경우가 대표적인 경우죠."

"그렇다면 무슨 특별한 방법이라도 있을까요?"

"일단 자금출처를 입증할 만한 자료가 있는지 찾아봅시다."

이후 두 사람은 노력을 다했으나 세무서의 과세 논리를 반박할 수 있는 길을 찾기가 상당히 힘들어 보였다.

세금 모르면
자산관리도 말짱 꽝이다

"아니, 남의 피 같은 자산을 관리한다는 분이 어째 말씀하시는 것이 신통치 않네요."

동해선은 어제 만난 고객에게서 들은 핀잔에 가까운 말을 곱씹고 있었다. 그럴수록 마음 한쪽에서는 이 일에 대한 회의감이, 다른 쪽에서는 이 상황을 어떻게 돌파할까 하는 마음으로 뒤범벅되어 있었다.

그렇게 생각에 잠기고 있을 무렵, 팀장인 판매왕이 다가왔다. 판매왕은 금융업계에서 선두그룹을 형성하고 있는 실력 있는 팀장이었다.

"동해선 씨, 뭘 그렇게 골똘히 생각하고 있어요? 좋은 거 있으면 같이 나누시죠."

"아, 별것 아닙니다만…."

"그래, 뭔데요?"

"다름이 아니라 어제 만난 고객이 제게 하소연을 하더라고요. 재산을 누구에게 줘야 하는지, 세금 대책은 어떻게 꾸려야 하는지. 그런데 평생 피땀 흘려가며 일군 재산에 대해 상속세를 내야 한다는 사실이 도저히 받아들이기가 힘들었나 봅니다.

그래서인지 이에 대해 많은 불만을 터트렸습니다. 상속세가 폐지되거나 세율이 인하되지 않는지도 여러 번 질문하셨고요."

"그분 재산이 많으신가 보군요."

"집과 5층짜리 상가 건물이 있습니다. 기준시가로 평가해도 족히 수십억 원은 되어 보이던데요."

"그 정도가 되니 그런 고충이 있었겠죠. 그렇다면 동해선 씨는 어떻게 대응했나요?"

"뭐, 딱히 드릴 말씀이 없어서 위로의 말씀만 드리고 왔습니다."

"해선 씨, 이번 기회에 그 고객의 어려움을 한번 해결해드리면 어떨까요?"

"제가 어떻게…."

"생각해보세요. 고객의 어려움을 잘 해결하면 실적도 올라갈 수 있잖아요. 가려운 곳을 긁어주는데 고맙게 생각하는 것은 당연하니까요. 그리고 무엇보다도 이런 기회를 통해 실력을 키워두면 두고두고 써먹을 수 있지 않을까요?"

동해선은 판매왕의 말이 가슴에 상당히 와 닿았다. 그래서 무슨 수단을 쓰더라도 꼭 그렇게 되었으면 좋겠다는 생각이 들었다.

"팀장님의 말씀에 100% 동의합니다. 하지만 제가 스스로 이를 깨쳐나간다는 것은 힘에 부칠 것 같습니다. 어떻게 해야 할지 방향이 서 있지 않아서 그렇습니다. 그래서 팀장님 같은 분들의 도움이 절실히 필요합니다. 팀장님께서 도와주시는 거죠?"

"물론입니다. 하지만 마무리는 동해선 씨가 알아서 하는 겁니다. 나름대로 공부하고 부닥치면서 일을 해결해야 본인의 실력이 되겠죠. 하하하."

동해선은 판매왕과 대화하면서 생각했던 것을 당장 실천하기로 했다. 실천하지 않으면 아무것도 이룰 수 없다는 것을 누구보다도 잘 알고 있었기 때문이다.

그래서 먼저 생각한 것이 평소 친분이 있는 강필수 세무사를 찾는 것이었다. 동해선은 재산가들의 고민은 상속세나 증여세에 있으므로, 이를 체계적으로 파악하려면 그를 찾아서 도움을 청하는 것이 나은 듯했다. 물론 강 세무사는 업계 최고의 실적을 자랑하기도 했다.

"하시는 일은 잘되시고요?"

강 세무사가 먼저 말문을 열었다.

"네. 그런데 요즘 경기 상황이 좋지 않아서인지 예전보다 힘이 듭니다. 물론 잘하는 사람들은 상황에 관계없이 꾸준히 실적을 올리는 것 같습니다만."

"그렇군요. 동해선 씨도 빨리 궤도에 올라서야 할 텐데요."

"아, 그래서 오늘 이렇게 찾아왔습니다."

"그래요. 뭔가 문제가 있으신가요?"

동해선이 이때다 싶어 준비한 말을 꺼내기 시작했다.

"앞으로 상속세와 증여세에 대해 구체적으로 알고 싶습니다. 업무적으로 매우 유용할 것 같아서요. 그리고 생활하면서 두루두루 써먹을 것이 많을 것 같기도 하고요."

동해선은 시아주버니인 박탄다 사장이 겪은 일, 그리고 고객의 일들을 떠올리며 말을 했다.

"아하, 그렇군요. 동해선 씨가 상속세·증여세 지식을 본격적으로 업무에 활용하려고 하는군요. 요즘 자산관리를 하는 분들이 상속·증여세를 모르고 업무에 임한다는 것은 상당히 문제가 있죠. 일반 대중들은 책에서나 인터넷 등에서 여러 가지 정보를 습득해 저만치 앞서가는데 그에 뒤처진다는 것은 있어서는 안 될 일이죠."

"네. 맞습니다. 사실 저만 해도 그동안 열심히 상속세와 증여세에 대해 공부했지만, 실무적으로 아직 알쏭달쏭한 것들이 많습니다. 별문제가 없어 보이는 것들이 문제가 되는 경우가 많고요. 그러다 보면 제대로 상담이 이루어질 수 없습니다. 그런데 문제는 어설픈 상담으로 인해 고객에게 재산상 손실을 입힐 수도 있어 긴장해야 하는 경우도 많다는 겁니다."

"이해가 됩니다. 지금 상속세와 증여세가 어렵다고 느끼는 분들은 대충 공부했거나 단편적인 정보 하나만 가지고 업무에 적용했기 때문일 수 있습니다. 그건 실력이 아닌데 말입니다."

"꼭 저를 두고 하시는 말씀 같네요. 세무사님, 도와주실 거죠?"

"아…, 알았습니다. 마침 저도 상속세와 증여세 연구를 체계적으로 진행하고 있으니 틈나는 대로 도와드리겠습니다. 일단 기본기를 익힌 다음, 실제 사례가 나올 때마다 해결책을 찾아가도록 합시다. 그렇게 하면 실력가가 될 수 있을 겁니다."

"정말 고맙습니다. 세무사님."

동해선은 이번 과정이 자신의 운명을 바꿀 수도 있을 거라는 생각이 들었다.

평범한 가정도
상속·증여를 모르면 손해 본다

"일반적으로 상속과 증여는 부자와 관계가 있다고 생각해서인지 일반인들은 상속과 증여에 대해 별로 신경을 쓰지 않는 것 같습니다. 그러다가 일이 닥쳤을 때 허둥대는 것 같고요."

동해선이 말을 이어나갔다.

"일리가 있습니다. 하지만 평범한 가정도 상속과 증여 문제에서 결코 벗어날 수는 없습니다. 요즘 부동산 가격도 급등해 아파트 한 채만 있어도 상속세 과세 대상이 되고, 또한 사회가 복잡해지면서 가족 간에 재산거래가 상당히 많이 발생함에 따라 여기저기에서 세금 문제가 개입되고 있습니다. 자칫 잘못하면 소중한 재산을 세금으로 갖다 바치는 일도 벌어지지 않으리라는 보장이 없습니다."

"등골이 오싹해지는군요. 세무사님, 우리 주위에서 흔하게 볼 수 있는 사례들 몇 가지만 소개해주시면 안 될까요?"

"좋습니다."

강 세무사는 일반인들이 상속·증여를 몰라 손해 보는 사례를 차례대로 소개하기 시작했다.

"첫 번째 사례입니다. 인천에 사는 신성철 씨라는 분이 있는데, 최근에 황당한 경험을 했답니다. 아 글쎄, 이분이 시골에 있는 토지를 자녀에게 증여하고 취득세 등을 모두 납부했는데, 얼마 뒤에 증여세를 2,000만 원 가까이 내라는 연락을 세무서로부터 받았다고 하지 뭡니까. 증여세가 있는 줄 몰랐던 모양입니다. 그런데 이 과정에서 아쉬운 것은 등기를 도와주던 사람들이 세금 문제에 대해 전혀 언급이 없었다는 겁니다. 등기만 하면 모든 일이 끝난 줄 알았던 모양입니다."

"어휴, 세무사님. 이런 일들이 지금도 발생하는가 봅니다. 증여세를 신고하지 않으면 가산세도 만만치 않을 텐데요."

"그래요. 이런 사례들이 많이 있습니다."

"역시 내 재산은 내가 스스로 지켜야 한다는 것을 여기서도 알 수 있네요."

"그래요. 다음 사례를 보죠. 경기도 화성시에서 거주하고 있는 어떤 분이 자녀에게 땅을 증여했습니다. 이렇게 증여가 된 땅은 수증자(증여를 받은 사람)의 것이 되므로 수증자가 마음대로 처분할 수 있습니다. 평소 자녀의 씀씀이가 헤프다는 것을 안 아버지가 증여를 후회해 이 땅을 다시 찾아옵니다. 증여의 경우, 취소를 할 수 있거든요. 그렇게 해서 소유권을 찾아와서 다행이라고 생각하고 있는데 난데없이 세무서로부터 증여세를 내라는 통보를 받았나 봅니다."

"세무사님, 당초 분은 증여세가 나오더라도 반환받은 부분은 증여세가 없지 않나요?"

"아닙니다. 세법은 신고기한 경과 후, 6개월이 지난 경우에는 반환분에도 세금을 부과하거든요."

"아, 그래서 그분은 세금을 이중으로 내게 되었겠군요."

"그렇습니다. 이렇듯 재산을 이전할 때는 예기치 않는 세금이 따라 다닐 수 있으므로 주의해야 합니다. 이제 마지막 사례를 들어보겠습니다. 천안에서 거주하고 있는 김영숙 씨의 이야기입니다. 김 씨의 집은 새 주택을 사면서 구 주택을 2년(현재는 3년) 내 양도하려고 했나 봅니다. 그 당시에는 2년 내 양도하면 양도소득세 비과세를 받을 수 있었기 때문입니다. 그런데 그 집이 팔리지 않자 하는 수 없이 비과세 처분 기한 내 아버지에게 그 집을 파는 형식으로 소유권을 이전했습니다. 물론 양도소 득세는 내지를 않았죠. 그런데 여기서 문제가 터진 겁니다. 관할 세무서에서는 직계 존비속 간의 매매에 대해서는 일단 증여로 추정한다는 사실을 깜빡했던 겁니다. 이 제도는 거래당사자가 유상으로 대가가 왔다 갔다 했다는 것을 입증하지 못하면 증여세를 부과하는 제도입니다. 김 씨의 경우 실제 돈이 오고 가지 않아 매매임을 입증하지 못했습니다. 그 결과, 아버지에게 증여세가 과세되었던 것이죠."

"아, 이런 사례들이 또 있군요."

동해선은 얼마 전에 시아주버니와 같은 사례를 접하고는 깜짝 놀라는 표정을 지었다.

"그래요. 이런 일들이 심심치 않게 일어나고 있습니다. 이렇게 되면 증여세가 원래 비싼 세금인데 가산세를 포함해 수천만 원의 세금이 나올 가능성이 큽니다."

"세무사님, 상속과 증여가 부잣집과 관련성이 있다고 봤는데, 평범한 집에서도 이런 문제가 발생하네요."

"그렇습니다. 실무에서 보면 앞에서 본 것들 외에도 주의할 것들이 상당히 많습 니다. 한 가지 예를 더 들어보겠습니다. 상속받은 부동산을 팔 때 양도소득세가 많이 나오는 경우를 종종 봅니다. 요즘 양도소득세는 모두 실거래가로 신고하는 데 취득가액이 기준시가로 되어 있기 때문이죠. 취득가액이 기준시가로 되어 있는 것은 상속세 신고를 대충 하거나 하지 않아서 그렇습니다. 하지만 미리 관심을 조 금만이라고 가지고 있었다면 자신에게 유리한 쪽으로 행동을 했을 겁니다."

강 세무사는 아울러 상속세 폭탄이 터지는 이유에 대해서도 알려주었다.

여기저기서 과중한 상속세 부담을 호소하는 경우가 많다. 그 이유를 나열하면 다음과 같다.

- 개인의 재산이 많다.
- 아파트 등 부동산을 많이 보유하고 있다.
- 갑작스럽게 상속이 발생한다.
- 사전에 증여한 금액이 많다.
- 상속 바로 전에 인출한 금액이 많다.
- 가족 간 계좌이체가 많다.
- 사업용 계좌를 잘못 관리한다.
- 상속세 신고 시 신고가액을 속인다.
- 무턱대고 기준시가로 신고한다.
- 재산 분쟁이 심하다.
- 상속세 신고 후 재산 변동이 있다.

효도로 사준 집에도
증여세가 부과된다

"아, 알게 모르게 세금이 부과되는 경우가 상당히 많네요. 특히 세금하면 딱딱하고 어렵다고 하는 사람들이 많은데 무방비로 놔두다간 오히려 또 다른 문제를 야기할 수 있겠다는 생각이 드네요."

동해선이 소감을 말했다.

"그럴 가능성이 큽니다. 뭐, 이런 말이 있죠. '권리 위에 잠자는 자는 보호받지 못한다.' 그러니 틈틈이 공부를 해두고 따져봐야 손해가 발생하지 않습니다. 그건 그렇고 사람들이 상속과 증여에 대해 얼마나 개념이 없는지 한 가지 더 말해볼까요? 아마 들으면 아주 놀라실 겁니다."

"네. 좋죠. 뭔데요?"

"TV나 신문 등을 보면 잘나가는 연예인들이나 운동선수들이 큰돈을 벌자마자 부모님을 위해 집을 사줬다 하는 말을 종종 합니다."

"그런 경우가 많죠."

"자, 그러면 집을 받은 사람들은 어떤 문제점들이 있을까요?"

"아, 세무사님. 그건 증여에 해당하잖아요. 그렇게 되면 증여세가 나올 텐데요."

"바로 맞췄습니다. 증여세가 부과될 수 있습니다."

"하지만 그들은 그런 행위에 세금이 부과된다는 사실조차도 모르잖아요."

"그러니 답답하다는 겁니다. 몰랐다고 증여세를 내지 않아도 되는 것은 아니지 않습니까?"

"세무사님, 만일 그런 상황에 부닥치면 증여재산을 반환하면 되잖아요. 줘버리면 증여로 보지 않을 것 같은데요."

"하하하. 동해선 씨. 세상이 그렇게 호락호락할 것 같습니까? 세법에서는 이런 상황을 막기 위해 반환하는 재산에 대해서도 증여세를 과세하고 있습니다. 그러니 지금부터는 공짜로 이전되는 물건에는 증여세가 있겠구나 하는 생각을 가지는 것이 좋을 겁니다."

"아, 그렇군요. 하여간 재산행위를 할 때는 돌다리도 두들기는 심정으로 조심해야 할 것 같네요."

현실적으로 상속이나 증여행위는 그렇게 자주 일어나지 않는다. 상속은 사망할 때 발생하므로 평생 한 번에 그치며, 증여는 수시로 발생하나 증여할 재산이 어느 정도 있어야 하기 때문이다. 이러다 보니 대부분의 가정에서는 상속이나 증여에 대한 지식이 없이 그에 대한 일을 겪다 보니 우왕좌왕하는 일들이 많다. 하지만 모른다고 대충 지나가서는 예기치 않는 손해를 볼 수 있는 것이 상속과 증여 부분이다. 따라서 내 가정의 재산은 내가 지킨다는 마음으로 임하는 것이 올바른 자세라고 볼 수 있다.

그렇다면 앞처럼 부모님이 집을 증여받으면 세금은 얼마나 낼까? 이를 위해서는 먼저 증여세 계산구조를 이해할 필요가 있다. 증여세는 증여받은 재산에 대해 증여를 받은 사람이 내는 세금이다. 증여세는 증여받은 재산에서 부채를 차감한 순재산가액에서 증여공제를 적용한 과세표준에 10~50%의 세율로 과세된다.

그런데 증여는 공제액을 최소화하고 있다. 예를 들면, 증여공제는 10년을 기준으로 배우자 6억 원, 성년자 5,000만 원, 미성년자 2,000만 원 등을 공제한다. 이를 정리하면 다음과 같다. 참고로 2024년부터 적용예정인 혼인증여공제(1억 원)는 53페이지를 참조하기 바란다.

구분	공제액
① 배우자로부터 받은 경우	6억 원
② 성년자가 직계존비속으로부터 받은 경우	5,000만 원
③ 미성년자가 직계존비속으로부터 받은 경우	2,000만 원
④ 기타 친족으로부터 받은 경우	1,000만 원

예를 들어, 배우자로부터 3년 전에 3억 원을 증여받았다면 남아 있는 7년 동안 나머지 3억 원을 추가로 공제받을 수 있다. 이렇게 하면 총 6억 원을 공제받을 수 있다. 물론 10년이 지난 경우에는 새로이 6억 원을 공제받을 수 있다. 이런 원리로 보면 증여행위가 적절히 발생하면 재산을 합법적으로 분산할 수 있어 세금 측면에서 유리한 환경을 조성할 수 있다.

한편 만 19세 이상을 말하는 성년자는 직계존비속(조부모·부모 등)으로 공제받을 수 있는 금액이 10년간 총 5,000만 원에 불과하다. 미성년자는 같은 기간에 2,000만 원을 공제받을 수 있다. 배우자 증여공제에 비해 금액이 상당히 낮다. 이렇게 공제액수가 낮은 이유는 부의 이전을 까다롭게 해서 사회공평을 이루기 위해서다.

이제 세금계산을 해보자.

어떤 연예인이 대박 CF를 찍어 5억 원을 받은 후 그 돈으로 부모님에게 집을 사줬다고 하자. 그 연예인은 증여세의 유무를 생각지 못하고 효도했다는 생각에 마음이 뿌듯했다. 하지만 세법은 이는 명백한 증여에 해당하므로 다음과 같이 세금을 추징하게 된다.

증여세 산출세액
= (5억 원−5,000만 원)×증여세 세율(10~50%)*
= 4억 5,000만 원×20%−1,000만 원(누진공제)
= 8,000만 원

그리고 이 외 2가지의 가산세가 붙는다. 하나는 신고불성실가산세로서 위 산출세액의 10~40%가, 다른 하나는 납부지연가산세가 위의 금액에 일일 2.2/10,000(연간 8.03%)만큼 부과된다. 이렇게 신고 및 납부를 하지 않음으로 써 추징되는 세금이 1억 원을 넘어설 가능성이 크다.

---

* 현행 증여세율과 상속세율은 10~50%(5단계 누진세율)로 같다. 세율구조는 제2장에서 살펴 본다.

도대체 얼마가 있어야
상속세 걱정을 할까?

"이런 것을 알면 앞으로 TV에 나와 자랑스럽게 집 사드렸다는 말들이 쏙 들어가겠군요. 하하."

동해선이 말했다.

"하하하. 그렇겠죠. 요즘같이 험한 세상에 稅(세)파라치들에게 걸려들면 꼼짝없이 당할 수 있으니 잘 새겨들어야겠죠."

"세무사님, 앞에서 보면 증여세는 증여하는 사람과 받는 사람 간의 관계에 따라 증여공제액수가 달라지잖아요. 그렇다면 상속은 어떤지 모르겠네요."

"상속은 사망시점에 발생하는 세금입니다. 그런데 상속세를 내지 않으려면 보통 재산이 10억 원 아래에 해당한다고들 알고 있는데 그렇지 않습니다."

"아니, 왜요?"

"상속공제액이 0원에서 수백억 원대로 다양하게 구성되기 때문입니다."

"정말요?"

상속세는 유산에 대해 부과되는 세금이다. 여기서 유산은 적극적 재산인 재산과 소극적 재산인 부채를 말한다. 상속세도 증여세처럼 재산에서 부채를 차감한 순재산에 대해 과세가 된다. 그리고 순재산가액에서 상속공제를 차감한 과세표준에 대해 10~50%의 세율을 곱해 계산한다.

그런데 여기서 상속공제액은 일반적으로 10억 원 정도를 받을 수 있다. 따라서 이 금액 이하에 해당하는 가정에서 상속이 발생하면 세금을 한 푼도 내지 않아도 된다. 이렇게 상속공제를 적용하는 이유는 유산을 받아 생활하는 상속인들을 배려하기 위해서다.

그런데 상속공제액이 상황마다 달라지므로 이를 정확히 이해할 필요가 있다. 다음을 살펴보자.

구분	공제액
피상속인의 배우자가 생존한 경우	10억 원 +α
피상속인의 배우자가 없는 경우	5억 원 +α

상속공제액이 10억 원인 경우는 주로 피상속인(사망자)의 배우자가 생존한 때다. 배우자 몫으로 최소한 5억 원까지 공제를 해주고 기타 일괄공제로 5억 원을 해주기 때문이다. 만일 배우자가 없는 상태에서 상속이 발생하면 최소 5억 원 정도를 공제받을 수 있다. 그런데 이러한 상속공제액이 고무줄처럼 늘어났다 줄어드는 경우가 있다. 늘어나는 것이 좋은 것이므로 이를 먼저 살펴보자. 앞의 'α'가 이에 해당하는데, 다음과 같은 공제 항목들이 있다.

• 배우자 상속공제 : 최고 30억 원까지 늘릴 수 있다.
• 동거주택 상속공제 : 최고 6억 원까지 늘릴 수 있다.
• 금융재산 상속공제 : 최고 2억 원까지 늘릴 수 있다.
• 영농 상속공제 : 최고 30억 원까지 늘릴 수 있다.
• 가업 상속공제 : 최고 600억 원까지 늘릴 수 있다.

배우자 상속공제는 최하 5억 원에서 30억 원까지 늘어날 수 있고, 자녀가 부모를 10년 이상 동거봉양하면서 주택을 상속받으면 최고 6억 원을 공제받을 수 있다. 또한, 기업을 운영하는 사람이 사망하면 최고 600억 원까지 공제액이 늘어날 수 있다. 이처럼 상속공제액은 생각보다 많을 수 있다.

이제 앞의 내용을 토대로 다음의 경우, 상속세가 나오는지 알아보자.

- K씨가 사망했다. K씨의 배우자는 없다면 → 유산가액이 5억 원을 넘으면 상속세가 나올 수 있다.
- L씨가 사망했다. L씨는 배우자가 있다면 → 유산가액이 10억 원을 넘으면 상속세가 나올 수 있다.

국세청과의 마찰은
이렇게 해결하라

상속세와 증여세 규정은 일반인들이 생각하는 것보다 단순하지 않다. 과세 공평을 위해 여러 가지 제도들이 다수 도입된 까닭에서다. 현실이 이러하다 보니 세무를 업으로 하는 전문가들도 규정을 쫓아 일일이 대응하기가 절대 쉽지가 않다. 그 결과, 납세자와 과세당국 간에 조세 마찰이 발생하는 경우가 왕왕 있다. 왜 그런지 이하에서 정리를 해보자.

먼저 국세청과의 마찰이 자주 발생하는 항목에 대해 살펴보자.

첫째, 상속·증여재산평가에서 발생한다.

원래 상속세와 증여세는 시가로 과세하는 것이 원칙이다. 그런데 상속재산이나 증여재산은 시장에서 매매하지 않는 이상 시가를 알 수가 없다. 그래서 세법은 이러한 문제점을 보완하고자 상속개시일 전후 6개월, 증여일 전 6개월, 증여 후 3개월 이내 해당 재산을 처분하거나 유사한 재산이 처분된 경우에 해당 금액을 시가로 보아 과세하고 있다.

그런데 문제는 유사한 재산이 너무 추상적이다 보니 이와 관련해 납세자와의 마찰이 남발되고 있다. 예를 들어, 납세자는 매매사례가액 등이 없는 것으로 보아 기준시가로 신고를 했는데, 과세당국은 위치나 면적 등이 유사하다는 이유로 그 재산의 매매가액으로 세금을 추징한다. 이러한 현상은 아파트와 같이 실거래가액이 공표되는 재산에서 쉽게 찾아볼 수 있다.

☞ 최근에는 부동산을 보충적 평가방법(환산가액, 기준시가)으로 신고하면 상속세와 증여세 결정기한(신고 및 납부기한 다음 날~9개월, 6개월) 내 국세청이 감정을 받은 금액으로 상속세와 증여세를 경정하는 제도가 도입되었다. 다만, 감정가액으로 경정된 경우에는 각종 가산세(신고불성실가산세와 납부지연가산세)는 부과하지 않는다.*

둘째, 상속추정과 증여추정에서 문제가 발생한다.

상속추정과 증여추정제도는 주로 재산을 은닉할 때 과세당국이 꺼낸 카드다. 예를 들어, 상속이 임박하자 상속을 받을 사람들이 모여 돈을 인출해서 없애거나 재산을 처분하고 부채를 빌리는 행위 등을 해서 상속세를 줄이는 경우가 있다. 이에 대해 세법은 상속인들에게 인출된 돈 등에 대해 소명을 요구하고, 소명이 불충분하면 일정 금액을 상속재산에 포함된다. 그 결과 세금이 증가하게 된다. 상속인 입장에서는 피상속인(사망인)이 행한 행위를 사후적으로 입증해야 하므로 불합리하다고 느껴질 수 있다.

한편 가족 간에 매매하는 경우도 있다. 그런데 자금관계가 불투명하다는 관계로 매매를 인정하지 않고 증여세를 부과하는 경우도 있다. 이런 측면에서도 조세 마찰이 발생하곤 한다.

---

* 그런데 앞으로는 이러한 세무행정에 제동이 걸린 것으로 보인다. 최근 서울행정법원 행정4부(재판장 김정중 부장판사)에서 국세청이 일방적으로 의뢰해 나온 감정가액은 시가로 인정하기 힘들다는 판결을 했기 때문이다. 이에 대한 내용을 포함한 재산평가방법 대해서는 부록을 참조하기 바란다.

셋째, 현금거래에서 문제가 발생한다.

가족의 현금을 보관하고 있는 상태에서 세무조사가 진행되었다고 하자. 그러면 이 금액에 대해서는 증여세를 부과하는 것이 맞을까? 세법은 실질과 세원칙을 대원칙으로 하므로 단순 보관이라고 하면 증여세를 부과할 수 없다. 하지만 실질은 증여임에도 불구하고 단순 보관이라고 할 수도 있는바, 이러한 상황에서도 마찰이 자주 발생한다. 또한, 가족 간에 차입거래가 발생할 수도 있으나 증여의 개연성도 있으므로 과세당국은 차입거래를 원칙적으로 인정하지 않는다. 그 결과, 차입거래라고 주장하는 납세자와 증여라고 주장하는 과세당국 간에 마찰이 발생할 수밖에 없다.

☞ 상속세 신고 후에는 원칙적으로 상속 전 10년 내의 현금흐름을 조사하므로 이와 같은 쟁점들이 많이 등장한다.

다음으로, 조세 마찰을 최소화하기 위해 필요한 조치들을 알아보자.

첫째, 상속이나 증여에 대해 미리 준비하는 자세가 필요하다.

상속이 발생하거나 증여가 발생하면 상속세와 증여세가 뒤따르게 된다. 따라서 세금을 줄이기 위해서는 미리 이에 대비해둘 필요가 있다. 예를 들어, 자녀가 집을 사면 자금출처조사를 받기 쉽다. 그런데 미리 증여세 신고를 해두었다면, 그 금액은 출처를 소명할 때 유용하게 사용할 수 있다.

둘째, 불완전한 방법을 선택하지 않도록 한다.

세법에서는 편법 상속이나 증여를 막는 제도들이 얽혀 있다. 따라서 섣부른 판단하에 해당 행위를 하면 세금추징을 당할 수 있다. 예를 들어 가족 간에 가짜로 매매를 하면 과세당국은 증여로 보아 과세하기도 한다. 따라서 사전에 규제 내용을 파악해서 대비할 필요가 있다. 만약 쟁점이 되는 사안이라면 미리 국세청의 견해를 서면으로 받아 대응력을 높여둘 필요가 있다.

셋째, 불복제도를 적극적으로 이용한다.

불복은 국세기본법 또는 세법에 의한 처분으로서 위법 또는 부당한 처분을 받는 등 권리 또는 이익의 침해를 받은 납세자가 법적인 절차로 구제를 받은 것을 말한다. 이에는 이의신청, 심사청구, 심판청구, 감사원 심사청구 등이 있다. 불복업무는 법적 판단이나 사실관계 판단이 상당히 난해할 수 있다. 세무전문가의 도움을 받아 처리하는 것이 좋다.

절세 코칭

같은 것 같지만 다른 상속세와 증여세의 비교

앞에서 잠깐 살펴본 상속과 증여는 우리의 일상생활과 밀접하다. 상속은 그 누구라도 피할 수 없으며, 이 과정에서 다양한 형태로 증여활동이 일어나기 때문이다. 따라서 생활인이라면 이 2가지 세목에 대해서는 기본적인 내용을 알아두어야 한다. 이하에서는 상속세와 증여세의 차이점 등을 비교해보자.

첫째, 과세 대상이 되는 재산의 범위에서 차이가 있다.

일단 상속세 과세 대상이 되는 상속재산의 범위는 피상속인(사망자)이 거주자인가, 비거주자인가에 따라 달라진다. 여기서 거주자는 국적을 불문하고 국내 주소를 두거나 183일 이상 거소*를 둔 사람을 말하며, 그렇지 않은 사람을 비거주자라고 한다.

구분	상속재산의 범위
거주자가 사망한 경우	거주자의 국내·외 모든 상속재산
비거주자가 사망한 경우	국내 소재한 비거주자의 모든 상속재산

표를 보면 거주자가 사망하면 국내의 재산뿐만 아니라 국외의 재산에 대해서 상속세를 부과한다. 반면 주로 외국에 거주하고 있는 사람이 사망하면 국내 소재한 재산에 대해 국내 세법에 의해 상속세가 과세된다.

증여세는 증여를 받은 사람이 내는 세금이다. 따라서 수증자가 거주자인지 아닌지에 따라 다음과 같이 납세의무의 범위가 결정된다. 참고로 상속세

* 임시로 거주하는 장소를 말한다.

는 피상속인을 기준으로 한다.

구분	증여재산의 범위
거주자가 수증자인 경우	거주자가 증여받은 국내·외의 재산
비거주자가 수증자인 경우	비거주자가 증여받은 재산 중 국내 소재한 모든 재산

예를 들어, 외국 시민권이나 영주권을 가지고 있는 사람들은 국적을 불문하고, 주로 외국에 183일 이상의 거소를 두고 있으므로 비거주자가 된다.

둘째, 공제제도에서 차이가 있다.

상속세와 증여세는 상속 또는 증여재산가액이 파악되었다면, 바로 이에 세율을 곱해 계산하는 것이 아니라 공제금액을 차감한 금액에 세율을 곱하게 된다. 따라서 재산가액이 공제금액에 미달하면 세금이 부과되지 않는다. 상속세의 경우, 공제금액이 피상속인의 배우자가 생존해 있는 경우에는 10억 원(배우자가 부존 시는 5억 원), 증여세의 경우에는 배우자 간은 6억 원, 직계존비속 간은 5,000만 원(미성년자는 2,000만 원)이 기준금액이다. 상속세의 공제금액은 단 1회 발생하나, 증여세의 공제금액은 최종 증여일로부터 소급해 10년 동안에 공제금액을 합산한다. 이렇게 보면 상속세가 증여세보다 공제금액이 훨씬 더 크다는 것을 알 수 있다.

셋째, 세금회피 방지 규정에서도 차이가 있다.

상속은 사망을 원인으로 발생하며, 증여는 증여자와 수증자의 의사표시에 의해 발생한다. 즉 상속은 단 1회만 존재하며, 증여는 수시로 발생할 수 있다. 또한, 상속은 객관적인 사실에 의해 상속임이 밝혀지나 증여의 경우 당사자가 마음만 먹으면 이를 감출 수 있다.

이러한 특성 차이에 따라 세법도 주로 증여에 대해 다양한 규제 장치를 두고 있다. 예를 들어 증여를 양도로 위장하거나 무능력자가 재산을 취득하는 등의 행위가 있으면 증여추정제도를 두어 이를 규제한다. 이 외에도 신종 증여를 규제하기 위해 다양한 방식으로 증여세를 거두기도 한다.

넷째, 납세의무자에서도 차이가 있다.

먼저, 상속세는 상속받은 사람, 즉 상속인이 신고 및 납부를 해야 한다. 그런데 상속세는 상속인별로 내는 세금이지만, 상속세를 계산하는 방식은 유산에 대해 전체를 계산해서 나온 세금을 상속인별로 쪼갠다(유산취득형)*. 예를 들어 전체 상속재산에 대해 상속세가 10억 원이 나왔고 상속인 2명의 상속 지분이 똑같다면 상속인 각자가 5억 원씩 세금을 내야 한다는 것이다. 상속재산을 지분별로 쪼개는 것이 아니라, 상속세를 쪼개는 것이다.

다음으로 증여세는 증여를 받은 사람, 즉 수증자가 신고 및 납부를 해야 한다. 증여세는 증여하는 사람과 수증하는 사람별로 납세의무를 진다(취득과세형). 즉 A와 B가 C에게 증여했다면 A와 B로부터 받은 것을 각각 계산한다는 것이다. 그런데 법에서는 증여자가 직계존속인 경우에는 직계존속 및 그 배우자로부터 각각 증여를 받더라도 동일인으로부터 증여받은 것으로 본다. 만일 앞의 A와 B가 부모라면 이 둘을 합해 증여세를 계산한다는 것이다.

다섯째, 양도 시 세금에서 차이가 있다.

상속세와 증여세에 대한 세법의 차이는 상속 또는 증여받은 재산을 양도한 경우에서도 발생한다. 예를 들어, 8년 이상의 농사를 지은 농지를 상속받은 후 3년 내에 양도하면 양도소득세를 면제받을 수 있다. 하지만 똑같은 농지를 증여받은 후 양도하면 양도소득세가 과세된다. 이러한 과세방법의

* 조만간 상속세 과세방식이 증여세와 같은 방식으로 바뀔 것으로 보인다(유산취득형→취득과세형).

차이는 주택에서도 존재한다. 따라서 부동산을 이전받을 때는 향후 양도소득세 문제를 반드시 고려해 의사결정을 내려야 한다.

일반인들이 실수하기 쉬운 사례들

이 책은 주로 상속세 절세에 초점을 맞추고 있으나 이 과정에서 반드시 발생하는 증여세도 비중 있게 다루고 있다. 따라서 독자들은 미리 다음과 같은 내용을 알아두면 좋을 것으로 보인다.

1. 상속세와 증여세는 기준시가로 신고하는 것이 원칙이다

아니다. 상속세나 증여세는 원칙적으로 시가로 신고해야 한다. 그런데 여기서 시가에는 일정 기간(상속세는 1년, 증여세는 9개월간) 내의 매매사례가액이나 감정평가, 그리고 경매 가격 등의 유사시가도 포함된다. 따라서 신고 전에 이러한 유사시가가 있는지를 먼저 확인해야 한다. 이런 내용을 무시하고 대충 기준시가로 신고를 했다가는 시가과세 문제로 상당한 어려움에 직면할 수도 있다.

2. 상속세와 증여세는 신고 시 확정된다

상속세와 증여세는 관할 세무서에서 결정해야 신고의 확정효력이 생긴다. 따라서 관할 세무서에서는 신고기한 이후에 신고서의 내용을 확인한 후 결정하게 된다. 상속세는 신고기한 후 9개월, 증여세는 6개월 내 결정된다.

3. 10년 누적합산과세는 상속에만 있다

상속개시일로부터 소급해 10년(비상속인은 5년)간 발생한 증여금액은 상속재산가액에 합산된다. 따라서 상속이 10년을 벗어난 상태에서 발생하면 합산과세를 적용받지 않는다. 이렇게 되면 누진적인 세 부담을 회피하게 되므로 세법에서는 최종 증여일로부터 10년 이전에 동일한 증여자에게 받은 증여금액을 합산해서 정산하도록 하고 있다.

4. 상속 및 증여에 대한 취득세의 과세표준은 시가를 기준으로 한다

상속은 시가표준액(기준시가)으로 하나 증여의 경우에는 시가인정액으로 하는 것이 원칙이다. 다만, 시가표준액이 1억 원 이하인 부동산은 종전처럼 시가표준액으로 해도 된다.

☞ 2020년 8월 12일 이후에 조정대상지역 내의 주택을 증여받으면 취득세율이 최대 12%(50% 완화한 추진 중)까지 나올 수 있음에도 유의해야 한다.

5. 취득세 대납분에는 증여세가 붙지 않는다

자녀에게 부동산을 증여하는 경우, 증여세와 취득세 등은 자녀가 부담해야 한다. 그런데 자녀가 부담해야 할 증여세와 취득세를 부모가 대신 부담한 경우에는 이에도 증여세가 추가로 부과되는 점에 유의해야 한다.

6. 재산평가액의 차이로 세금이 늘어나면 가산세를 부담해야 한다

기준시가로 신고된 상속 또는 증여재산가액을 과세당국이 시가로 고쳐서 세금을 추징하는 경우가 있다. 이 경우에는 본세와 가산세가 부과되는데, 가산세 중 신고불성실가산세는 부과되지 않는다. 재산평가액의 차이에 의한 부분에 대해서는 이를 부과하지 않도록 하고 있다.

☞ 상속세나 증여세 신고 후에 국세청에서 감정평가를 받아 이의 금액으로 과세하는 경우, 신고불성실가산세와 납부지연가산세 모두를 부과하지 않는다.

7. 상속등기를 하지 않아도 재산을 처분할 수 있다

상속등기를 하지 않으면 소유권을 행사할 수 없다. 따라서 상속재산을 처분하려면 반드시 소유권이전등기를 해야 한다. 참고로 상속등기가 되어 있지 않으면 세법은 균등 상속한 것으로 본다.

8. 상속등기의 원인이 증여나 매매로 되어 있으면 상속으로 처리할 수 없다

오래전에 발생한 상속재산에 대해 등기하지 않고 있다가 등기특별조치법에 의해 나중에 등기하는 경우가 있다. 이때 등기의 원인을 증여나 매매로 하는 경우가 있다. 그러나 이렇게 등기가 되었다고 하더라도 실질은 상속이므로 상속재산으로 보아 세금 처리를 해야 한다.

9. 상속·증여 등기 후 재산변동이 발생하더라도 세금 문제는 없다

상속이나 증여등기 후에 재산이 변동하면, 변동된 내용에 따라 세금 문제가 추가된다. 예를 들어, 상속세 신고기한이 끝난 후 지분이 변동하면 증여세 문제가 발생한다. 또한, 증여등기 후에 증여의 반환 등이 일어나면 이에도 증여세 문제가 따라 다닌다. 지분변동이 일어나는 경우에는 반드시 세금 문제가 있으므로 이에 대해 각별한 주의가 필요하다.

10. 상속세 신고를 하지 않았다면 양도소득세 계산 시 취득가액은 원칙적으로 기준시가로 한다

상속세를 신고하지 않았다면 일반적으로 양도소득세 계산 때 취득가액은 기준시가가 될 것이다. 하지만 상속 당시에 매매사례가액이나 감정평가액(소급은 불가) 등이 있다면 그 가액으로 취득가액을 할 수 있다. 한편 1985년 이전 상속분은 취득가액을 환산할 수 있다.

11. 상속세를 줄이기 위해 현금을 인출한다

세법은 이러한 행위를 매우 싫어해 해당 금액이 증여로 밝혀지면 증여세를 부과하는 한편, 상속재산가액에 합산해 상속세로 정산한다. 상속세 조사에서 가장 문제가 되는 대목이므로 금융재산의 관리에 특별한 관심을 요한다.

제2장

상속세 절세를 위해
증여지식이 중요한 이유

INHERITANCE TAX
AND GIFT TAX

증여세 과세방식부터 정복하라

여기는 동해선이 근무하고 있는 금융회사.

요즘 상속과 증여에 대한 고객들의 니즈(Needs)가 상당히 많아 판매왕이 나서서 사내 교육을 실시하고 있었다. 참석자에는 동해선을 비롯해 신참내기들도 있었다.

"아시다시피 최근 상속세를 걱정하는 분들이 상당히 많아지고 있습니다. 그래서 이에 대비하는 관점에서 증여를 생각하는 분들이 많습니다. 하지만 증여를 잘못하면 오히려 손해가 되는 경우가 있으므로 주의가 필요합니다. 그래서 오늘부터 증여세 공부를 시작합니다. 물론 기초 공부를 한 후에는 강필수 세무사님의 실전 교육도 있을 겁니다."

소감을 마친 판매왕은 본격적으로 교육에 들어갔다.

"증여세는 상속세와는 달리 수증자가 받은 금액을 기준으로 과세됩니다. 예를 들어, 아버지가 자녀 2명에게 증여하는 경우 아버지가 증여한 전체금액에 증여세가 과세되는 것이 아니라, 자녀들이 받은 금액에 대해 각각 과세된다는 겁니다."

판매왕의 말이 떨어지기가 무섭게 동해선이 손을 번쩍 들었다.

"팀장님, 상속세는 유산 전체에 대해 과세되는 것 같은데, 증여는 그렇지가 않네요."

순간 판팀장은 동해선의 보는 눈이 예사롭지가 않음을 직감했다.

"그렇습니다. 상속세는 일단 돌아가신 분의 유산을 모두 모은 후 세금을 계산해서 이를 상속인의 지분별로 나누죠. 이러한 과세방식을 '유산과세형'이라고 합니다. 그런데 증여는 그렇게 과세하는 것이 아니라 증여자가 받은 금액을 기준으로 과세하고 있습니다. 이러한 방식을 '취득과세형'이라고 합니다."

"그러면 할아버지와 아버지, 그리고 어머니한테 증여를 받으면 각각 공제를 적용하고 세금도 따로따로 계산하나요?"

"…"

판 팀장은 이 상황을 어떻게 돌파할 것인가!

실무에서 보면 증여세는 아주 단순하게 보인다. 아버지로부터 받은 재산가액에서 증여공제를 적용해 산출세액을 도출하면 되는 것으로 보이기 때문이다.

그렇다면 위와 같은 상황에서 할아버지부터 부모까지 받은 증여금액을 모두 합해서 계산할까? 아니면 개인별로 계산할까?

이러한 문제를 해결하기 위해서는 현행 증여세 과세방식을 이해해야 한다. 좀 더 구체적으로 보자.

첫째, 증여세는 증여자별·수증별로 과세된다.

증여세는 수증자가 동일한 증여자로부터 받은 재산가액에 대해 과세된다(취득과세형). 그런데 여기서 증여자는 개인을 말하나, 부부는 합산한다. 예를 들어 부모로부터 증여를 각각 받은 경우에는 이의 금액을 합한다는 것을 말한다. 부부는 경제적 동일체에 해당하기 때문이다.

둘째, 해당 증여일 전 10년 이내 동일인으로부터 받은 증여가액이 1,000만 원 이상인 경우에는 그 가액을 합산한다. 이는 증여세 누진과세를 피하는 것을 방지하기 위한 조치에 해당한다.

셋째, 증여공제는 10년간 아래와 같이 그룹별로 한도를 적용한다. 예를 들어 조부모와 부모로부터 증여받은 경우, 10년간 모두 합해 5,000만 원(2호)밖에 공제받을 수 없다. 생각보다 공제액수가 크지 않음을 알 수 있다.

구분	공제한도액	비고
1호 그룹	배우자로부터 증여를 받은 경우 : 6억 원	배우자만 해당
2호 그룹	직계존속[수증자의 직계존속과 혼인(사실혼은 제외한다) 중인 배우자를 포함한다]으로부터 증여를 받은 경우 : 5,000만 원(미성년자는 2,000만 원)	조부모, 부모가 해당
3호 그룹	직계비속(수증자와 혼인 중인 배우자의 직계비속을 포함한다)으로부터 증여를 받은 경우 : 5,000만 원	자녀, 손자녀가 해당
4호 그룹	제2호 및 제3호의 경우 외에 6촌 이내의 혈족, 4촌 이내의 인척으로부터 증여를 받은 경우 : 1,000만 원	형제자매, 장인·장모 등이 해당

☞ 2024년부터 자녀가 혼인하면 위와 별도로 1억 원이 추가로 공제될 예정이다. 이 안이 확정되면 혼인한 자녀는 최대 1억 5,000만 원까지 증여세가 나오지 않게 된다. 이에 대한 자세한 내용은 53페이지를 참조하기 바란다.

사례를 통해 이러한 내용을 확인해보자.

〈사례〉

성년인 K씨가 다음과 같이 증여를 받았다고 하자. 이 경우, 증여세는 어떻게 과세될까?

증여자	증여금액	증여받은 날짜
할아버지	3,000만 원	20×9. 2. 1
할머니	2,000만 원	20×9. 3. 1
아버지	5,000만 원	20×9. 4. 1
어머니	1,000만 원	20×9. 5. 1
형	1,000만 원	20×9. 6. 1
계	1억 2,000만 원	–

첫째, 증여자와 증여가액을 확정한다.

사례에서 증여자는 총 5명이나 부부는 1명으로 보기 때문에 증여자는 다음처럼 3명이 된다. 증여가액은 이들을 중심으로 파악한다.

증여자	증여금액	비고
① 조부모	5,000만 원	할아버지+할머니 증여가액
② 부모	6,000만 원	아버지+어머니 증여가액
③ 형	1,000만 원	
계	1억 2,000만 원	–

둘째, 증여자별로 증여공제액을 결정해야 한다.

증여자	증여금액	증여공제액
① 조부모	5,000만 원	5,000만 원
② 부모	6,000만 원	
③ 형	1,000만 원	1,000만 원
계	1억 2,000만 원	6,000만 원

사례의 조부모와 부모는 모두 2호 그룹에 속해 있으므로 이들 모두를 합해 10년간 총 5,000만 원을 공제받을 수 있다. 한편 형은 제4호 그룹에 속해 있으므로 1,000만 원의 공제를 받을 수 있다. 그런데 앞에서 조부모와 부모에게 적용되는 5,000만 원의 공제순서는 다음과 같이 정해져 있다(상증세 집행기준 53-46-1).

① 수증자를 기준으로 그 증여를 받기 전 10년 이내 공제받은 금액과 해당 증여가액에서 공제받을 금액을 합친 금액이 증여자 및 수증자별 공제한도액을 초과하는 경우 초과하는 부분은 공제하지 않는다.
② 2 이상의 증여가 그 증여시기를 달리하는 경우에는 2 이상의 증여 중 최초의 증여세 과세가액에서부터 순차로 공제한다.
③ 2 이상의 증여가 동시에 있는 경우에는 각각의 증여세 과세가액에 대해 안분해서 공제한다.

사례의 경우 조부모의 증여시기가 부모의 것보다 빠르다. 따라서 조부모의 증여가액에서 증여공제 5,000만 원을 차감하게 되며, 부모는 공제를 받을 수 없다.

셋째, 증여세 계산을 해보자.
앞의 절차를 거쳐 증여세를 계산해보면 다음과 같다.

증여자	증여금액	증여공제	과세표준	산출세액
① 조부모	5,000만 원	5,000만 원	0	0
② 부모	6,000만 원	0	6,000만 원	600만 원
③ 형	1,000만 원	1,000만 원	0	0
계	1억 2,000만 원	6,000만 원	-	600만 원

구분	내용	비고
증여가액	금회 증여가액	
+ 증여재산가산액	10년 내 동일인으로부터 받은 증여금액	동일인에는 부부 포함
= 총증여가액		
− 증여공제	4개의 그룹별로 공제	10년 기준
= 과세표준		
×세율	10~50%	할증 과세[*]
− 누진공제		
= 산출세액		

[*] 세대를 건너뛴 증여 시 산출세액의 30%(40%)를 할증 과세한다. 따라서 조부모(외조부모 포함)로부터 증여를 받을 때 할증 과세 여부를 검토해야 한다.

Tip 혼인 증여공제 신설

2024년 이후부터 자녀가 혼인(재혼 포함) 시 1억 원의 증여공제가 추가될 전망이다(2023년 말 국회 통과 필요).

- 증여자 : 직계존속(조부모, 부모, 외조부모)
- 혼인 증여공제 한도 : 1억 원
- 증여재산 : 모든 재산(부동산, 현금, 주식 등. 단, 고저가 양도, 주식 상장이익 등 증여추정의제에 해당하면 공제 제외)
- 공제기간 : 혼인신고일 이전 2년+혼인신고일 이후 2년 이내(총 4년)
- 증여세 신고 : 위 공제기간 내 증여일의 말일로부터 3개월 내(무신고 시 가산세 있으나, 2년 내 혼인하지 않고 수정신고 또는 기한 후 신고하면 가산세 감면 추진)

☞ 혼인 증여공제는 일반 증여공제(5,000만 원)와는 별개로 적용된다. 따라서 직계존속(조부모와 부모, 외조부모)으로부터 모두 합해 1억 5,000만 원을 증여받으면 증여세가 없다. 이를 초과하면 증여세를 부과한다. 한편 과거 10년 이내에 동일인으로부터 사전 증여받은 재산이 있다면 이를 합산한 금액에 대해 증여세가 과세된다.

증여세 계산구조와 계산사례

"자, 이제 증여세 과세방식을 알았으므로 증여세를 전체적으로 계산해보죠. 그러기 위해서는 증여세 계산구조를 정확히 이해할 필요가 있습니다. 먼저 이것을 보시죠."

판매왕은 파워포인트로 작성된 요약 증여세 계산구조를 설명하기 시작했다.

> 증여가액(시가원칙, 예외적으로 기준시가)
> −증여공제(배우자 6억 원, 성년자 5,000만 원 등)
> =과세표준
> ×세율(10~50%)
> =산출세액
> −기납부세액공제
> −신고세액공제(3%)
> =결정세액

"구조가 아주 단순하죠? 그래서 차분히 보면 그렇게 어렵지 않을 겁니다. 증여세는 증여가액에서 증여공제를 차감한 과세표준에 바로 세율을 곱하죠. 그런 다음, 신고세액공제 등을 적용해 납부할 세금을 계산하는 것이죠. 세금은 눈으로 계산해서는 절대 실력이 늘어나지 않습니다. 자, 성년인 자녀가 처음으로 4억 원을 증여받았습니다. 그리고 사전에 동일인으로부터 1억 원을 별도로 증여받았습니다. 이번에 낼 세금은 얼마가 나올까요?"

얼마 뒤, 판 팀장은 다음과 같은 결과를 보여주었다.[*]

구분	금액	비고
증여가액	4억 원	
(+) 증여재산가산액	1억 원	
(=) 총증여가액	5억 원	
(−) 부담부 증여 시 인수채무		
(=) 과세가액	5억 원	
(−) 증여공제	5,000만 원	성년자 공제
(−) 감정평가수수료공제		
(=) 과세표준	4억 5,000만 원	
(×) 세율	20%	
(−) 누진공제	1,000만 원	
(=) 산출세액	8,000만 원	과세표준×20%−1,000만 원
(+) 세대생략가산액		
(=) 산출세액 합계	8,000만 원	사전 증여재산의 산출세액
(−) 기납부세액공제	500만 원[**]	(산출세액−기납부세액공제)×3%
(−) 신고세액공제	225만 원	
(+) 가산세		
(=) 납부세액	7,275만 원	

이것을 보던 동해선의 표정이 점점 굳어갔다.

"팀장님, 뭐가 이렇게 복잡하나요. 팀장님 말씀을 들어보면 아주 쉽게 해결될 것 같은데 저걸 보니 정말 아리송하다는 생각뿐입니다."

판 팀장이 그런 동해선의 모습을 보더니 웃음을 지어 보였다.

"해선 씨, 그렇게 초조하게 생각하지 말고 차근차근 설명을 들어봐요. 그러면

* 증여세 자동계산 및 시뮬레이션은 저자의 카페(네이버 신방수세무아카데미)에서 마음대로 할 수 있다.
** (1억 원−5,000만 원)×10% = 500만 원

이해가 될 테니…"

"잘 알겠습니다."

"이 계산 내용을 보면 우선 사전에 증여한 재산이 당해 증여가액에 합산되었습니다. 동일인으로부터 받은 사전 증여재산은 합산되죠. 물론 합산기간은 10년입니다."

"아, 팀장님. 합산은 상속이 발생할 때 하는 것이 아닌가요?"

"하하. 그런 질문이 왜 안 나오나 했네요. 합산은 상속이 발생할 때도 하고, 증여가 발생하더라도 합니다. 지금 증여하는 사람이 50세라고 합시다. 이분이 100세까지 산다고 하면, 지금 증여분은 상속재산에 합산되지 않겠죠. 만일 이런 상태에서 증여에 대해 합산과세를 하지 않으면 증여세를 상당히 많이 낮출 수 있을 겁니다."

"그러니 합산은 상속을 중심으로, 그리고 증여를 중심으로 봐야 한다는 결론이네요."

"정확히 맞췄습니다. 이제 진도를 나가죠. 이렇게 합산한 5억 원에서 5,000만 원의 증여공제액을 차감한 4억 5,000만 원에 대해 20%의 세율을 곱한 다음, 누진공제 1,000만 원을 적용하면 8,000만 원이 나옵니다. 그리고 이에 1억 원에 대한 기납부세액공제와 신고세액공제를 적용하면 납부할 세액을 계산할 수 있습니다."

증여세를 늘리는 변수들	증여세를 줄이는 변수들
• 시가과세원칙 • 10년 누적합산제도(아래 참조)	• 증여공제 활용 • 증여시기와 증여 대상의 분산

※ 상증세 집행기준 47-36-5 [증여재산의 합산과세]

① 증여자가 동일인인 경우

해당 증여일 전 10년 이내 동일인으로부터 받은 증여가액의 합계액이 1,000만 원 이상인 경우에는 그 가액을 증여세 과세가액에 가산하며 합산배제증여재산의 경우에는 그러하지 아니한다.

② 증여자가 동일인이 아닌 경우

수증자는 동일인이나 증여자가 동일인이 아닌 경우에는 증여가 있을 때마다 증여자별·수증자별로 과세가액을 각각 계산해 과세한다.

③ 증여재산의 합산과세 시 증여재산의 가액은 각 증여일 현재의 재산가액에 의한다.

증여세를 줄이는 원리

앞에서 판 팀장이 교육한 내용 중 10년 누적합산과세 문제가 있었다. 이는 인위적으로 상속재산을 줄여 세금부담을 줄이려는 것을 방지하는 제도에 해당한다. 그런데 10년 누적합산과세를 벗어나는 경우에는 사전 증여금액에 대해서는 상속세가 추가되지 않는다. 합산과세기간을 벗어났기 때문이다. 그렇다면 합산과세기간을 벗어난 상태에서 사전 증여를 수회하면 문제가 없을까? 이하에서 이에 대해 검토해보자.

현행의 증여세(상속세)의 세율

위의 내용을 이해하기 위해서는 먼저 증여세율이 어떻게 구성되어 있는지부터 살펴보자.

증여세(상속세)의 세율은 다음과 같이 10~50%의 5단계 누진세율로 되어 있다. 여기서 누진세율이라는 것은 과세표준의 크기가 증가할수록 세율도 증가하는 세율체계를 말한다. 물론 과세표준이 줄어들면 세율도 인하가 될 것이다.

과세표준	세율	누진공제
1억 원 이하	10%	−
1~5억 원 이하	20%	1,000만 원
5~10억 원 이하	30%	6,000만 원
10~30억 원 이하	40%	1억 6,000만 원
30억 원 초과	50%	4억 6,000만 원

표상의 세율구조는 약간 복잡해 보인다. 그래서 이를 어떻게 적용하는지 이해해볼 필요가 있다. 예를 들어, 증여세의 과세표준이 7억 원이라고 해보자. 그러면 세금계산은 다음과 같이 한다.

① 누진공제를 이용하는 방법 : 7억 원×30%−6,000만 원(누진공제) = 1억 5,000만 원
② 누진공제를 이용하지 않는 방법 : 1억 원×10%+(5억 원−1억 원)× 20%+(7억 원−5억 원)×30% = 1,000만 원+8,000만 원+6,000만 원 =1억 5,000만 원

실무적으로는 누진공제를 활용(위 ①)해서 세금계산을 한다.

누진세율을 활용해 증여세를 줄이는 원리

현행의 증여세는 증여가액에서 증여공제액을 차감한 과세표준에 세율 10~50%를 곱해서 계산하는데, 만일 증여시기나 증여 대상을 분산하게 되면 낮은 세율적용으로 인해 세금이 줄어든다.

먼저 증여시기를 분산하는 경우를 보자.

예를 들어, 5억 원을 5회로 나눠 증여세를 계산해보자. 단, 증여공제는 감안하지 않는다.

- 1회당 증여세 : 1억 원×10% = 1,000만 원
- 총 5회 증여세 : 5,000만 원

증여세는 누진세율에 해당하므로 위와 같이 증여횟수를 늘리면 세금이 줄어든다. 이에 세법은 누진세 부담을 회피하는 것을 차단하기 위해 10년 합산과세로 대응한다. 즉, 위 5회 증여가 최종 증여일로부터 소급해 10년 내 동일인한테서 이루어진 것이라면, 다음과 같이 합산해서 정산한다는 것이다.

- 총 5회에 대한 증여세 : 5억 원×20%-1,000만 원(누진공제) = 9,000만 원*

따라서 증여시기를 분산할 때는 '10년' 단위로 증여해야 한다는 결론이 나온다(단, 사례의 경우 50년이 필요하다).

다음으로, 위의 경우보다 좀 더 확실하게 증여세를 줄이는 방법은 증여받는 자(수증자) 수를 늘리는 것이다. 예를 들어, 앞의 5억 원을 자녀 5명에게 1억 원씩 나눠주면 합산과세 없이 저렴하게 세금을 부담할 수 있다. 증여공제 5,000만 원을 적용하면 다음과 같이 계산된다.

1명에게 5억 원을 증여하는 경우	5명에게 1억 원씩 증여하는 경우
(5억 원-5,000만 원)×20%-1,000만 원 = 8,000만 원	(1억 원-5,000만 원)×10%×5명 = 2,500만 원

* 이때 기존에 낸 증여세는 당해 증여세 산출세액에서 기납부세액으로 공제한다.

이렇게 증여 대상을 늘리면 앞의 경우보다 좀 더 유리하게 증여할 수 있다.

☞ 결국, 증여세를 줄이기 위해서는 증여시기와 증여 대상을 적절히 분산
하는 노력이 필요함을 알 수 있다.

Tip 세대를 건너뛴 증여에 대한 할증 과세에 대한 실익 분석

상속세와 증여세를 계산할 때, 중간 대(代)를 건너뛰어 상속이나 증여가
발생하면 산출세액의 30%(과세표준 20억 원 초과 시 40%)를 할증 과세한다.
예를 들어, 할아버지의 재산이 아버지에게 이전되는 것이 아니라 손자녀
에게 이전되면 나온 세금의 30%를 할증한다는 것이다. 그러나 중간 대가
없어 부득이 대를 잇는 상속이나 증여의 경우에는 할증 과세가 되지 않
는다. 그렇다면 할증 과세 30%가 반드시 손해가 될까?

예를 들어, 1억 원을 할아버지가 아버지에게, 그리고 손자녀에게 순차적으
로 증여하는 경우와 할아버지로부터 손자녀가 직접 받는 경우의 세금 크
기를 대략 비교해보자.

① 순차적으로 받는 경우
• 할아버지 → 아버지 : (1억 원-5,000만 원)×10% = 500만 원
• 아버지 → 손자녀 : (9,500만 원-5,000만 원)×10% = 450만 원
 계 : 950만 원
 9,500만 원은 증여금액 1억 원에서 산출세액 500만 원을 공제한 잔액을
말한다.

② 세대를 생략해서 받는 경우
 • 할아버지 → 손자녀 : (1억 원-5,000만 원)×10%×130% = 650만 원

이상의 분석 결과를 보면 '세대를 생략해서 증여를 받는 것이 반드시 불
리한 것만은 아니다'라는 것을 알 수 있다. 참고로 상속의 경우에는 세대
생략 상속이 불리한 것이 일반적이다. 뒤의 해당 부분에서 살펴보자.

배우자, 자녀 등에게
증여하는 방법

"지금까지 우리가 공부한 이유는 증여나 상속과 관련한 실전에서 활용하기 위한 것입니다. 이번 시간에는 앞에서 공부한 내용을 기준으로 배우자나 자녀 등에게 증여하는 방법을 간단히 정리해봅시다."

판 팀장이 말을 이어갔다.

"참고로 증여를 할 때는 사전에 반드시 타당성을 검토해야 합니다. 다양한 쟁점들이 파생하기 때문이죠."

판 팀장은 배우자와 자녀를 중심으로 증여공제를 활용하는 방법을 설명하기 시작했다.

배우자 증여공제를 활용하는 방법

배우자로부터 증여를 받은 경우에는 10년 동안 6억 원 이하까지는 증여세가 부과되지 않는다. 하지만 6억 원을 초과하는 경우에는 증여세 과세 등의 문제가 나타난다.

① 증여가액이 6억 원 이하인 경우 : 증여세 문제는 없다. 다만, 보유한 부동산을 배우자에게 이전하는 경우에는 취득세 등이 시가인정액의 3.5~12% 정도 나옴에 유의할 필요가 있다.

② 증여가액이 6억 원을 초과하는 경우 : 증여세 문제와 취득세 등이 나타난다. 한편 신규로 분양되는 주택에 대해서는 증여세 문제에 더더욱 조심할 필요가 있다. 원래 증여세 대상 금액은 시가를 기준으로 하는데 신규분양주택은 프리미엄이 존재하는 경우가 많기 때문이다. 따라서 고가주택 등을 구입할 때는 프리미엄 부분을 고려해 증여 의사결정을 내릴 필요가 있다.

성년자 증여공제를 활용하는 방법

성년자 증여공제는 10년간 5,000만 원만 적용되므로 부동산을 취득하기에는 역부족이다. 하지만 전세보증금 등을 활용하면 자녀 명의로도 부동산 거래를 할 수 있다. 예를 들어, 3억 원짜리 주택을 자녀 명의로 하는 경우 어떤 문제가 있을지 알아보자. 단, 이 주택에는 전세보증금이 2억 원 끼어 있다. 자녀는 현재 25세다.

① 자녀 명의로 집을 사는 경우 부족한 돈은 1억 원이다. 만일 이 돈을 부모가 대신 지급했다면 증여세는 얼마가 예상될까?

→ 전세보증금은 확실한 자금출처로 인정을 받을 수 있다. 그리고 증여세 비과세 한도인 5,000만 원을 감안하면 5,000만 원이 증여세 과세 대상이 된다. 증여세 과세표준이 1억 원 이하인 경우에는 10%의 증여세율이 적용된다.

② 만일 자녀 명의로 사둔 집을 포함해 1세대 2주택이 되었다면, 향후의

양도소득세 관계는 어떻게 될까?

→ 현재 1세대 2주택이므로 일시적 2주택 비과세 특례를 받지 못하면 과세가 될 것이다. 다만, 자녀가 세대독립요건을 갖춘 상태에서 양도하면 1세대 1주택에 대한 비과세를 받을 수 있다.

☞ 자녀가 혼인하는 경우에는 1억 원을 추가로 공제받을 수 있다(53페이지 참조).

미성년자 증여공제를 활용하는 방법

미성년자에 대한 증여공제는 10년간 2,000만 원이다. 따라서 미성년자에 대한 증여는 주로 소규모 금융재산을 위주로 이루어지는 것이 일반적이다. 다만, 미성년자에서 만 19세가 된 성년자로 넘어가는 경우에는 증여공제액은 2,000만 원에서 5,000만 원으로 증가되므로 증여금액이 상향되기도 한다. 이때 증여공제는 다음과 같이 적용한다.

① 만 19세 미만의 경우 : 2,000만 원을 적용함.
② 만 19세 이상의 경우 : 5,000만 원을 적용함. 만일 미성년자 때 공제 2,000만 원을 적용하고 10년 이내라면 추가로 3,000만 원을 공제해 계산함.

사례를 들어 이 내용을 알아보자.

20×0년(미성년자)에 부로부터 5,000만 원, 20×3년(성년자)에 모로부터 5,000만 원을 증여받은 경우의 과세표준은?

구분	20×0년 미성년자 (증여공제 2,000만 원)	20×3년 성년자 (증여공제 5,000만 원)
증여가액	5,000만 원	5,000만 원
합산 후 증여가액	5,000만 원	1억 원
공제액 합계	2,000만 원	5,000만 원
증여세 과세표준	3,000만 원	5,000만 원

동일인으로부터 증여를 받으면 10년간 합산해 과세된다. 마찬가지로 증여공제액도 10년 동안 적용되는 금액을 말한다. 따라서 미성년자에서 성년자로 넘어간 경우에는 증여가액의 합산을 정확히 하고 2,000만 원, 또는 5,000만 원을 정확히 적용하면 세금계산을 어렵지 않게 할 수 있다.

Tip 증여공제 사례

Q1. 할아버지가 어머니와 아버지, 그리고 성년인 손자녀(2명)에게 현금 증여 시 최대한 받을 수 있는 공제금액은 얼마인가?

구분	어머니	아버지	손자	손녀	계
관계	친족	직계비속	직계비속	직계비속	
공제금액	1,000만 원	5,000만 원	5,000만 원	5,000만 원	1억 6,000만 원

Q2. 외할아버지가 어머니와 아버지, 그리고 성년인 외손자녀(2명)에게 현금 증여 시 최대한 받을 수 있는 공제금액은 얼마인가?

구분	어머니	아버지	외손자	외손녀	계
관계	직계비속	친족	직계비속	직계비속	
공제금액	5,000만 원	1,000만 원	5,000만 원	5,000만 원	1억 6,000만 원

Q3. 형제자매 중 한 명이 다른 형제자매(3명)로부터 증여받을 수 있는 금액은?

구분	형	누나	동생	계
관계	친족	친족	친족	
공제금액		1,000만 원		1,000만 원

증여세 신고와 납부방법

"증여세는 증여세 신고서류를 법정기한까지 관할 세무서에 제출하고 납부하면 그로써 납세 협력의무가 종결됩니다. 이렇게 신고 및 납부를 했다면, 이제 관할 세무서에서 신고 내용을 확정하면 그로써 납세의무가 종결됩니다. 이때 신고 내용에 오류가 발생한다면, 관할 세무서에서 경정해서 세금을 추가로 고지할 수 있습니다. 이하에서는 증여세에 대한 신고와 납부절차를 위주로 살펴봅시다."

판 팀장의 교육이 막바지로 치닫고 있었다.

증여세 신고기한은 어떻게 될까

증여세는 증여일이 속하는 달의 말일로부터 3개월 내 신고 및 납부를 해야 한다.* 그렇다면 앞의 '증여일'은 구체적으로 어떤 날을 말할까?

---

* 증여세 신고는 수증자의 주소지 관할 세무서에 한다. 한편 상속세 신고는 피상속인의 주소지 관할 세무서에 한다.

증여시기를 정하는 것은 증여세 신고 및 납부기한을 정한다는 의미에서 중요하다.

먼저, 부동산은 '소유권이전등기 접수일'을 증여시기로 본다. 따라서 사실상 등기가 이루어지 아니한 경우에는 증여세를 신고했더라도 증여세는 과세되지 않는다(재삼 46014-1955, 1995. 7. 31).

다음으로 금융재산의 경우에는 일반적으로 입금한 시기가 증여일에 속하나 입금한 시점에 증여임이 밝혀지지 않으면 보통 인출해 사용한 시점이 증여시기가 된다.* 한편 증여를 받은 수증자가 거주하고 있는 소재지 관할 세무서가 된다. 그러나 외국에서 거주하고 있는 비거주자는 증여자의 주소지를 관할하는 세무서가 된다.

증여세 납부방법은 어떻게 될까

증여세는 현금을 일시적으로 납부하는 것을 원칙으로 한다. 그러나 증여세의 납부금액이 상당한 경우에는 일시에 현금으로 납부하기가 쉽지 않다. 그래서 다음과 같은 방법 중 하나를 선택할 수 있도록 하고 있다.

구분	납부방법
분납	납부할 금액이 1,000만 원을 초과하는 경우 현금을 2회에 나누어 내는 방법이다. 1회는 신고 때, 나머지 1회는 신고기한 경과 후 2개월 내 납부할 수 있다.
물납	납부할 금액이 1,000만 원을 초과하는 현금 대신 부동산이나 주식 등의 물건으로 납부할 수 있는 제도를 말한다(단, 증여물납제도는 2016년에 폐지됨).
연부연납	납부할 금액이 2,000만 원을 초과하는 경우 연 단위로 나눠서 납부할 수 있는 제도를 말한다. 통상 6회(상속은 11회)로 나누어 5회(10회) 연부연납 할 수 있다. 연부연납 한 금액에 대해서는 가산금이 부과된다(가산율 2.9%).

* 만일 증여추정제도가 적용되면 '재산을 취득한 때'가 증여시기가 된다.

이 중 금액이 큰 경우 현실적으로 연부연납제도를 이용하는 경우가 많다. 이는 세액을 연 단위로 나눠서 납부하는 제도를 말한다. 일반적으로 증여는 6회(상속은 11회)로 나눠 1회는 법정기한 내, 그리고 나머지는 5년(10년)간 나눠서 납부할 수 있다. 다만, 늦게 납부하는 만큼 일정한 가산금(연 2.9%, 수시 변동)을 부과한다. 예를 들어 증여세를 1억 원 내야 하는데, 이를 5회에 걸쳐서 연부연납 한다면 다음과 같이 납부하면 된다.

- 2,000만 원 → 법정 납부기한 내 납부
- 8,000만 원 → 법정기한 후 4회에 걸쳐 연 단위로 납부(단, 잔액에 대해서는 매년 2.9% 등의 이자율로 가산금을 납부)

증여세나 상속세는 양도소득세나 법인세 같은 세목과는 달리 납세의무자의 신고로 세금이 결정되지 않는다. 어렵게 말하면 납세자의 신고행위는 확정의 효력이 없고, 과세관청이 결정해야 확정의 효력이 발생한다. 따라서 증여세(상속세)를 신고한 후에는 세무서로부터 신고에 대한 실질조사 등을 받게 된다(증여세는 6개월, 상속세는 9개월이 결정기한이다).

Tip 증여자의 연대납세의무 등

1. 상증세 집행기준 4의2-0-4 [증여자의 연대납세의무]
다음의 경우 증여자는 수증자의 증여세에 대해 연대해서 납부할 의무가 있다.
① 수증자가 주소 또는 거소가 분명하지 않은 경우로서 조세채권을 확보하기 곤란한 경우
② 증여세를 납부할 능력이 없다고 인정되는 경우로서 체납으로 인해 체

납처분을 해도 조세채권을 확보하기 곤란한 경우

③ 수증자가 비거주자인 경우

2. 상증세 집행기준 4의2-0-3 [증여세 납부의무가 면제되는 경우]

다음의 경우 증여세는 과세하지만 증여세를 납부할 능력이 없다고 인정 되는 경우까지 증여세를 과세하는 것은 너무 가혹한 점이 있어 수증자 가 증여세를 납부할 능력이 없다고 인정되는 경우로서, 체납처분을 해도 증여세에 대한 조세채권을 확보하기 곤란한 경우에는 그에 상당하는 증 여세의 전부 또는 일부를 면제한다.

① 저가 양수·고가양도에 따른 이익의 증여(상증법 §35)

② 채무면제 등에 따른 증여(상증법 §36)

③ 부동산 무상사용에 따른 이익의 증여(상증법 §37)

④ 금전무상대출 등에 따른 이익의 증여(상증법 §41의 4)

증여세(상속세) 관련
가산세 줄이는 방법

K씨는 주택에 대한 증여세를 기준시가로 신고했다. 그러나 관할 세무서에서는 이를 시가로 과세하겠다고 한다. 그는 어떤 가산세 불이익을 받을까?

정답은 납부지연가산세다. 신고불성실가산세는 적용 대상이 아니다. 왜 그럴까?

미리 알아보면 세법에서는 재산가액 평가 차이나 공제 적용에 의한 차이에서 과소신고가 된 경우에는 신고불성실가산세를 부과하지 않기 때문이다. 이하에서는 증여세 공부를 마무리하는 차원에서 가산세를 정리해보자.

원래 세금은 세법에 근거해 징수된다. 따라서 법에서 과세요건을 충족하면 누구든지 예외 없이 세금을 납부하는 것이 원칙이다. 그런데 이런저런 이유로 세금을 내지 않으려는 행위를 하거나 심지어 탈세행위가 버젓이 발생하고 있다. 하지만 이러한 행위는 사회적으로 지탄의 대상이 될 수밖에 없다. 국방이나 기타 공공서비스를 실컷 누리고도 이에 대한 재원을 부담하기 싫

어한다는 것으로밖에 볼 수 없기 때문이다.

그렇다면 세금을 내지 않으면 어떤 불이익을 받게 될까?

세법에서는 일단 2가지 가산세로 대응한다. 하나는 신고불성실가산세이고, 다른 하나는 납부지연가산세다.

증여세(상속세) 관련 가산세

첫째, 신고불성실가산세가 있다.

이 가산세는 신고하지 않았거나 세법보다 낮게 신고한 경우, 미신고 및 미달신고에 의해 산출된 세액의 10~40%까지 부과한다.

구분		가산세율
무신고	일반적인 무신고	20%
	부당한 방법*에 의한 무신고	40%
과소신고	일반적인 과소신고	10%
	부당한 방법에 의한 과소신고	40%

그런데 상속공제나 증여공제를 잘못 적용하거나 재산평가기준 차이에 의해 세금이 늘어난 경우에는 신고불성실가산세를 부과하지 않는다.

둘째, 납부지연가산세가 있다.

이는 납세자가 납부기한을 경과해 납부하는 경우, 연체이자를 물리는 것이다. 다음의 미납기간 등은 납부기한의 다음 날부터 자진납부일까지를 말한다.

• 납부지연가산세 = 미납·미달 납부한 세액×기간×2.2/10,000

* 여기서 부당한 방법이란 장부를 은닉하거나 허위계약서를 만들어 제출하는 것 등을 말한다.

납부지연가산세는 일 이자를 연간으로 환산하면 8.03%에 이른다. 따라서 납부하지 않은 기간이 늘어나면 가산세가 점점 증가하므로 이에 특별히 유의할 필요가 있다. 예를 들어, 1억 원을 1년간 납부하지 않은 경우의 납부지연가산세는 다음과 같다.

• 납부지연가산세 = 1억 원×365×2.2/10,000 = 8,030,000원

가산세를 줄이는 방법

가산세도 때에 따라서는 상당하다. 만일 부득이 가산세가 나온다면 이를 줄이는 방법을 생각해보자.

1. 법정기한 내 신고했으나 과소신고한 경우

신고를 법정기한까지 했으나 과소신고가 된 경우가 있다. 이러한 경우에는 수정신고를 빨리함으로써 가산세 부담을 줄일 수 있다. 다음과 같이 감면이 적용되기 때문이다.

수정신고 기간	신고불성실가산세
~1개월 이내	90% 감면
1~3개월 이내	75% 감면
3~6개월 이내	50% 감면
6개월 ~1년 이내	30% 감면
1년~1년 6개월 이내	20% 감면
1년 6개월~2년 이내	10% 감면

2. 적법하게 신고했으나 상속·증여가액이 수정되는 경우

적법하게 신고했으나 과세관청이 상속·증여재산가액을 수정한 경우가 있

다. 이런 상황에서도 신고불성실가산세(10~40%)와 납부지연가산세를 부과하는 것이 원칙이다. 하지만 다음의 사유에 대해서는 신고불성실가산세를 부과하지 않는다.

- 신고한 재산에 대한 평가가액의 적용방법 차이(예 : 기준시가로 신고했으나 매매사례가액으로 고지한 경우 등)로 미달 신고한 경우
- 신고한 재산으로서 소유권에 관한 소송 등의 사유로 인해 상속 또는 증여재산으로 확정되지 아니한 금액
- 상속공제나 증여공제의 적용착오로 미달 신고한 금액

☞ 참고로 상속세·증여세 결정기한 내에 평가심의위원회를 거쳐 감정평가액으로 상속세나 증여세가 경정된 경우, 납부불성실가산세와 납부지연가산세를 모두 부과하지 않는다.

3. 법정기한 내 신고하지 못한 경우

신고를 법정기한 내 하지 못한 경우에는 기한 후 신고제도를 이용할 수 있다. 이 제도를 이용하면 신고불성실가산세는 일부 감면*을 받을 수 있고, 미납부기간이 축소되어 납부지연가산세도 줄일 수 있다.

Tip 증여세(상속세) 부과제척기간

증여세(또는 상속세)의 경우 부과제척기간은 보통 10~15년이 된다. 즉, 탈세나 무신고 또는 허위신고는 15년간 세금을 추징할 수 있으나 기타의 경우는 10년이다. 다만, 탈세 목적으로 은닉한 재산가액이 50억 원을 초과하는 경우에는 과세관청이 그 사실을 안 날로부터 1년 이내 추징할 수 있다. 이를 정리하면 다음과 같다.

* 법정기한~1개월 이내 50%, 3개월 이내 30%, 6개월 이내 20% 감면

세목	원칙	예외
상속·증여세	－ 15년간 　(탈세·무신고·허위신고 등) － 10년간(이외의 사유)	• 상속 또는 증여가 있음을 안 날로부터 1년(탈세로서 제삼자 명의보유 등으로 은닉재산이 50억 원 초과 시 적용)
이 외의 세목	－ 10년간(탈세) － 7년간(무신고) － 5년간(이외의 사유)	• 상속 또는 증여가 있음을 안 날로부터 1년(탈세로서 제삼자 명의보유 등으로 은닉재산이 50억 원 초과 시 적용) • 조세쟁송에 대한 결정 또는 판결이 있는 경우, 그 결정(또는 판결)이 확정된 날로부터 1년이 경과하기 전까지는 세금부과가 가능함.

Tip 무신고한 증여와 상속세와의 관계

상속세 과세가액에 합산하는 증여재산에 대해 증여세가 부과되지 아니한 경우에는 해당 증여재산에 대해 증여세를 먼저 과세하고, 그 증여가액을 상속세 과세가액에 합산해 상속세를 부과하며, 증여세 상당액을 기납부세액으로 공제한다.

• 1차 증여세 추징(신고불성실가산세 20%, 납부지연가산세)
• 2차 상속세 과세(기증여세 산출세액은 상속세 산출세액에서 공제)

1. 증여의 개념

실무적으로 증여세 과세 대상을 가려내는 것은 어렵다. 재산의 이전수단도 다양하고, 이를 과세당국이 일일이 점검할 수도 없기 때문이다. 그렇다고 증여행위를 규제하지 않으면 신종 증여가 우후죽순식으로 등장하고, 그에 따라 세금 없는 부의 대물림 현상이 심화된다. 따라서 세법은 다음과 같이 증여에 대해 정의해두고, 이에 걸리면 증여세를 부과하는 쪽으로 일을 처리하고 있다.

> '증여'라 함은 그 행위 또는 거래의 명칭·형식·목적 등에 불구하고 경제적 가치를 계산할 수 있는 유형·무형의 재산을 타인에게 직접 또는 간접적인 방법에 의해 무상으로 이전(현저히 저렴한 대가로 이전하는 경우를 포함한다)하는 것 또는 기여에 의해 타인의 재산 가치를 증가시키는 것을 말한다(상증법 제2조 제3항).

이 내용을 가만히 보면 어떤 행위로 인해 무상의 이익을 보았다면, 이를 증여로 보아 증여세를 거두겠다는 세법의 의지가 담겨 있다. 이는 위 증여의 개념에 해당하면 법에 그 행위가 열거되어 있지 않더라도 증여세를 과세하겠다는 것을 말한다. 이렇게 개념만을 정의해두고 과세하는 방식을 '완전포괄주의 과세제도'라고 한다.

그런데 세법에서는 실무에서의 적응력을 높이기 위해 다음과 같이 증여유형을 예시하고 있다.

증여 가액 =	본래의 증여재산 + (상증법 31)	예시규정의 증여재산 + (상증법 33~42) 1. 보험금 2. 저가 양도 3. 채무면제 4. 부동산 무상사용 5. 합병 등	증여추정 및 증여의제재산 (상증법 44~45의 2) 1. 배우자 등에 양도 시 증여추정 2. 재산 취득자금 등의 증여추정 3. 명의신탁재산에 대한 증여의제

위 표에서 본래의 증여재산은 수증자에게 귀속되는 금전으로 환가할 수 있는 모든 재산과 권리를 말한다. 예시규정은 말 그대로 세법에서 예로 들어놓은 규정에 불과하다. 이런 규정이 있음으로써 과세 대상을 좀 더 명확히 할 수 있다. 증여추정은 가족 간에 가짜로 매매할 때 매매를 취소하고 증여세를 과세하는 방식을 말한다. 한편 증여의제는 무조건 증여로 보는 것을 말한다. 이에는 주식을 명의신탁하는 경우 명의를 빌려준 사람에게 증여한 것으로 본다.

※ 상증세 집행기준 33-0-1 [증여유형 요약]

증여유형	요약내용			특수 관계
	증여자	수증자	증여이익	
① 신탁이익의 증여	위탁자	수탁자	원본의 이익, 수익의 이익	×
② 보험금의 증여	보험료 납부자	보험금 수령인	보험금	×
③ 저가·고가 양도에 따른 이익의 증여	저가 양도자	저가 양수자	(시가-대가)-Min(①×30%, 3억 원 등)	△
	고가 양수자	고가 양도자	(대가-시가)-Min(①×30%, 3억 원 등)	
④ 채무면제 등에 따른 증여	채권자 등	채무자	채무면제 등 이익	×
⑤ 부동산 무상사용에 따른 이익의 증여	부동산 소유자	부동산 무상사용자	$\sum_{n=1}^{5} \dfrac{\text{부동산 가격} \times 2\%}{(1+10\%)^n}$	△
		담보 이용해 금전 등 차입자	(차입금×적정이자율) - 금전 차입 시 지급한 이자 등	
⑥ 금전무상대출 등에 따른 이익의 증여	금전무상대출 등에 따른 이익의 증여	금전대출 받은 자	(대출금액×적정이자율) - 실제 지급한 이자	△

2. 비과세되는 증여재산의 범위

이상의 내용을 보면 제삼자에게 무상으로 증여가 되면 세금이 나온다고 결론지어도 된다. 그런데 아버지가 자녀에게 준 10만 원짜리 용돈에도 과세해야 하는가?

만일 그렇다고 한다면 수많은 범법자가 양산될 수밖에 없을 것이다. 10만 원에 대해 세금신고를 하는 사람이 거의 없을 수 있기 때문이다. 따라서 증여 성격을 가지고 있더라도 증여세 과세에서 제외하는 경우가 많다. 이에는 용돈이나 세뱃돈, 학자금, 축하금, 혼수용품, 생활비, 치료비 등이 있다. 그런데 이 중 결혼 축하금이나 부의금이 과도한 경우에는 증여세 문제가 따라다닐 수 있다. 세법에서 증여세가 비과세되는 축의금 등은 그 금액을 지급한 자별로 '사회통념상 인정되는 금액'을 기준으로 판단하기 때문이다. 이때 사회통념상 인정되는 금품에 해당하는지 여부는 동일한 사건에 대해 지급한 금품의 총액을 기준으로 하고 있다(서일46014-11139, 2003. 8. 22). 따라서 앞에서 본 항목으로 집을 사주거나 비싼 차를 사주는 등의 행위는 사회통념상의 범위를 벗어나므로 증여세 과세의 문제가 있다. 한편 용돈 등의 명목으로 돈을 받은 후 이를 예·적금하거나 주식·토지·주택 등의 매입자금 등으로 사용하는 경우에는 증여세가 과세된다. 즉 재산을 불리는 수단으로 사용되는 경우에는 세금을 부과한다.

※ 비과세되는 증여재산의 범위관련 규정

1. 상증법 제46조 [비과세되는 증여재산]

다음 각 호의 어느 하나에 해당하는 금액에 대해서는 증여세를 부과하지 아니한다.

5. 사회통념상 인정되는 이재구호금품, 치료비, 피부양자의 생활비, 교육비, 그 밖에 이와 유사한 것으로서 대통령령으로 정하는 것

2. 상증법 시행령 제35조[비과세되는 증여재산의 범위 등]

④ 법 제46조 제5호에서 '대통령령으로 정하는 것'이란 다음 각 호의 어느 하나에 해당하는 것으로서 해당 용도에 직접 지출한 것을 말한다.

2. 학자금 또는 장학금 기타 이와 유사한 금품

3. 기념품·축하금·부의금 기타 이와 유사한 금품으로서 통상 필요하다고 인정되는 금품

4. 혼수용품으로서 통상 필요하다고 인정되는 금품

☞ 위와 같이 증여세가 비과세되는 항목들은 상속세 과세 대상에서도 제외된다. 이에 대해서는 제3장에서 자세히 살펴본다.

증여세를 절약하기 위해서는 다음과 같은 내용을 생각해볼 필요가 있다.

1. 10년 단위로 증여하라

증여는 10년간 재산가액을 합산해 과세하고 증여공제를 적용한다. 따라서 10년 단위로 증여를 하게 되면 세금을 줄일 수 있다.

2. 저평가된 재산을 먼저 증여하라

당장의 증여세를 낮추기 위해서는 저평가된 재산을 먼저 증여하는 것이 좋다. 예를 들어 현금보다는 시세가 떨어진 펀드, 그리고 상가나 토지 등을 아파트와 같이 시세를 알 수 있는 물건보다 먼저 증여하는 것이 좋다.

3. 증여 대상을 늘리고 공제금액 이하에서 증여하라

배우자로부터 증여를 받으면 6억 원, 성년자가 직계존비속으로부터 증여를 받으면 5,000만 원(혼인 시는 2024년부터 1억 원 별도 공제예정), 미성년자는 2,000만 원을 공제받는다. 따라서 증여 대상을 늘린 후 이 금액 이하로 증여하면 증여세가 없고 추후 취득자금의 원천으로도 사용할 수 있다. 다만, 증여는 10년 단위로 해야 하므로 될 수 있는 대로 빨리 증여활동을 시작한다.

4. 자녀의 능력에 따라 증여하라

자녀가 소득능력이 없으면 자금출처조사문제를 항상 생각해야 한다. 하지만 소득능력이 있는 경우에는 자금동원능력이 있으므로 자금출처조사문제를 어느 정도 비켜나갈 수 있다. 따라서 소득능력이 없는 미성년자는 소규모로 재산 취득행위를 하고 미리 자금출처조사 대비를 해두는 것이 좋다.

5. 금융재산 증여는 증거를 남겨두라

금융재산의 경우 증여인지, 아닌지를 구별하기가 상당히 난해하다. 재산의 이동에 제약이 없기 때문이다. 이런 이유로 자금을 단순히 보관한 것인지, 이를 증여한 것인지, 또는 차명거래인지 등의 사실판단 문제가 복잡하다. 만일 증여사실의 입증이 필요할 때는 증여계약서를 작성해두면 이로 인정될 가능성이 크다. 물론 관할 세무서에 증여세 신고를 해두면 입증력이 더 높아질 것이다.

6. 증여취소는 3개월 내 하라

증여 후에 재산을 다시 반환받은 경우에는 반환된 재산에 대해서도 증여세가 부과될 수 있다. 하지만 금전 외 재산은 증여일로부터 3개월 내 반환을 받으면 당초 증여로 받은 재산과 반환받은 재산에 대해서는 증여세를 부과하지 않는다. 하지만 3개월 이후부터 6개월 사이에 반환하면 당초 증여분에 대해서는 증여세를 부과하나 반환분에는 부과하지 않는다. 하지만 6개월이 지난 다음에는 당초 및 반환되는 재산에 대해 증여세가 각각 부과되므로 주의할 필요가 있다.

7. 공시지가나 기준시가 발표 전에 증여하라

증여가액은 원칙적으로 시가로 평가하는 것이 원칙이다. 하지만 시가를 알기가 힘든 연립주택이나 단독주택, 그리고 토지나 상가 같은 부동산은 기준시가로 신고하는 것도 가능하다. 따라서 이러한 재산은 매년 기준시가 등이 발표되기 전에 신고할 수 있다. 물론 기준시가 등이 낮아질 것으로 보이면 기다렸다가 새로운 기준시가 등으로 신고할 수도 있다. 개별공시지가는 매년 5월 말일까지, 상가 등의 부동산은 부동산 시장 변동에 따라 탄력적으로 고시(주택은 4월 말일)되고 있다.

☞ 기준시가나 환산가액으로 증여세나 상속세를 신고한 경우에는 국세청에서 감정평가를 받아 이의 금액으로 경정할 수 있다. 다만, 이 경우에는 각종 가산세를 면제한다.*

8. 매매사례가액이나 감정평가액을 활용하라

배우자 간에 증여할 때는 10년간 6억 원까지는 증여세가 없다. 따라서 부동산을 증여받을 때는 기준시가보다는 매매사례가액이나 감정가액으로 신고해두는 것이 나중에 양도할 때 양도차익을 줄일 수 있어 좋다. 단, 증여일로부터 10년(2022년 이전 증여분은 5년) 이후에 양도해야 소기의 목적을 달성할 수 있다.

9. 자녀에게 증여하려면 실익분석이 먼저다

자녀에게 증여할 때는 왜 증여를 하는지에 대한 검토가 되어야 한다. 따라서 증여효과가 충분히 나는지를 먼저 살펴보자. 자녀에게 증여하는 경우에는 부담부 증여를 활용하면 세금이 일정 부분 줄어든다.

10. 부동산을 증여받으면 10년을 보유하라

부동산을 증여받고 10년(2022년 이전 증여분은 5년)이 되기 전에 이를 매도하면 증여의 효과가 박탈된다. 10년 내 양도하면 세법은 조세회피행위로 보고 이월과세제도를 적용하거나 소득세법상 부당행위계산부인제도를 적용하기 때문이다. 전자는 증여받은 재산을 양도할 때 취득가액을 증여자의 것으로

* 상속세나 증여세 신고 후 국세청이 감정평가로 과세하는 경우에는 적극적으로 불복청구하는 것도 하나의 방법이다(저자 문의).

하는 제도를 말하고, 후자는 증여자가 직접 제삼자에게 양도한 것으로 보아 세금을 재정산하는 제도를 말한다.

11. 이중과세를 적용받지 마라

동일한 증여이익에 대해 소득세 등이 부과되는 경우에는 증여세는 부과되지 않는 것이 원칙이다. 아래 기준을 참조하자.

※ 상증세 집행기준 4의2-0-2 [증여세 이중과세 방지]
① 동일한 증여이익에 대해 수증자에게 소득세법 또는 법인세법에 따라 소득세 또는 법인세가 부과되거나, 소득세 또는 법인세가 소득세법, 법인세법 또는 다른 법률에 따라 비과세·감면되는 경우에는 증여세를 부과하지 않는다.
② 영리법인이 증여받은 재산 또는 이익에 대해 법인세법에 따른 법인세가 부과되는 경우 해당 법인의 주주 등에 대해서는 제45조의 3부터 제45조의 5까지의 규정에 따른 경우를 제외하고는 증여세를 부과하지 않는다.

12. 위자료 지급보다는 재산분할을 하라

이혼할 때 재산분배를 재산분할로 하면 세금이 없다. 위자료로 주는 경우에는 증여세는 없지만 양도세가 나올 수 있다. 한편 이혼 전에 배우자로부터 증여를 받은 재산은 그로부터 10년이 지나서 팔아야 앞에서 본 이월과세 규정을 적용받지 않는다. 깜빡할 수 있는 내용이므로 기억해두는 것이 좋다.

13. 부부공동등기가 대세다. 처음부터 공동등기를 하라

단독등기를 공동명의로 바꾸면 증여세는 나오지 않을 수 있지만, 취득세 등이 시가인정액 3.5~12%* 선에서 나온다. 따라서 부부공동등기는 처음부터 하는 것이 좋다.

* 2023년부터 증여에 따른 취득세 과세표준이 시가표준액(기준시가)에서 시가인정액으로 변경되었다. 이에 따라 증여세 신고를 시가(감정평가액 등 포함)로 하면 취득세의 부담도 덩달아 올라가므로 이에 신중해야 한다. 참고로 조정대상지역 내의 기준시가가 3억 원을 넘어간 주택을 증여받으면 취득세율이 최대 12%까지 치솟을 수 있으므로 주의해야 한다.

14. 가족 간 소비대차거래는 인정되지 않을 수 있다

가족 간에 돈을 주고받는 경우 자칫 증여로 보일 수 있다. 하지만 실제는 차입거래라면 이를 증명할 수 있는 문서를 작성해 보관해두는 것이 좋다. 가족 간에는 2억 원 미만까지는 무상대여를 하더라도 문제가 없다. 하지만 그 이상을 넘어서면 원칙적으로 4.6%의 이자를 주고받아야 문제가 없다. 그리고 이렇게 지급된 이자의 27.5%만큼을 원천징수해서 정부에 납부해야 한다.

15. 부채상환 시에도 자금출처조사에 대비하라

세무서에서는 상속·증여세를 결정하거나 재산 취득자금의 출처를 확인하는 과정에서 인정한 부채를 국세청 컴퓨터에 입력해 관리한다. 그리고 금융기관 등으로부터 부채변제내용을 받아 이를 조회해 부채를 변제한 경우, 이의 출처를 소명하라는 안내문을 발송한다. 따라서 부담부 증여를 받은 후에 부채변제 시에는 반드시 자금출처조사를 받게 된다는 점에 유의해 대비를 철저히 해야 한다.

16. 고령자가 거액의 재산을 처분한 경우에는 자금의 사용처에 대한 증빙을 갖추어라

국세청에서는 '과세자료의 제출 및 관리에 관한 법률'을 제정해서 시행하고 있다. 이 법률에 따라 과세자료를 직접 수집해 관리하고 있는데, 그중에는 고령인 자가 일정 규모 이상의 재산을 처분하거나 수용으로 보상금을 받은 경우, 일정 기간 본인 및 배우자나 직계비속 등의 재산변동을 추적하고 있다. 사후관리 결과, 특별한 사유 없이 재산이 감소한 경우에는 재산처분대금의 사용처를 소명하라는 안내문을 보내오며, 보상금을 받고 난 후 배우자 등의 재산이 늘어난 경우, 이의 자금출처를 소명하라는 안내문을 보내온다. 이 안내문은 통상 재산을 처분하거나 보상금을 받은 날로부터 2~3년 뒤에 나오는 것이 일반적이므로 사용처를 잘 정리해두는 것이 나중을 위해 좋다.

17. 8년 자경농지는 증여보다는 상속으로 이전하라

8년 자경농지는 증여보다는 상속으로 이전하는 것이 좋다. 상속으로 농지를 증여받으면 자경기간도 승계되기 때문이다. 이렇게 자경기간을 승계받아 상속농지를 양도하면 양도소득세 감면을 받을 수 있다. 하지만 증여를 받으면 증여 전의 자경기간은 소멸된다. 따라서 시골에 연고가 있는 독자들은 8년 이상 재촌·자경한 농지를 이전받을 때는 될 수 있으면 상속으로 받기를 권한다.

18. 가족 간의 매매는 증거를 남겨라

가족 간에 매매하면 세법은 일단 증여추정을 한다. 돈의 흐름이 명확히 밝혀지지 않으면 매매가 아닌 증여로 보아 증여세가 부과될 수 있다. 따라서 가족 간의 거래는 매매임을 입증할 수 있도록 자금흐름을 투명하게 해야 한다. 한편 거래금액은 소득세법상 부당행위계부인과 상증법상 증여의제규정을 고려해서 정하는 것이 좋다. 이에 대해서는 제4장을 참조하기 바란다.

19. 세대생략 증여의 실익을 분석하라

할아버지가 손자녀에게 증여하면 30(40)%가 할증 과세된다. 따라서 일반적으로 세대생략 증여가 불리하다고 할 수 있다. 하지만 세대생략 증여가 반드시 나쁜 것은 아니다. 손자녀의 아버지가 할아버지로부터 증여를 많이 받아 적용세율이 높은 경우에는 대를 이어서 증여를 받는 것보다 바로 손자녀에게 증여하는 것이 전체적으로 세금 측면에서 유리할 수 있다.

20. 가산세는 내지 마라

증여세 신고를 제날짜에 하지 않으면 신고불성실가산세를 최고 40%까지 부과한다. 그리고 납부지연가산세도 연 8.03%로 내야 한다. 따라서 신고 및 납부를 제대로 하는 것도 절세를 위해 바람직하다.

Tip 증여계약서 샘플

<h1 style="text-align:center">증 여 계 약 서</h1>

증여자와 수증자는 다음과 같이 증여계약을 체결한다.

제1조 증여자는 자기 소유인 아래 표시 부동산을 수증자에게 증여할 것을 약속하고 수증자는 이를 승낙한다.

아 래

제2조 증여자는 수증자에 대하여   년   월   일까지 제1조의 부동산을 인도하고 동시에 그 부동산에 대한 소유권이전등기절차를 경료한다.

이 계약을 증명하기 위하여 계약서를 작성하여 계약당사자간 이의 없음을 확인하고 각자 기명날인한다.

년   월   일

증여자

수증자

제3장

계좌이체 잘못하면
화를 부른다

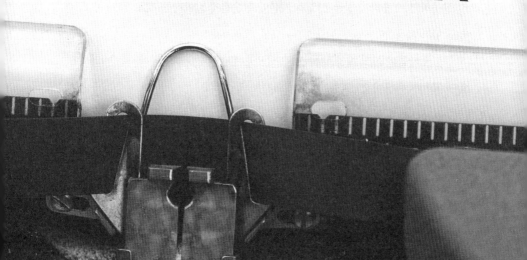

금융재산 증여 시
고려해야 할 사항들

"단단아, 형이다."

박탄다 사장이 박단단에게 전화했다.

"그래, 무슨 일이 있어?"

"한 가지 궁금한 게 있다. 애들 앞으로 적금을 들어주려고 하는데, 무슨 세금 문제가 있을까? 전처럼 대충했다가 나중에 큰코다칠 수도 있을 것 같아서 물어보는 거야."

박탄다 사장은 얼마 전에 세무서로부터 세금을 크게 추징받은 적이 있었다. 그래서 요즘은 사업과 재산에 관계되는 세금 문제는 아주 신중히 다루고 있었다. 자칫 잘못하면 소중하게 일군 사업과 재산이 한순간에 날아가는 것도 많이 보고 경험도 했기 때문이다.

"형, 조카들이 아직 미성년자이므로 앞으로 10년간 2,000만 원까지는 비과세야. 1년 기준이면 원금이 200만 원 정도가 되지."

"아니, 그러면 월 15만 원 정도만 들 수 있다는 거네? 그 금액 가지고는 어림도 없는데…"

"아니, 얼마를 생각하고 있는데…."

"그래도 1명당 월 20만 원씩은 불입하려고 하는데…."

"…."

박단단은 금방 답변하지 못했다. 이 문제를 어떻게 해결할 것인지 적절한 생각이 떠오르지 않았기 때문이다.

박단단이 답변을 제대로 하지 못한 이유는 무엇일까?

일반적으로 금융재산은 부동산과는 달리 거래단위가 소액으로 쪼개지고 증여횟수가 여러 차례에 다다르는 등 부동산과는 다른 특성을 보인다. 이러다 보니 증여세 신고를 어떻게 해야 할지, 증여세 신고를 하지 않으면 이를 적발해 세금을 물리는지 아리송한 것이 한둘이 아니다. 하지만 세금 문제는 미리 따져보고 대안을 만들어두는 것이 좋다. 이하에서 이와 관련된 문제들을 살펴보자.

금융재산의 증여와 관련해서는 증여에 해당하는 거래인지를 먼저 파악하는 것이 좋다. 예를 들어, 생활비 조로 돈을 주는 것은 증여와 관련성이 없다. 하지만 생활비로 돈을 줬지만 이를 모아 집을 산다면 이는 증여에 가깝다. 돈을 받아 소멸성으로 사용하면 이에 증여세를 부과하는 것은 상당히 힘들다. 하지만 재산형성에 기여한다면 증여세가 부과되는 것은 당연하기 때문이다.

그다음 증여세를 신고해야 하는지를 파악해둘 필요가 있다. 증여세를 신고하는 것이 귀찮고 번거롭지만, 오히려 이를 해두는 것이 좋을 때가 있다. 예를 들어, 나중에 부동산이나 기타 재산을 취득하기 위해서는 자금출처가 필요한데, 미리 신고를 해두면 이에 대한 입증을 쉽게 할 수 있다. 물론 금액이 소소하다면 증여세 신고를 하지 않아도 문제가 되는 경우는 극히 드물다. 증여금액이 증여공제 한도를 조금 벗어나더라도 이에 대해 과세되는 경우가 거의 없기 때문이다. 이는 과세당국이 적발해서 과세할 수 있는 체제가 아직 미비하다는 것을 의미한다.

결국, 박탄다 사장이 20만 원을 자녀에게 증여하게 되면 연간 증여금액은 240만 원이 된다. 이를 10년으로 환산하면 2,400만 원이다. 따라서 미성년 자공제 2,000만 원을 넘어선 400만 원에 대해서는 10% 세율로 과세되므로 약 40만 원의 세금이 나온다. 물론 증여세 신고를 미리 하지 않으면 이자도 포함되므로 이 세금은 조금 더 늘어날 것이다. 하지만 현실적으로 이 정도의 증여로 인해 세금이 부과되는 경우는 거의 없다. 다만, 일 처리를 깔끔하게 하고 싶다면 처음부터 2,000만 원 내외에서 원금을 증여해서 신고하는 것이 좋다.

현금 증여하는 방법

"해선 씨, 나 이제 현금이나 펀드 같은 재산에 대한 증여방법에 대해 확실히 알 수 있을 것 같아."

박단단이 금융재산의 증여방법을 이해하고는 자신 있는 말투로 말했다.

"그래? 어떻게 하는데?"

"일단 목돈이 있는지 없는지에 따라 증여방법이 달라질 것 같은데…."

"그럴 수 있지. 당신이 내게 설명해봐. 이 기회에 우리 똘이도 들어두게."

"좋았어. 기대하라고."

자녀를 위해 현금을 증여하거나 펀드 등에 가입한 경우 증여세를 신고하기로 결정했다면, 목돈이 있는 경우와 없는 경우로 나눠 살펴볼 수 있다.

목돈이 있는 경우

목돈이 있는 경우에는 될 수 있는 대로 빨리 증여세를 신고하는 것이 좋다. 미성년 자녀의 경우 10년간 2,000만 원까지 비과세되기 때문이다. 예를 들어, 자녀가 태어나자마자 2,000만 원을 통장에 입금시키고 이를 관할 세무서에 신고하면, 11세가 되는 해에 2,000만 원을 또 증여할 수 있다. 한편 펀드나 보험의 경우 목돈을 증여한 후에 계좌이체 식으로 매월 적립하면 된다. 참고로 증여세를 신고할 때는 다음과 같은 양식(국세청 홈페이지에서 증여세 과세표준 신고서를 조회해 다운로드함)에 입금이 확인된 통장사본 등을 함께 제출하면 된다.

⟨증여세과세표준 신고서⟩

증여세과세표준 신고서		
수증자	성명, 주민등록번호, 주소 등	
증여자	성명, 주민등록번호, 주소 등	
구분	금액	산출근거(실제 양식에는 없음)
증여가액	2,000만 원	시가원칙(시가확인 불가 시 기준시가)
증여재산가산액		10년 내 동일인으로부터 받은 증여가액(합산 후 재 정산)
비과세 등		국가 등으로부터 받은 증여가액 등
채무액		증여재산에 담보된 채무로서 증여자가 인수한 채무액
증여세 과세가액	2,000만 원	
증여공제	2,000만 원	미성년자 공제
과세표준	0	
세율		10~50%(과세표준 1억 원 이하는 10%)
산출세액	0	
세액공제		− 신고세액공제 : 증여일이 속한 달의 말일로부터 3개월 내 신고 시 3% 세액공제
가산세		신고불성실가산세 : 미달신고세액의 10~40% 납부지연가산세 : 미달납부세액×미납기간×0.022%
납부할 세액		1,000만 원 초과 시 분납이나 물납 등 가능

※ 구비서류
1. 증여자 및 수증자의 호적등본(제출생략 가능)
2. 증여재산 명세서 및 평가명세서(부표)
3. 채무사실 등 기타 입증서류

200 년 월 일
신고인　　　(서명 또는 인)
세무대리인　　　(서명 또는 인)
○○세무서장 귀하

증여재산 및 평가명세서						
재산구분	재산종류	소재지	수량(면적)	단가	평가가액	평가기준
증여재산 가산액	현금				2,000만 원	시가
합계					2,000만 원	

※ 작성방법
– 재산구분 : 증여가액, 증여재산가산액, 비과세 금액, 과세가액 불산입액에 대한 구분을 말함.
– 재산종류 : 건물, 토지 등
– 평가기준 : 원칙적으로 시가에 의하되, 시가를 적용하기 곤란한 경우 기준시가로 함.

목돈이 없는 경우

목돈이 없는 상황에서는 매월 적립금이 들어가게 될 것이다. 이러한 상황에서는 어떻게 증여세를 신고해야 할까?

앞에서 보았듯이 세법상 증여시기는 입금시점이 되지만, 증여세를 신고하지 않을 때는 인출해서 사용한 시점이 그 시기가 된다. 따라서 증여세 신고가 중요하므로 다음과 같이 신고하는 것도 생각해볼 수 있다.

• 매년 1. 1~12. 31까지의 금액을 평가해 통장의 사본을 제출함.

만일 이렇게 증여하는 경우에는 최종 증여일로부터 소급해서 10년 이내 증여한 금액을 최종 증여금액에 합산해 신고해야 한다. 예를 들어, 1년 전에 원리금으로 신고한 금액이 1,000만 원이고, 금회 증여할 금액이 2,000만 원이라면 다음과 같이 신고서가 작성된다.

증여세과세표준 신고서		
수증자	성명, 주민등록번호, 주소 등	
증여자	성명, 주민등록번호, 주소 등	
구분	금액	산출근거(실제 양식에는 없음)
증여가액	2,000만 원	시가원칙(시가확인 불가 시 기준시가)
증여재산가산액	1,000만 원	10년 내 동일인으로부터 받은 증여가액(합산 후 재정산)
비과세 등		국가 등으로부터 받은 증여가액 등
채무액		증여재산에 담보된 채무로서 증여자가 인수한 채무액
증여세 과세가액	3,000만 원	
증여공제	2,000만 원	미성년자 공제
과세표준	1,000만 원	

☞ 만일 부모가 증여 목적으로 자녀 명의의 적금계좌를 개설하거나 적립식 펀드에 가입해 현금을 입금한 경우, 그 입금한 때마다 증여한 것으로 보는 것이므로 입금할 때마다 증여세 신고를 해야 하는 것이나, 정기적금 등의 계약기간 동안 매회 불입할 금액을 부모가 불입하기로 자녀와 약정한 경우로서 그 사실을 최초 불입일부터 상증법 제68조 제1항의 규정에 의한 증여세과세표준 신고기한 이내 납세지 관할 세무서장에게 신고한 경우에는 같은 법 시행령 제62조 제1호의 규정에 의해 평가한 가액(유기정기금 평가방법에 의한 가액을 말함)을 최초로 불입일에 증여한 것으로 보아 증여세 과세표준을 계산할 수 있다(상속증여-3294, 2020. 10. 23).

Tip 국세청 홈택스에서 신고하는 방법

국세청에서 마련하고 있는 홈택스 홈페이지를 통해 손쉽게 증여세를 신고할 수 있다. 다만, 부동산의 경우에는 평가액이 변동될 수 있으므로 반드시 세무전문가의 확인을 거쳐 신고하는 것이 좋다.

미신고한 주식 계좌
증여세 과세법

"해선 씨, 정말 난처한 일이 생겼어. 우리 회사 VIP 고객 한 사람이 소급해서 증여세 신고하면 안 되겠냐고 물어보는데, 답변을 하지 못했어. 혹시 당신은 어떻게 해야 하는지 알아?"

단단은 현재 수억 원 대의 돈을 주식에 투자하고 있는 투자자의 고민을 해결해야 할 입장에 서 있었다.

내용은 이러했다.

그 고객은 5년 전쯤에 5,000만 원을 자녀의 통장에 넣어주고 자녀 명의로 투자해서 수익을 배로 냈다. 그런데 앞으로도 수익이 지속적으로 날 것으로 보이자 이에 대한 증여세 문제가 매우 궁금했던 모양이다. 그가 고민하는 것은 불어난 주식에 증여세가 나오는지, 만일 과세가 된다면 이를 피하기 위해 소급해서 증여세 신고를 하면 되는지 등이었다.

"참 어려운 문제네. 부동산 같으면 증여등기를 하니 증여시점을 제대로 알 수 있는데 금융재산은 그렇지 않잖아."

"맞아. 일단 그 고객이 입금한 5,000만 원이 증여에 해당하면, 그다음에 늘어난 투자 수익은 증여세를 부과받지 않을 텐데…."

"단단 씨, 우리 이번 기회를 통해 이와 관련된 문제를 말끔히 해결해보자. 이런 문제가 우리 도처에 깔려 있으니까."

"그래. 알았어."

동해선은 그렇게 대화를 마무리하고 바로 강필수 세무사를 찾았다.

"세무사님, 아주 골치 아픈 것이 튀어 나왔습니다."

동해선은 자초지종 말을 꺼냈다.

"그렇군요. 금융재산의 경우, 증여시점을 파악하는 것이 상당히 힘들 겁니다. 증여시점을 어떻게 파악하느냐에 따라 소급해 증여세 신고를 할 수 있는지도 결정됩니다. 제가 자세히 설명해드리죠."

증여는 제삼자에게 재산이 무상으로 이전되는 것을 말한다. 이렇게 재산 권이 이전되면, 증여받은 재산은 증여를 받은 사람의 것이 된다. 그러므로 증여를 받은 자가 증여재산을 마음대로 처분할 권한이 있다. 따라서 증여받은 재산을 가지고 본인의 책임과 계산 아래 사업을 벌일 수도 있고, 다른 재산을 구입할 수도 있다.

결국은 증여를 받은 후의 재산으로 좋은 수익을 얻었다고 하더라도 원칙적으로 그 수익에 대해서는 증여세를 추가로 과세해서는 안 된다.

그런데 앞의 박단단의 고객처럼 증여세 신고를 하지 않았다면 어떻게 될 것인가?

이 문제를 해결하기 위해서는 증여가 성립하는 시기를 제대로 이해할 필요가 있다. 세법에서는 증여재산별로 일반적인 증여시기를 다음과 같이 정하고 있다.

> - 부동산, 항공기 등의 취득 : 소유권이전등기·등록신청서 접수일
> - 신축건물 : 사용승인서 교부일이 원칙임.
> - 동산(현금 등)의 취득 : 인도한 날 또는 사실상의 사용일
> - 주식 : 수증자가 배당금의 지급이나 주주권의 행사 등에 의해 당해 주식을 인도받은 날이 사실상 객관적으로 확인되는 날. 다만, 주식을 인도받은 날이 불분명한 경우에는 주주 명의개서일
> - 보험금 : 생명보험과 손해보험에 있어서 보험금 수취인과 보험료 불입자가 다른 경우에는 보험사고가 발생한 때

이 내용을 보면 부동산이나 주식 등은 등기나 명의개서 등에 의해 객관적으로 증여임이 나타난다. 따라서 증여세 신고를 하지 않았다고 하더라도 소급해서 증여임을 입증하는 데는 문제는 없다. 그런데 예금이나 펀드 등 동산에 속하는 물건들은 '인도한 날 또는 사실상의 사용일'이 증여시기가 되므로 증여세 신고 여부가 매우 중요하다.

앞의 사례에서 그 고객은 자녀의 통장에 5,000만 원을 입금한 적이 있었다. 그러면 일단 세법은 동산을 인도한 날을 증여시기로 본다. 그런데 그 고객이 증여세 신고를 하지 않았다. 따라서 자녀가 인출해서 3,000만 원짜리 차를 샀다면 그때가 바로 증여시기가 된다. 이렇게 규정이 만들어진 이유는 금융거래가 단순히 보관하는 것인지, 차명거래인 것인지를 이를 구별할 수가 없는 경우가 많아 입금시점을 획일적으로 증여시기라고 할 수 없기 때문이다. 따라서 이렇게 증여사실이 확인되지 않으면, 그 예금을 자녀가 인출해서 사용한 날로 증여시기가 연장될 수밖에 없다.

결국, 앞의 VIP 고객은 자녀에게 입금한 때가 증여시기가 아니므로 소급

해서 증여세 신고를 할 수 없다. 따라서 고객의 자녀가 주식 대금을 인출해서 사용하는 날에 증여세 납세의무가 성립할 것으로 본다.[*]

이처럼 종된 수익에 추가로 과세되는 상황은 앞의 예처럼 증여시기가 유동적으로 변한 경우다. 따라서 객관적으로 증여임을 입증할 수 없는 거래인 경우에는 결과적으로 증여세 신고를 미리 해두는 것이 종된 수익에 대해 과세를 당하지 않는 방법이다. 그래서 실무적으로 현금을 바탕으로 부동산이나 금융재산을 취득할 때는 증여세 신고가 필요하다고 할 수 있다.

참고로 앞의 증여시기를 좀 더 추가로 검토하면 주식은 주식을 인도받은 날로 하되, 인도받은 날이 불분명하면 주주명부에 명의개서한 날이 그날이 된다. 보험의 경우에는 특이하게도 보험사고가 발생한 날을 증여시기로 한다. 따라서 보험계약기간 내 보험료를 증여받아 보험료를 납입한 후 보험사고가 발생해 보험금을 수령하면 보험금에 대해 증여세가 부과되는 것이 원칙이다.

Tip 증여신고와 무신고에 따른 증여시기 등

구분	증여시기	증여가액
증여세 신고	입금한 날	원금
무신고	예금 또는 펀드에서 인출해 자녀가 사용한 날	인출해 사용한 금액 (원금+이자 또는 운용수익)

[*] 상증법 제45조에서 규정하고 있는 재산 취득에 대한 증여규정이 적용되면 '해당 재산을 취득한 때(계좌에 입금된 때)'가 증여시기가 된다. 이에 대한 내용은 뒤에서 살펴본다.

계좌입금과 증여추정

앞에서 본 것과 같이 증여세 과세 대상과 비과세 대상을 구분할 수 있다면 이에 대한 불필요한 논란거리를 없앨 수 있다. 그런데 현금 등 금융재산은 부동산과는 달리 등기 등의 과정이 없기 때문에 마음만 먹으면 신고하지 않아도 된다. 그래서 세법은 이에 대해 다양한 방법으로 대응을 하고 있는데, 대표적인 제도가 바로 계좌 소유자에 대한 증여추정이다. 이에 대해 알아보자.

계좌 소유자에 대한 증여추정제도

현금 등을 자녀 등의 계좌에 입금한 경우 이의 성격이 '차입'인지 '증여'인지 구분하기가 힘들다. 그래서 앞에서 본 것처럼 입금시점에 증여로 보되, 증여로 단정 짓기가 힘들면, 이를 인출해서 사용하는 시점을 증여로 본다. 하지만 이러한 세법의 잣대를 실무에서 사용하는 것이 매우 힘든 것이 현실이다. 금융거래내역을 일일이 파악하며 증여금액을 특정해내기가 힘들기 때문이다.

그래서 이에 대한 보완책으로 '증여추정'이라는 제도가 2013년에 도입되었다. 이 제도는 그 계좌에 보유한 재산은 명의자가 증여받은 것으로 추정해 그 소유자가 증여가 아님을 입증하지 못하면 '입금한 때'를 증여시기로 해서 증여세를 과세하는 것을 말한다.

이렇게 함으로써 증여사실에 대한 입증책임이 납세자에게로 전환되고, 증여시기가 '재산을 취득하는 시점'으로 앞당겨지는 효과가 발생한다. 다만, 법에서 정한 요건을 충족해야 한다. 다음의 내용을 보자.

> ※ 상증법 제45조(재산 취득자금 등의 증여추정)
> ① 재산 취득자의 직업, 연령, 소득 및 재산 상태 등으로 볼 때 재산을 자력으로 취득했다고 인정하기 어려운 경우로서 대통령령으로 정하는 경우에는 그 재산을 취득한 때에 그 재산의 취득자금을 그 재산 취득자가 증여받은 것으로 추정해 이를 그 재산 취득자의 증여가액으로 한다(2015. 12. 15 개정).
> ④ 금융실명거래 및 비밀보장에 관한 법률 제3조에 따라 실명이 확인된 계좌 또는 외국의 관계 법령에 따라 이와 유사한 방법으로 실명이 확인된 계좌에 보유하고 있는 재산은 명의자가 그 재산을 취득한 것으로 추정해 제1항을 적용한다(2013. 01. 01 신설).

이 제도는 증여세 부과제척기간(최대 15년*) 내 언제든지 적용될 수 있지만, 자금출처조사나 상속세 조사 때 적용되는 것이 일반적이다. 다만, 아래에 해당하면 이 제도를 적용하지 않는다.

---

* 은닉한 재산이 50억 원을 넘어선 경우에는 국세청이 안 날로부터 1년 내가 제척기간이 된다.

계좌 입금 관련 증여추정제도를 적용받지 않기 위한 방법은?

계좌에 입금되는 순간 이에 대해 증여추정제도가 적용된다. 그렇다면 이에 대해 어떤 식으로 증여가 아님을 입증할까?

첫째, 비과세되는 증여재산에 해당하는 경우다.

입금액이 피부양자의 생활비, 학자금, 축하금 등에 해당하는 경우, 증여세가 부과되지 않는다. 따라서 이러한 항목으로 입금된 것임을 입증하도록 한다.

둘째, 차입에 해당하는 경우다.

부모 등에게 차입한 것이라면 증여가 아니므로 이에 대한 차용증, 이자 지급내역서 등으로 입증한다.

셋째, 자금을 단순보관한 경우다.

자금거래의 편의상 자녀 명의의 예금계좌에 현금을 입금한 후 본인(부모)이 관리해오다가 당해 예금을 인출해서 본인이 사용한 것으로 확인되는 때는 증여로 보지 않으므로 이 관계를 입증한다. 예를 들어, 명의자에게 부득이하게 위탁해 관리하고 있다는 사실의 입증, 명의자가 금치산자 등의 의사표시가 불가능하다는 사실의 입증 등이 이에 해당한다.

넷째, 차명계좌에 해당하는 경우다.

계좌를 남에게 빌려주는 경우가 있다. 이때는 금융실명법 위반의 문제도 있지만, 증여세가 과세될 수도 있다. 이런 상황에서 증여세가 나오지 않기 위해서는 당초 계좌개설 경위, 계좌의 실제 개설자, 이자 수령 내역, 자금의 사용내역 등의 소명을 통해 본인의 계좌가 아님을 입증하면 된다.

☞ 참고로 계좌에서 현금을 출금한 경우에는 증여가 아니므로 증여세가 과세되지 않으나, 향후 상속세 조사 시 상속추정이라는 제도가 적용된다. 이에 대해서는 잠시 뒤에 살펴본다.

증여세가 비과세되는 금융재산

금융재산의 증여는 부동산과는 다르게 증여인지, 아닌지부터 이를 구분하는 것이 어렵다. 자금거래의 성격이 생각보다 다양하기 때문이다. 예를 들어, 증여성 자금에 비과세되는 생활비나 차입, 자금의 단순보관 등이 뒤섞여 있는 경우가 많기 때문이다. 따라서 증여하기 전에 증여에 해당하는지 등을 잘 구분하는 것이 중요하다. 이하에서는 비과세되는 금융재산의 범위부터 순차적으로 확인해보자.

증여란

'증여'라 함은 현금 등의 재산을 타인에게 직접 또는 간접적인 방법에 의해 무상으로 이전하는 것을 말한다.

▶ 증여는 무상으로 이전하는 모든 재산을 말한다.

▶ 이는 해당 재산의 소유권 등이 상대방한테 이전되는 것을 말한다.

▶ 따라서 증여의사가 없거나 증여사실이 없는 경우에는 증여에 해

당하지 않는다(예 : 자금대여, 자금의 단순보관 등).

비과세되는 증여재산의 범위

비과세되는 증여재산은 증여에는 해당하나, 조세정책적인 목적으로 비과세를 적용하는 재산을 말한다. 상증법 제46조와 상증법 시행령 제35조에서 비과세되는 증여재산에 대해 다음과 같이 정하고 있다.

> • 사회통념상 인정되는 이재구호금품, 치료비, 피부양자의 생활비, 교육비*, 다음 각 호의 어느 하나에 해당하는 것으로서 해당 용도에 직접 지출한 것
>   – 학자금 또는 장학금 기타 이와 유사한 금품
>   – 기념품·축하금·부의금 기타 이와 유사한 금품으로서 통상 필요하다고 인정되는 금품
>   – 혼수용품으로서 통상 필요하다고 인정되는 금품

위에서 열거된 항목들은 증여에는 해당하나, 사회통념상의 금액에 대해서는 증여세를 과세하지 않는다는 것을 말한다. 참고로 앞의 피부양자의 생활비에도 증여세가 과세되지 않는데, 이는 민법 제974조 부양의무에 따른 것으로 이해하면 된다.

> ※ 민법 제974조(부양의무)
> 다음 각호의 친족은 서로 부양의 의무가 있다.
> 1. 직계혈족 및 그 배우자 간

* 해외유학자금도 포함한다.

2. 삭제〈1990. 1. 13〉
3. 기타 친족 간(生計를 같이 하는 境遇에 限한다.)

제975조(부양의무와 생활능력)
부양의 의무는 부양을 받을 자가 자기의 자력 또는 근로에 의하여 생활
을 유지할 수 없는 경우에 한하여 이를 이행할 책임이 있다

적용 사례

사례를 통해 앞의 내용을 확인해보자.

Q1. 남편이 부인에게 매월 생활비를 지급했는데, 이 중 일부를 쓰지 않고 모았다면 증여세가 나올까?

배우자는 피부양자에 해당하므로 그에 따른 부양의무가 있다. 따라서 배우자에게 지급하는 생활비는 증여세 과세 대상에서 제외된다. 다만, 생활비로 소진되지 않고 자산형태로 축적된 금액은 증여세 과세 대상이 된다.

Q2. 부모에게 매월 송금되는 생활비는 증여세 과세 대상에서 제외되는가?

그렇다. 다만, 부모에게 소득원이 있는 경우에는 증여세가 과세될 수 있다.

☞ 부양비는 상속채무로 인정받을 수 있을까?

부모에 대한 병원비를 자녀가 부담하는 것으로 부모와 약정해, 자녀가 병원비를 우선적으로 지출하되, 사후 병원비를 정산해 자녀에게 상환하는 내용으로 청구인과 금전소비대차계약서를 작성한 경우가 있다.

이 같은 채무계약서도 상속세 신고 시에 인정이 되는지 궁금할 수 있는데, 이에 대해 국세청은 부양비로 지출한 금전은 채무로 인정하지 않겠다는 태도를 유지하고 있다(상증, 조심-2021-서-2731, 2021. 7. 1 참조).

Q3. 생활비는 한도가 있을까?

그렇지 않다. 따라서 해당 금액을 받아 생활비로 지출했다면 증여세 과세 대상에서 제외된다. 물론 주식 등에 투자 시에는 증여세가 과세될 수 있다. 생활비 등의 명목으로 취득한 재산의 경우에도 당해 재산을 예적금으로 들거나 전세자금, 주택, 자동차 구입 등의 매입자금 등으로 사용하는 경우에는 증여세가 비과세되는 생활비로 보지 않기 때문이다.

Q4. 자녀의 취직기념으로 승용차를 선물한 경우, 이는 증여세 과세 대상이 되는가?

이처럼 고가의 선물은 사회통념과 거리가 멀다. 따라서 해당 금액은 증여로 볼 가능성이 크다.

Q5. 자녀의 혼수용품 구입을 위해 3,000만 원을 입금했다. 이 경우 증여세 과세 문제는?

일단 3,000만 원을 입금받았다면 증여받은 것으로 추정되므로, 이 돈을 받은 자녀가 해당 금액을 혼수용품 구입을 위해 사용했음을 입증해야 할 것으로 보인다. 만일 입증되지 않으면 증여세 과세 문제가 있다.

☞ 물론 위의 금액이 사회통념을 벗어난 것으로 간주될 수도 있다. 다만, 증여로 보더라도 10년 내 증여세 비과세 한도 내의 금액에 해당하면 증여세는 과세되지 않는다.

차입과 증여의 구별법
(무상대여 증여세과세 포함)

증여는 증여사실이 확인이 되어야 한다. 따라서 부모와 자녀 간의 자금거래가 차입에 해당하면 이는 증여에 해당하지 않는다. 그런데 앞에서 본 것처럼 자녀의 계좌에 이체된 돈이 있다면, 이를 증여로 추정하므로 증여가 아님을 입증할 수 있는 수단이 있어야 한다. 이하에서 이와 관련해 발생할 수 있는 세무상 쟁점들을 살펴보자.

차입과 증여의 구별법

부모로부터 가져온 돈에 대해서는 일반적으로 증여로 볼 가능성이 크다. 증여의 개연성이 높기 때문이다. 따라서 실제 차입했음에도 불구하고 증여로 보는 것을 차단하기 위해 금전소비대차계약(차용증)을 작성한 경우가 많다.

그렇다면 이 차용증을 세법은 그냥 인정할까?

아니다. 이에 현행 세법은 직계존비속 간의 금전소비대차(차입)계약은 원칙적으로 인정하지 않고 있다. 다만, 사실상 소비대차계약에 의해 부모 등으로부터 자금을 차입해 사용하고, 추후 이를 변제한 사실이 이자 및 원금변제에 관한 증빙 및 담보 설정, 채권자확인서 등에 의해 확인되는 경우에는 차입으로 인정한다.

☞ 차입으로 인정받기 위해서는 차용증(샘플 참조)을 작성하고, 이에서 정하는 방법대로 이자 등을 지급하는 것이 좋다.

▶ 상환기간 : 합리적인 기간을 정하고 계약 만료 후 갱신하는 방법을 사용한다.

▶ 이자율 : 0~4.6% 사이에서 정한다. 무이자금액이 1,000만 원(원금 2억 원) 미만인 경우에는 무상이자에 대한 증여세 문제는 없다. 바로 아래를 참조하기 바란다.

▶ 원리금 상환방법 : 차용증에 기재된 방식으로 원리금을 상환한다.*

무상차입에 대한 증여세 과세

직계존비속 간에 금전거래가 '차입'으로 인정되면 원금에 대해서는 증여세가 과세되지 않는다. 그런데 이때 세법에서 정한 이자(4.6%)를 지급하지 않으면 무상이자를 증여받은 것으로 보게 되므로 주의해야 한다(상증법 제41조의 4).

▶ 대부금액이 2억 원 미만인 경우 : 문제없다. 무이자금액이 1,000만 원 미만인 경우에는 규제가 없기 때문이다(2억 원×4.6%=920만 원).

▶ 대부금액이 2억 원 이상인 경우 : 2억 원 이상의 금전을 무상으로 대부받은 경우에는 그 금전을 대부받은 날에 무상으로 대부받은 금액에 적정이자율(4.6%)을 곱한 가액을 증여받은 것으로 본다. 만일 이자의 일부가 수수되었다면 일정액을 증여금액으로 보게 된다.

*소득을 지급하는 자는 27.5%의 원천징수의무가 있다(저자 문의).

이를 정리하면 다음과 같다.

- 무상대부받은 경우 : 대부금액×적정이자율(4.6%)
- 낮은 이자율로 대부받은 경우 : (대부금액×적정이자율)─실제 지급한
  이자상당액

참고로 무상대여기간이 1년을 넘어가면 1년 단위로 위의 금액을 계산한다. 또한 수회에 걸쳐 무상대부를 받은 경우, 이들을 합산한 금액을 기준으로 2억 원 여부를 판단한다.

적용 사례

사례를 통해 위의 내용을 확인해보자.

〈사례〉

경기도 과천에서 거주하고 있는 김영수 씨는 가족으로부터 돈을 빌리고자 한다. 그런데 주위에서 자칫 빌린 돈에도 세금이 부과될 수 있다는 말을 들었다. 세무문제는 처음부터 잘 해결해두어야 뒤탈이 없다는 것을 뼈저리게 경험한 바가 있던 터라 돌다리도 두들기는 심정으로 강필수 세무사가 근무하고 있는 세무법인 정상의 세무상담란에 다음과 같은 질문을 올렸다.

> 수고가 많습니다.
> 다름이 아니오라, 아버지와 할아버지로부터 돈을 빌리려고 합니다. 빌리고자 하는 돈은 아버지에게는 3억 원이고, 할아버지는 5,000만 원입니다. 이 금액에 대해서 세금이 나오는지 궁금합니다. 물론 이자는 드리지 않습니다.

얼마 지나지 않아 다음과 같은 답변이 올라왔다.

안녕하세요?

저희 세무법인 정상을 찾아주셔서 감사드립니다.

특수관계인으로부터 무상대여받은 금액이 2억 원 이상이 되는 경우에는 무상대여로 인해 이익에 대해 증여세가 과세됩니다.[*] 여기서 무상대여로 인한 이익은 무상대여금액에 4.6%의 이자율을 곱한 금액을 말합니다. 통상 1년 단위로 이 이익을 계산합니다.

그런데 귀 상담의 경우 금전의 대여자가 2명이므로 이를 합해 계산할 것인가, 나눠서 계산할 것인가가 쟁점이 될 것입니다.

이에 대해 살펴보면 증여세는 원칙적으로 증여자별·수증자별로 계산하므로 아버지와 할아버지는 다른 증여자에 해당하므로 다음과 같이 증여세 과세 여부가 결정될 것으로 보입니다.

• 아버지로부터 무상대여받은 금전에 대한 이익 : 증여세 과세 대상
• 할아버지로부터 무상대여받은 금전에 대한 이익 : 증여세 과세 대상에서 제외

따라서 아버지로부터 무상대여받은 금액에 대해서만 다음과 같이 증여세가 과세될 수 있을 것으로 판단됩니다.

• 증여가액 = 3억 원×4.6% = 1,380만 원
• 증여세 과세표준 = 1,380만 원 − 5,000만 원 = −3,620만 원
• 증여세 산출세액 = 0원

---

[*] 2억 원 미만으로 대여한 경우 이자금액이 1,000만 원(2억 원×4.6%) 미만에서 발생하므로, 이 경우 무상이자에 대해서는 증여세가 과세되지 않는다.

금전소비대차계약서(일명 차용증)

대여인 　　　　　　　　　　(이하 "갑"이라 함)과

차용인 　　　　　　　　　　(이하 "을"이라 함)은

아래와 같이 금전소비대차계약서를 작성하고 각 조항을 확약한다.

제1조【거래조건】

(1) 대여금액 ：　　　　　원

(2) 대여기간 ： 20　　년　　월　　일부터 20　　년　　월　　일까지

(3) 대여이자율 ： 대여금에 대한 이자는 상증법에서 정하고 있는 당좌대
월 이자(4.6%)로 지급할 것을 약정한다.

제2조【상환방법】상환일 만료일에 전액 상환한다.

제3조【이자 지급방법】이자 지급은 20　　년　　월　　일로 한다.

20 년 월 일

대여인(갑) 성명 ：　　　　　　　　(인)

　　　　주소 ：

　　　　사업자등록번호 ：

차용인(을) 성명 ：　　　　　　　　(인)

　　　　주소 ：

　　　　주민등록번호 ：

계좌출금과
증여세(상속세) 과세제도

동해선과 강 세무사가 금융재산과 관련된 세무상 쟁점 등에 대해 토론하고 있었다.

"세무사님, 금융재산이라는 것이 참으로 오묘합니다. 생활비나 축하금으로 인출되면 세금도 없고요."

"그렇습니다."

"그런데 생전에 통장관리만 잘하면 세금 문제가 없을 것 같습니다. 돈을 인출해서 달러라도 바꾸어두면 잘 모를 테니까요. 하하."

"하하하. 하지만 세법이 그리 허술하지는 않겠지요."

둘의 대화가 한동안 이어지고 있었다.

앞에서 보았지만 어느 누구의 계좌로 입금된 흔적이 있다면, 이에 따른 증여추정제도가 적용될 수 있다. 그래서 계좌에 흔적을 남기지 않는 방법을 생각하게 되는데, 대표적인 것 중 하나가 바로 현금의 인출이다. 그렇다면 이렇게 하면 앞에서 본 문제점들이 없어질까? 이하에서 이에 대해 알아보자.

계좌출금의 유형

계좌에서 출금이 되는 형태는 계좌이체, 대출금 상환, 대여, 현금의 무단 인출, 수표 발행 등이 있다. 이 중 현금인출을 제외하고는 거래내역이 남아 있으므로 증여세나 상속세 조사 시 추정제도를 활용해 언제든지 이에 대한 소명을 요구할 수 있다.

▶ 증여세 조사 시 : 증여추정제도를 적용

▶ 상속세 조사 시 : 상속추정제도와 증여추정제도를 동시에 적용

아래에서 증여추정과 상속추정제도에 대해 알아보자.

현금의 무단인출과 증여추정

계좌에서 무단으로 인출된 현금은 추적이 힘들기 때문에 인출한 사람을 대상으로 조사를 벌여 증여세를 과세하기가 힘들다. 이에 세법은 자녀 등이 재산을 취득하거나 부채를 상환할 때 증여추정제도를 적용한다. 이 제도는 자녀 등이 재산을 취득하거나 부채를 상환하면 취득자금 등을 증여받은 것으로 추정하고, 이에 대한 입증을 하지 못하면 일정한 금액을 증여받은 것으로 보는 것을 말한다. 이는 재산 취득 행위 등의 사실을 기초로 증여세를 과세하는 기법에 해당한다. 이를 좀 더 구체적으로 살펴보면 다음과 같다.

첫째, 재산을 취득할 때 증여추정제도를 적용한다.

자녀 등이 부동산 등을 구입하면 재산 취득자금에 대한 증여추정을 해서 자금출처조사가 진행될 수 있다.

☞ 자금출처조사는 현금 등 은닉이 쉬운 재산으로 부동산 등을 구입할 때 이의 출처를 확인해 출처가 불분명한 금액에 대해 증여세를 과세하는

제도를 말한다. 구체적인 내용은 이 장의 절세 코칭을 참조하기 바란다.

둘째, 현금을 계좌에 입금할 때 증여추정을 한다.

현금을 받아 배우자나 자녀의 계좌에 입금하면 입금한 금액은 증여로 추정한다. 따라서 해당 금액이 증여가 아님을 입증하지 못하면 증여세가 나온다. 이에 대해서는 앞에서 살펴보았다.

셋째, 부채를 상환할 때 증여추정을 한다.

본인의 자금으로 부채를 상환했는지의 여부에 대해서도 증여추정이 적용되어 자금출처조사를 받을 수 있다.

☞ 자금조달계획서 제출 시 차용한 금액을 쓴 경우에는 이처럼 사후관리가 되고 있음에 유의해야 한다.

현금의 무단인출과 상속추정

앞의 증여추정은 생전에는 그렇게 자주 등장하지 않는다. 거의 조사를 하지 않기 때문이다. 하지만 상속이 발생하면 그렇지 않다. 상속이 발생하면 과세관청의 확인을 거쳐 업무처리가 종결되기 때문이다. 이때 현금인출에 대해서는 상속추정과 증여추정제도가 동시에 작동된다.

첫째, 상속개시일 1~2년 전에는 상속추정제도가 적용된다.

피상속인의 계좌에서 인출한 금액(재입금한 금액 제외)이 1년 내 2억 원 또는 2년 내 5억 원 이상이면, 그 인출한 금액에 대해 소명을 상속인에게 요구해 이를 제대로 입증하지 못하면 다음의 금액을 상속재산가액에 포함시켜 과세한다. 이를 상속추정제도라고 한다.

- 용도 불분명한 금액-Min[인출금액의 20%, 2억 원]

예를 들어 피상속인의 계좌에서 상속 전에 3억 원을 인출했는데 이 중 1억 원은 용도가 입증되지 않았다면, 다음과 같은 금액을 상속재산가액에 포함시켜 과세한다.

- 용도 불분명한 금액(인출액-용도입증금액*) − Min[인출금액의 20%, 2억 원]
  = 1억 원 − Min[3억 원×20%, 2억 원] = 4,000만 원

☞ 상속추정제도가 적용되는 경우 용도 불분명한 금액 중 인출금액의 20%와 2억 원 중 적은 금액은 상속재산가액에서 제외된다. 따라서 이 금액 이하에서는 현금을 인출하더라도 문제가 없다.

※ 상속추정제도의 요약

1. 상증세 집행기준 15-0-1 [상속개시 전 처분재산액·채무부담액의 상속재산 추정]

피상속인이 상속개시일 이전 재산을 처분하거나 채무를 부담한 경우로서 재산처분액 또는 채무부담액이 다음에 해당될 경우, 상속재산으로 추정해 상속세 과세가액에 산입한다.

기간	상속개시 전 재산처분액 또는 채무부담액
상속개시일 전 1년 이내	재산종류별 또는 채무합계액으로 계산해 2억 원 이상인 경우로서 용도 불분명한 경우
상속개시일 전 2년 이내	재산종류별 또는 채무합계액으로 계산해 5억 원 이상인 경우로서 용도 불분명한 경우

*용도입증금액 : 공과금, 증여, 카드값, 증여세가 부과되지 않는 학자금, 치료비, 축하금, 생활비 등

2. 상증세 집행기준 15-11-6 [추정상속재산가액의 계산 및 상속추정배제 기준]

기간	상속개시 전 재산처분액 또는 채무부담액
추정상속 재산가액	용도 불분명한 금액-Min(①처분재산가액·인출금액·채무부담액×20%, ②2억 원)
상속추정의 배제	용도 불분명한 금액<Min(①처분재산가액·인출금액·채무부담액×20%, ②2억 원)

둘째, 상속개시일 2~10년 전에는 증여추정제도가 적용된다.

이에 대한 내용은 앞에서 본 것과 같다.

> Tip 증여추정과 상속추정제도의 비교
>
> | 구분 | 증여추정 | 상속추정 |
> |---|---|---|
> | 개념 | 재산 취득, 부채상환, 계좌입금 시 증여추정 후 반증이 없으면 증여세를 과세하는 제도 | 상속개시일 전 1~2년 이내 인출, 부채부담액이 2억(5억) 원 이상 시 용도 불분명한 금액을 상속재산가액에 합산시키는 제도 |
> | 추정적용시기 | 증여세 부과제척기간(최대 15년) 내 | 상속개시일 전 1~2년 |
> | 추정배제 | 용도 불분명 금액이 취득가액이 20%와 2억 원 적은 금액에 미달 시 추정배제 | 용도 불분명 금액이 인출·채무부담액의 20%와 2억 원 중 적은 금액에 미달하거나 이 금액 초과 시 위 둘 중 적은 금액을 차감한 금액은 추정배제 |
> | 추정적용 효과 | 증여세(가산세 포함) 부과 | 상속세(가산세 포함) 부과 |
> | 둘의 관계 | 상속세 조사 시 증여추정제도를 적용해 증여세를 과세한 후에, 상속재산가액에 합산 | |

계좌 입출금과
세무상 쟁점 사례

이 장을 정리하는 관점에서 계좌 입금과 출금의 유형에 따라 어떤 세무상 쟁점이 있는지 살펴보자.

〈사례 1〉

K씨의 계좌로 아래와 같이 입금되었다. 물음에 답하면?

구분	입금	출금	잔액	내역
①	1,000,000			아버지로부터 받은 생일축하금
②	20,000,000			본인 투자금 회수
③	10,000,000			배우자한테 생활비 조로 받음.
④	300,000,000			아버지한테 이체받음.

Q1. ① 생일축하금은 증여세가 과세되는가?

사회통념상의 생일축하금은 증여세가 과세되지 않는다.

Q2. ② 본인 투자 회수금에 대해서는 증여세 문제가 있는가?

투자 원금이 본인 자금이라면 증여세 문제는 없다.

Q3. ③의 생활비는 전액 증여세와 무관한가?

해당 금액을 생활비로 사용하면 그렇다. 만일 해당 금액을 가지고 투자 등을 하면 증여세 문제가 있다.

Q4. ④의 자금은 증여세가 나오는가?

K씨 계좌에 입금된 자금은 증여로 추정한다. 따라서 해당 금액이 증여에 해당하지 않음을 입증하지 못하면 증여세가 과세된다.

〈사례 2〉

K씨의 계좌에서 아래와 같이 출금된 상태에서 상속이 발생했다. 물음에 답하면?

구분	입금	출금	잔액	내역
①		100,000,000		상속개시일 3년 전 출금
②		190,000,000		상속개시일 1~2년 내 출금
③		300,000,000		상속개시일 1년 전 출금 (전액 용도 불분명)
④			500,000,000	상속개시일 현재의 잔고

Q1. ①의 출금액 1억 원은 상속세가 과세되는가?

▶ 해당 금액이 자녀 등의 계좌에 입금된 경우 증여추정제도를 적용해 증여세를 과세한 다음, 이의 금액을 상속재산가액에 포함한다.

▶ 해당 금액이 무단 인출되어 사용처가 밝혀지지 않으면, 증여추정과 상

속추정제도가 적용되지 않아 과세되지 않는다.

Q2. ②의 1.9억 원에 대해서는 상속세가 나오는가?

이 경우 2년 이내에 인출한 금액(4.9억 원)이 5억 원에 미달해 상속추정제도가 적용되지 않는다. 따라서 증여세가 과세되지 않으면 상속세도 과세되지 않는다.

Q3. ③의 3억 원에 대해서는 상속세가 나오는가?

이 경우 1년 이내에 인출한 금액이 2억 원 이상이 되므로 상속추정제도가 적용된다. 해당 금액 모두가 용도가 불분명하다면 아래의 금액이 상속재산가액에 포함된다.

• 용도 불분명한 금액(3억 원)−Min[인출금액 3억 원×20%, 2억 원]
  = 2억 4,000만 원

Q4. 위의 경우 상속재산가액에 포함되는 금액은?
• 상속개시일 당시의 금액(5억 원)+상속추정가액(2억 4,000만 원)
  = 7억 4,000만 원

Q5. ③의 3억 원은 배우자 증여에 해당한다고 하자. 이 경우 어떤 식으로 과세되는가?

인출한 금액이 증여에 해당하면 먼저 증여세가 과세된다(물론 배우자는 6억 원까지 증여세가 면제됨). 그리고 해당 금액 3억 원 모두는 상속재산가액에 포함된다. 한편 증여금액은 상속추정에서 용도가 불분명한 금액으로 보지 않는다. 따라서 이 경우 상속추정에 의해 상속재산가액에 가산되는 금액은 없다.

☞ 사전 증여에 해당하면 해당 금액 100%가 상속재산가액에 합산되나, 상속추정에 해당하면 용도 불분명한 금액에서 최대 2억 원이 차감된 후의 금액이 합산된다는 차이가 있다. 따라서 실무에서는 인출금액의 성격을 잘 파악해서 신고하는 것이 중요하다.

절세 코칭
계좌인출 전에 주의해야 할 금융재산에 대한 상속세 조사

상속세 세무조사와 관련해 가장 유의해야 할 대목 중의 하나가 바로 상속 전에 발생한 금융거래다. 수많은 금융거래 중 확인되지 않은 사항에 대해서는 소명을 요구해 그 결과에 따라 상속재산가액에 합산하는 한편, 증여세 등을 부과하기 때문이다. 그렇다면 상속개시일 전에 어떤 제도에 유의해야 하는지를 순차적으로 알아보자.

1. 상속개시일 전 1~2년

이 기간 내는 다음과 같은 행위가 있으면 상속추정제도가 적용된다.

① 재산을 인출한 금액이 상속개시일 전 1년 동안 2억 원 또는 2년 동안 5억 원 이상이 되어야 한다.

② 재산을 처분한 금액이 상속개시일 전 1년 동안 2억 원 또는 2년 동안 5억 원 이상이 되어야 한다.

③ 채무를 부담한 금액이 상속개시일 전 1년 동안 2억 원 또는 2년 동안 5억 원 이상이 되어야 한다.

예를 들어 상속개시 전 1년 내 인출한 금액이 2억 원이 넘는다면 그 자금의 사용처에 대한 입증을 상속인에게 요구한다. 만약 이 과정에서 사용처가 제대로 입증되지 않으면, 상속재산이 은닉된 것으로 보아 상속재산가액에 추가하게 된다.

〈사례〉

서울에 거주하고 있는 Y씨의 통장거래내역이 다음과 같다고 하자. 상황에 맞게 답하면?

거래날짜	예입액	인출액	잔액	거래내역	비고
20×3. 5. 1			10억 원		
20×3. 6. 30		3억 원	7억 원	현금출금	사용처 불분명
20×4. 7. 31		3억 원	4억 원	현금출금	사용처 불분명
20×4.12. 30		4억 원	0원	현금출금	사용처 불분명

Q1. 만약 20×4. 12. 31에 Y씨가 사망한 경우, 상속재산에 포함되는 예금은 얼마인가? 단, 상속추정에 의한 금액은 제외한다.

상속개시일 현재 잔고가 0원이므로 상속재산가액에 포함되는 금액은 없다.

Q2. 상속추정제도가 적용되면 가산해야 할 상속재산가액은 얼마인가?

상속개시일(20×4. 12. 31)로부터 2년 이내 인출한 돈이 10억 원이므로 상속추정제도가 적용된다. 그리고 전액 사용처가 불분명하므로 다음의 금액을 상속재산가액에 합산한다.

⑪ 재산인출/처분 (부담채무)가액	⑫ 사용처소명 금액	⑬ 미소명 금액	⑭ ⑪금액의 20%와 2억 원 중 적은 금액	⑮ 상속추정 여부 ⑬＞⑭	⑯ 상속추정 재산가액 (⑬-⑭)
10억 원	0원	10억 원	2억 원	여·부	8억 원

그런데 이 표를 보면 인출한 금액이 10억 원이나 이 중 2억 원만큼은 소명하지 않더라도 상속재산가액에 포함되지 않는다. 소명이 불분명한 금액에서 인출한 금액의 20%와 2억 원 중 적은 금액을 차감해주기 때문이다.

☞ 상속추정제도가 적용되더라도 인출한 금액의 20%와 2억 원 중 적은 금액은 용도가 불분명하더라도 상속재산가액에서 제외된다. 상속인을 배려하는 취지가 있다.

Q3. 상속추정제도를 적용받지 않으려면 어떻게 해야 하는가?

상속개시일로부터 소급해 2년을 벗어나야 한다. 이 외 2년 내 인출한 경우에는 사용처에 대한 증빙(병원비 등)을 잘 갖추어두어야 한다.

2. 상속개시일 전 2~10년(5년)

상속개시일 전 2~10년(상속인 외의 자는 5년) 사이에서 금융거래 등을 통해 증여한 재산이 있으면 상속재산가액에 합산된다.

〈사례〉

상속개시일 전 5년 전에 피상속인(돌아가신 분)의 계좌에서 3억 원이 인출되었는데, 이 금액은 상속재산가액에 포함되지 않았다. 이에 대해 상속세가 나올까?

그럴 수 있다. 다만, 3억 원에 상속세를 과세하기 위해서는 먼저 해당 금액이 증여나 대여금 등으로 피상속인의 재산에 해당되어야 함을 입증해야 한다.* 통상 과세관청이 조사 등을 통해 이를 밝혀내는 경우가 많다.

☞ 주로 직계존비속 간의 자금이체에 대해 집중 조사한다.

---

* 만약 피상속인의 통장에서 자녀에게 이체된 금액이 1억 원이 있다면 과세당국은 이를 증여로 추정하고 이에 대해 자녀가 증여가 아님을 입증하지 못하면 증여세를 과세하게 되며, 이 증여금액이 상속개시일로부터 소급해 10년(5년) 내 발생한 경우에 상속재산가액에 합산하게 된다.

3. 상속개시일 전 10～15년

현행 세법은 상속세나 증여세를 무신고한 경우, 15년 내의 것에도 과세할 수 있도록 하고 있다. 따라서 이 기간 내 실제로 재산 처분액 중에서 피상속인의 생전에 상속인 등에게 이미 사전 증여된 사실이 금융자료 등에 의해 객관적으로 확인이 되는 경우에는 그 귀속된 상속인 등에게 증여세가 과세될 수 있다. 이때 증여세가 과세된 재산가액은 사용처가 소명된 것으로 본다.

Tip 상속개시 전 무단 자금인출과 적용되는 제도

구분	1～2년 이전	2～10년 이전	10～15년 이전	15년 이후
적용되는 제도	상속추정+ 증여추정	증여추정	증여추정	(부과제척기간 만료)
결과	선 증여세 과세, 후 상속세 과세	증여세부과		

재산 취득과 부채상환 시 주의해야 할 자금출처조사

부동산을 취득하거나 부채를 상환할 때 광범위하게 자금출처에 대한 조사가 발생할 수 있다. 그렇다면 이러한 조사의 근거는 어디에 규정되어 있을까? 이는 다름 아닌 상증법 제45조에서 규정하고 있는 '재산 취득자금 등의 증여추정'이다.

상증법 제45조에서 정하고 있는 규정을 그대로 살펴보면, 다음과 같다. 증여추정이란 거래당사자가 증여가 아님을 입증하지 못하면 증여로 보아 과세하는 제도를 말한다.

① 재산 취득자의 직업, 연령, 소득 및 재산 상태 등으로 볼 때 재산을 자력으로 취득했다고 인정하기 어려운 경우로서 대통령령으로 정하는 경우에는 그 재산을 취득한 때에 그 재산의 취득자금을 그 재산 취득자가 증여받은 것으로 추정해 이를 그 재산 취득자의 증여가액으로 한다.

② 채무자의 직업, 연령, 소득, 재산 상태 등으로 볼 때 채무를 자력으로 상환(일부 상환을 포함한다)했다고 인정하기 어려운 경우로서 대통령령으로 정하는 경우에는 그 채무를 상환한 때에 그 상환자금을 그 채무자가 증여받은 것으로 추정해 이를 그 채무자의 증여가액으로 한다.

③ 취득자금 또는 상환자금이 직업, 연령, 소득, 재산 상태 등을 고려해 대통령령으로 정하는 금액 이하인 경우와 취득자금 또는 상환자금의 출처에 관한 충분한 소명(疏明)이 있는 경우에는 제1항과 제2항을 적용하지 아니한다.

④ '금융실명거래 및 비밀보장에 관한 법률' 제3조에 따라 실명이 확인된

계좌 또는 외국의 관계 법령에 따라 이와 유사한 방법으로 실명이 확인된 계좌에 보유하고 있는 재산은 명의자가 그 재산을 취득한 것으로 추정해 제1항을 적용한다.

앞의 규정을 대략적으로 살펴보자.

첫째, 제1항은 재산 취득자에 대한 증여추정 규정을 말한다.

즉 재산 취득자의 직업, 연령, 소득 및 재산 상태 등으로 볼 때 재산을 자력으로 취득했다고 인정하기 어려운 경우, 그 재산의 취득자금을 그 재산 취득자가 증여받은 것으로 추정한다는 것이다.

위의 재산에는 부동산은 물론이고 현금, 전세보증금 등 모든 재산이 포함된다. 따라서 실제 자금출처조사의 대상자산은 매우 광범위할 수 있다.

둘째, 제2항은 채무 상환자에 대한 증여추정 규정을 말한다.

채무를 상환할 때에도 상환자의 직업 등을 고려해 증여추정제도를 적용할 수 있다.

셋째, 제3항은 증여추정을 배제하는 규정에 해당한다.

일정한 금액 이하에서 재산을 취득하거나 부채를 상환하는 경우나 출처를 충분하게 소명한 경우가 이에 해당한다.

☞ 일정한 금액이란 취득가액의 20%와 2억 원 중 적은 금액을 말한다. 용도가 불분명한 금액이 이 금액에 미달하면 증여추정제도를 적용하지 않는다.

넷째, 제4항은 계좌에 보유하고 있는 각종 금융-재산에 대해서도 증여추정규정을 적용함을 의미한다.

따라서 계좌에 보유하고 있는 각종 금전에 대해서는 납세자에게 입증책임이 있다는 것을 잊어서는 안 된다.[*]

〈사례〉

K씨는 이번에 투기과열지구에서 5억 원짜리 주택을 취득했다. 그리고 아래와 같이 자금조달계획서를 제출했다. 문제는 없을까?

주택취득자금 조달 내용				
자기 자금	① 금융기관 예금액	원	② 부동산 매도액	2억 원
	③ 주식·채권 매각 대금	원	④ 현금 등 기타	원
	⑤ 소계	2억 원		
차입금 등	⑥ 금융기관 대출액	1억 원	⑦ 사채	원
	⑧ 기타	2억 원	⑨ 소계	2억 원
⑩ 합계	5억 원			

K씨는 자신이 소유한 부동산을 매도하면서 2억 원, 대출로 1억 원, 나머지 기타로 2억 원을 조달했다고 신고했다. 자금출처조사의 관점에서 이를 살펴보면 다음과 같다.

① 자금출처조사 시 입증해야 할 금액 : 5억 원×80%=4억 원
② 입증 가능 금액 : 2억 원+1억 원=3억 원
  •부동산 매매 : 2억 원
  •금융기관 대출액 : 1억 원

[*] 자금조달계획서와 관련해서 제출하는 거래증빙 중 예금잔액증명서상의 금전은 모두 증여추정규정이 적용된다.

③ 부족금액 : 1억 원

④ 결론 : 조사가 진행된 경우 2억 원에 대해 증여세가 나올 수 나올 수 있다. 물론 2억 원에서 증여공제(일반 증여공제, 혼인 증여공제)를 적용한 과세표준에 세율을 곱해 증여세를 계산한다.

참고로 앞의 부동산 매도금액의 자금원천이 부모로부터 온 경우에는 이 부분에 대해 증여세 추징이 발생할 수 있다. 따라서 이에 대한 출처를 입증할 때는 본인 스스로의 힘에 의해 자금이 조달되었음을 입증하도록 해야 한다. 만일 그렇지 않다면 증여세 추징은 불가피하다.

Tip 자금출처조사에 관한 오해와 진실

자금출처조사란 증여추정에 따른 증여사실을 행정력을 동원해 확인하는 것을 말한다. 실무에서 이에 대해 오해하는 경우가 많다. 몇 가지만 확인해보자.

• 자금출처조사는 무조건 적용받는다.

  그렇지 않다. 증여의 개연성이 많은 경우에만 그 대상이 된다.

• 자금출처 소명 시 취득가액의 100%를 입증해야 한다.

  그렇지 않다. 취득가액의 20%와 2억 원 중 적은 금액에 대해서는 입증을 면제하기 때문이다.

• 출처를 80%만 입증하면 증여세는 과세되지 않는다.

  그렇지 않다. 이 경우라도 증여사실이 밝혀지면 증여세가 부과된다.

• 출처를 70%만 입증하면 10%에 대해서만 증여세가 나온다.

  그렇지 않다. 100%에서 70%를 제외한 30%에 대해서 증여세가 나온다.

• 소득자료만 가지고 입증해도 된다.

아니다. 소득자료는 하나의 정황증거에 불과할 수 있다. 따라서 실제 금융자료를 가지고 해야 하는 경우도 있을 수 있다.

• 차용증은 무조건 인정된다.

그렇지 않다. 상환능력이 부족하거나 차입증거가 약하면 부인될 수 있다.

• 상속세 조사 시 자금출처조사를 할 때 취득자금의 20%까지는 상속세를 부과하지 않는다.

그렇지 않다. 상속세 조사와 자금출처조사와는 별개이기 때문이다. 따라서 자금출처조사와 관계없이 증여 등의 사실이 밝혀지면 상속재산가액에 합산하는 것이 원칙이다.

제4장

부동산 증여
대충 하지 마라

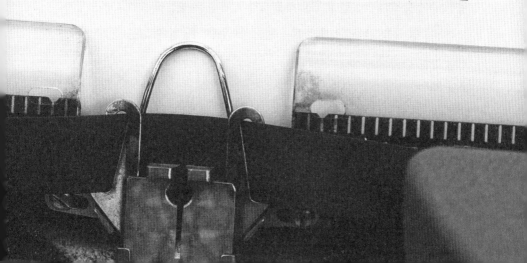

INHERITANCE TAX
AND GIFT TAX

부동산 증여 시
고려해야 할 사항들

"부동산 증여는 대충 해서는 낭패를 당할 가능성이 큽니다. 부동산 가액이 크다 보니 그에 따라 소요되는 비용이 상당히 크기 때문입니다. 특히 최근에는 대부분 시가(매매사례가액이나 감정가액 등)를 기준으로 취득세와 증여세가 과세되다 보니 그 부담이 점점 커지고 있습니다. 또한, 세율도 최고 12%까지 나오는 등 곳곳에 암초가 많습니다. 따라서 부동산을 증여할 때는 다양한 관점에서 검토를 정교하게 할 필요가 있습니다."

강필수 세무사가 동해선이 근무하고 있는 금융회사의 임직원들을 대상으로 부동산 증여 등에 대한 실전 교육을 하고 있었다. 그는 부동산을 증여할 때는 먼저 고려해야 할 것들부터 강조했다. 부동산을 증여하면 되돌릴 수 없는 경우가 많기 때문이다.

첫째, 증여 타당성을 검토하는 것이다.
증여를 행하기 전에 증여하는 목적을 잘 생각해야 한다. 즉, 상속세나 양도소득세 등을 줄이기 위해 하는 것인지, 아니면 자녀의 재산형성을 위해서 하는 것인지 이를 뚜렷이 구별해야 한다는 것이다. 만일 세금을 줄이려는 목적이라면 증여 전과 증여 후의 세금 차이가 뚜렷이 나야 할 것이다. 예를 들어, 2주택자가 비과세 혜택을 받고자 한 채를 배우자에게 증여하면 증여의 효과가 나타나지 않는다. 양도소득세 비과세 규정은 1세대가 1주택을 가지고 있는 상태에서 적용하기 때문이다. 만일 자녀 등의 재산형성 목적이라면 세금변수가 의사결정의 주요변수는 아닐 것이다. 따라서 이러한 상황에서는 어느 정도 세금을 부담할 수 있어야 한다.

둘째, 대안을 탐색한다.

증여 목적이 파악되었다면 이제 증여에 대한 대안을 만든다. 대안에는 순수한 증여로 할 것인지 부담부 증여로 할 것인지, 아니면 매매 등으로 할 것인지 등 여러 가지가 있을 수 있다. 참고로 여기서 부담부 증여는 부채를 포함해 증여하는 방식이며, 매매는 유상대가를 주고받으면서 소유권을 이전하는 방식이다. 물론 대안을 선택할 때는 관련 비용 및 세무상 문제점도 아울러 검토한다.

셋째, 증여를 실행한다.

부동산 증여의 경우 증여계약서를 작성하고 증여등기를 하면 그로써 증여가 확정된다. 물론 이러한 과정에서 증여세가 나오고, 취득세 등이 시가인 정액의 3.5~12%*에서 나온다. 증여에 따른 취득세 과세표준이 증여세 신고금액과 일치되었음을 기억해두자. 한편 등기접수일이 속한 달의 말일로부터 3개월 내 증여세를 관할 세무서(수증자의 관할 세무서)에 증여세 신고를 하도록

* 2주택 이상 보유한 세대로부터 조정대상지역 내의 기준시가 3억 원 이상의 주택을 증여로 취득하면 12%가 적용된다. 다만, 이 세율은 2023년 2023년 이후에 6%로 인하될 가능성이 있다.

한다. 물론 신고하기 전에 매매사례가액이 있는지를 점검하고 때에 따라서는 감정평가를 받은 방법도 생각해볼 수 있다. 또한, 10년 누적합산과세에 주의하고 중복해서 공제받지 않도록 한다.

넷째, 사후관리에 유의한다.

배우자나 직계존비속 등으로 증여받은 재산을 10년(2022년 이전 증여분은 5년, 이하 동일) 내 양도하면 증여의 효과가 없어진다. 이월과세제도가 적용되기 때문이다. 다만, 증여받은 자가 1세대 1주택에 해당하는 경우에는 증여받은 후 2년 정도 보유한 후에 양도해도 문제는 없다. 한편 증여받은 재산을 반환하는 경우에는 반환되는 재산에도 증여세가 부과될 수 있으므로 이에 유의할 필요가 있다.

Tip 최근 증여세 과세환경

최근 증여세(상속세) 신고와 관련해 과세환경이 급격히 변하고 있다. 신고할 때 매우 주의해야 할 것으로 보인다.

1. 시가 과세

현행 증여세와 상속세는 시가과세를 원칙으로 한다. 따라서 모든 부동산에 대한 시가가 존재하는지를 늘 점검해야 한다. 참고로 납세자가 기준시가로 증여세나 상속세를 신고하는 경우에는 국세청이 감정평가를 받아 이의 금액으로 과세할 수 있는 제도가 도입된 점에도 주의해야 한다.

2. 취득세의 인상

증여에 대한 취득세 과세표준이 시가인정액으로 인상되었으며, 주택 증여에 대한 취득세율이 최고 12%(2023년 이후에 6%로 인하될 수 있음)까지 인상되었다. 다만, 시가표준액이 1억 원 이하인 증여 부동산과 상속 부동산은 종전처럼 시가표준액을 취득세 과세표준으로 사용할 수 있다.

배우자나 직계존비속에게 증여 후 5년 내 양도할 때 적용되던 이월과세 제도가 10년으로 연장되었다. 이로 인해 배우자 간 증여활동이 줄어들 가능성이 크다.

재산평가가 관건이다

"그런데 요즘 증여하기가 상당히 만만치가 않을 겁니다. 왜 그런지 아시죠?"

강 세무사가 말을 했다.

"그야 증여세와 취득세를 시가로 신고해야 하고, 취득세율도 높아졌기 때문이 아닐까요?"

동해선이 질문에 대한 답을 했다.

"맞습니다. 그렇다면 한 가지 물어보겠습니다. 혹시 동해선 씨는 시가를 어떻게 구하는지 아실까요?"

"…"

상속세나 증여세에서 가장 중요한 것 중의 하나는 바로 재산가액을 파악하는 것이다. 이에 따라 상속세나 증여세, 그리고 취득세 등의 크기가 달라지기 때문이다. 이하에서 시가에 대한 내용을 알아보자.

첫째, 시가의 범위부터 파악을 해보자.

1. 해당 재산에 대한 시가(실제 거래가액)

이는 시장에서 거래되는 가액을 말한다. 그런데 상속이나 증여의 경우에는 무상 이전되므로 상속 또는 증여시점에서는 시장에서 거래되는 가액이 있을 수 없다. 하지만 세법은 다음과 같은 평가기간을 두고 이 기간 내에 해당 부동산이 거래되면 이의 금액을 시가로 본다.

구분	평가기간
상속	상속개시일 전후 6개월(1년)
증여	증여일 전 6개월~증여일 후 3개월(9개월)

☞ 위 기간 내의 수용이나 공매된 가격도 시가로 본다.

2. 해당 재산에 대한 감정가액

위 기간 내에 해당 재산에 대해 2 이상의 감정평가액(단, 기준시가 10억 원 이하는 1개도 가능)을 시가로 본다.

3. 유사한 재산에 대한 매매사례가액

위의 1과 2에 따른 시가가 없다면 해당 재산과 위치나 규모, 용도 등이 동일하거나 유사한 재산*이 아래 기간 내에 거래된 경우 해당가액을 시가로 한

---

* '해당 재산과 면적·위치·용도·종목 및 기준시가가 동일하거나 유사한 다른 재산'이란 다음 각 호의 구분에 따른 재산을 말한다.
1. 공동주택의 경우 : 다음 각 목의 요건을 모두 충족하는 주택. 다만, 해당 주택이 둘 이상인 경우에는 평가대상 주택과 공동주택가격 차이가 가장 작은 주택을 말한다(2019. 03. 20 단서신설).
   가. 평가대상 주택과 동일한 공동주택단지 내에 있을 것
   나. 평가대상 주택과 주거전용면적의 차이가 평가대상 주택의 주거전용면적의 100분의 5 이내일 것
   다. 평가대상 주택과 공동주택가격의 차이가 평가대상 주택의 공동주택가격의 100분의 5 이내일 것
2. 제1호 외의 재산의 경우 : 평가대상 재산과 면적·위치·용도·종목 및 기준시가가 동일하거나 유사한 다른 재산

다. 이는 간접적인 평가방법으로 시가를 밝혀내는 것을 말한다.

구분	평가기간	비고
상속	상속개시일 전 6개월~상속세 신고일	
증여	증여일 전 6개월~증여세 신고일	

둘째, 시가의 적용방법에 대해 알아보자.

일단 해당 재산에 대한 시가가 있으므로 이를 우선 적용하고 이에 대한 시가가 없으면 유사한 재산에 대한 매매사례가액을 찾는다.

① 해당 재산에 대한 시가(실제 거래가액) → ② 해당 재산에 대한 감정 가액 → ③ 유사한 재산에 대한 매매사례가액

실무에서 보면 ①의 경우는 상속받은 부동산을 6개월 내 처분할 때, ②는 시가를 높이고 싶거나 가격변동이 심한 아파트 같은 부동산의 가격을 고정시키고 싶을 때 많이 등장한다. ③은 ①과 ②가 없을 때 적용하는 방법에 해당한다.

☞ 참고로 위와 같은 과정을 거쳐서도 시가가 없는 경우에는 보충적 평가 방법인 기준시가 또는 환산가액으로 신고를 해야 한다. 물론 이러한 기준시가 등으로 신고하면 과세관청이 결정기한(9개월, 6개월) 내에 감정 평가를 받은 금액으로 상속세나 증여세가 결정될 수도 있다. 최근 이에 대한 서울행정법원의 판결 내용 등을 포함한 재산평가에 관한 자세한 내용은 이 책의 부록을 참조하기 바란다.

증여하면 돈이
얼마가 들어갈까?

강 세무사는 사례를 통해 증여하면 돈이 얼마나 들어가는지를 설명하기 시작했다. 주요 항목은 증여세, 취득세, 국민주택채권 할인비용 등이 있다.

〈자료〉
- 증여 대상 : 아파트
- 시세 : 4억 원
- 기준시가 : 2억 원
- 수증자 : 배우자

강 세무사는 다음과 같은 순서로 이 문제를 파악했다.

STEP 1. 증여금액 파악

2023년부터 취득세도 시가인정액으로 과세된다. 따라서 증여세 신고가액과 일치시키는 것이 중요하다. 이에 따라 증여가액을 다음과 같은 순서로 파악한다.

- 국세청 홈택스에서 해당 아파트와 유사한 거래내역을 찾는다.
- 매매사례가액이 널뛰기를 하는 경우에는 탁상 감정을 받아 이 금액으로 예측한다. 그리고 해당 금액이 유효하다고 판단이 들면 정식 감정을 받는다.

STEP 2. 관련 비용 파악

위의 절차에 따라 증여가액이 자료상의 금액인 4억 원으로 결정되었다고 하자. 이 경우, 관련 비용은 다음과 같다.

① 증여세 : 0원

배우자 간에 증여는 6억 원까지는 세금이 없다. 다만, 이 금액은 과거 10년간의 한도를 말하므로 그전에 증여한 사실이 있는지를 점검해야 한다.

② 취득세

증여에 대한 취득세를 파악하기 위해서는 먼저 취득세 등의 세율구조부터 확인할 필요가 있다. 증여에 의한 취득세 세율은 3.5~12%이며, 이 외 농어촌특별세(10%)와 지방교육세 등이 부과된다. 단, 주택의 경우 전용면적이 85㎡ 이하에 해당하면 농어촌특별세는 부과되지 않는다. 이러한 내용을 감안해 표로 요약하면 다음과 같다. 다음 표의 괄호 안은 85㎡ 초과주택에 대한 세율을 말한다.

사례의 경우 기준시가가 2억 원에 해당하므로 증여에 따른 취득세 중과세는 적용되지 않는다. 따라서 취득세는 시가를 기준으로 다음과 같이 계산한다(취득세율 4% 가정).

구분		일반과세	중과세
과세표준		시가원칙	좌동
세율	취득세	3.5%	12%
	농어촌특별세	0%(0.2%)	0%(1.0%)
	지방교육세	0.3%	0.4%
	계	3.8%(4.0%)	12.4%(13.4%)

• 취득세 = 4억 원×4% = 1,600만 원

③ 국민주택채권구입금액

부동산 소유권을 보전하거나 이전하는 경우에는 주택도시기금법에 따라 국민주택채권을 구입해야 한다. 이때 채권을 구입한 사람들은 법에서 정한 만기시점(보통 5년)에 일정한 이자와 함께 상환을 받을 수 있다. 물론 만기이전에 매도하는 경우에는 할인으로 인한 손실이 매입금액의 10% 내외에서 발생한다(주택도시기금 홈페이지 검색 가능).

구분	매입금액
1. 시가표준액 1,000만 원 이상 5,000만 원 미만 　① 특별시 및 광역시 　② 그 밖의 지역	시가표준액의 18/1,000 시가표준액의 14/1,000
2. 시가표준액 5,000만 원 이상 1억 5,000만 원 미만 　① 특별시 및 광역시 　② 그 밖의 지역	시가표준액의 28/1,000 시가표준액의 25/1,000
3. 시가표준액 1억 5,000만 원 이상 　① 특별시 및 광역시 　② 그 밖의 지역	시가표준액의 42/1,000 시가표준액의 39/1,000

위 고객의 경우, 주택의 기준시가가 2억 원이므로 채권 매입율은 42/1,000 이다. 따라서 채권구입가격은 840만 원이 된다. 이 채권을 구입해 5년간 보유해야 한다. 하지만 이 채권을 매입 즉시 금융기관 등에 매도할 수도 있는

데, 만일 이 채권을 바로 팔면 매입금액의 10%*인 약 80만 원 정도의 할인손실이 발생한다.

④ 기타

상속과 증여가 발생하면 등기수수료와 세무신고수수료 등도 발생한다. 물론 본인이 직접 처리하면 이러한 수수료는 발생하지 않는다.

Tip 상속·증여에 따른 취득세 과세표준

구분	상속	증여
원칙	시가표준액	시가인정액**
예외	–	1억 원 이하는 시가표준액과 시가인정액 중 납세자의 선택

* 할인율은 시장의 상황에 따라 달라질 수 있다.
** 만일 시가인정액을 산정할 수 없다면 시가표준액을 과세표준으로 할 수밖에 없다.

배우자에게 부동산을
증여하는 방법

여기는 세무법인 정상.

강필수 세무사와 배순자 실장이 미팅을 하고 있다.

"세무사님, 오늘 어떤 고객과 상담을 했는데 한 가지 궁금한 점이 있습니다."

"뭔가요?"

강 세무사가 배 실장의 물음에 답을 했다.

"지금 양도차익이 많은 부동산을 배우자에게 증여하려고 하는 사람들이 상당히 많습니다. 이렇게 증여해두면 나중에 양도소득세를 조금 낼 수가 있다는 판단에서죠."

"네. 그런 생각을 하는 분들이 상당하죠."

"그런데 무조건 이렇게 해야 하는지 의문이 듭니다. 당장 취득세 등도 들어가고 이월과세 기간도 늘어났는데요."

"그렇게 질문하니까 나도 헷갈리네요. 이번 기회에 배우자에게 부동산을 어떻게 증여하는 것이 좋은지 정리해보죠. 먼저, 배우자에게 증여하면 10년간 6억 원까지는 증여세가 없으니 이를 최대한 활용해야 할 겁니다."

강 세무사는 배 실장에게 다음과 같은 내용을 전달하기 시작했다.

주택을 배우자에게 증여할 때 증여의 효과를 제대로 따져봐야 한다. 보유한 주택 수와 세법상 주택의 성격 등에 따라 그 효과가 달라질 수 있기 때문이다.

〈사례〉

J씨는 현재 2주택을 보유하고 있다. 그중 한 채는 15년 전에 1억 원에 구입한 것으로서 현재 시세가 6억 원(기준시가는 4억 원)에 육박하고 있다. 이런 상황에서 그는 이 집을 배우자에게 증여한 후 10년* 후 6억 원에 양도하고자 하는 계획을 세웠다. 이를 분석해보자.

분석을 위해 이 물건을 지금 당장 양도하면 장기보유특별공제는 적용되지 않고 세율은 6~45%가 적용된다고 하자. 그리고 취득세는 시가의 4%가 적용된다고 하자.

구분	증여 전	증여 후
양도소득세	1억 7,406만 원 (5억 원×6~45%)	0 (양도차익=6억 원−6억 원=0원)
증여세	0	0
증여 취득세 등	0	2,400만 원 (=6억 원×4%)
계	1억 7,406만 원	2,400만 원

증여 전에 양도하면 대략 1억 7,406만 원의 양도소득세가 나온다. 양도차익 5억 원에 40%를 적용한 다음 누진공제 2,594만 원을 적용했다. 그런데 만일 배우자에게 6억 원에 증여한 다음, 이를 10년이 지나서 양도하면 양

* 2022년 이전에 증여한 것은 5년을 적용한다.

도소득세는 없다. 다만, 증여 과정에서 취득세 등이 약 2,400만 원 정도 발생한다.

따라서 이렇게 양도차익이 많은 부동산을 배우자에게 증여한 후 추후 양도를 하면, 전체적으로 세금을 줄일 수 있게 된다. 다만, 여기서 한 가지 주의할 점은 10년 기간을 준수해야 한다는 것이다. 세법은 이렇게 하면 세금을 인위적으로 낮추게 되므로 취득가액을 증여자가 처음 취득했을 때의 가격을 적용하는 제도를 두고 있기 때문이다(이월과세제도). 다만 이 제도는 무조건 적용하는 것은 아니고, 증여받은 날로부터 10년(2022년 이전 증여분은 5년) 내 양도하는 경우만 적용한다. 참고로 이월과세제도가 적용된 경우 증여세는 환급이 되지 않고, 양도소득세 계산 시 기타필요경비로 산입한다.

부동산 공동소유의
실익 검토

"배우자를 통해서 증여하면 그런 좋은 점이 있군요. 물론 10년을 기다려야 하지만요."

배 실장이 강 세무사에게 말한다.

"그렇습니다. 이런 정보는 중요하니 잘 알아두세요. 최근 부동산 가격이 급등해서 이에 관심을 가지는 사람들도 많으니 앞으로 상담할 때 요긴하게 사용할 수 있을 겁니다."

"네. 그런데 세무사님, 얼마 전에 우리 사무실에 증여세 신고의뢰를 하신 분이 계시잖아요. 그분 증여세 신고서류가 작성되었습니다."

배 실장은 결재를 올렸다.

"실장님, 이분은 본인이 직접 등기한 후 의뢰하신 분 맞죠?"

"그렇습니다. 미리 지분을 40%로 정했더라고요."

강 세무사는 배 실장이 작성한 신고서를 검토하기 시작했다.

증여세과세표준 신고서

수증자	성명, 주민등록번호, 주소 등	
증여자	성명, 주민등록번호, 주소 등	
구분	금액	신출근거(실제 양식에는 없음)
증여가액	6억 2,000만 원	시가원칙(시가확인 불가 시 기준시가)
증여재산가산액		10년 내 동일인으로부터 받은 증여가액(합산 후 재 정산)
비과세 등		국가 등으로부터 받은 증여가액 등
채무액		증여재산에 담보된 채무로서 증여자가 인수한 채무액
증여세 과세가액	6억 2,000만 원	
증여공제	6억 원	미성년자 공제
과세표준	2,000만 원	
세율	10%	10~50%(과세표준 1억 원 이하는 10%)
산출세액	200만 원	
세액공제	6만 원	− 신고세액공제 : 증여일이 속한 달의 말일로부터 3개월 내 신고 시 3% 세액공제
가산세	−	신고불성실가산세 : 미달신고세액의 10~40% 납부지연가산세 : 미달납부세액×미납기간×0.022%
납부할 세액	194만 원	1,000만 원 초과 시 분납이나 물납 등 가능

※ 구비서류
1. 증여자 및 수증자의 호적등본(제출생략 가능)
2. 증여재산 명세서 및 평가명세서(부표)
3. 채무사실 등 기타 입증서류

20 년 월 일
신고인   (서명 또는 인)
세무대리인   (서명 또는 인)
○○세무서장 귀하

증여재산 및 평가명세서

재산구분	재산종류	소재지	수량(면적)	단가	평가가액	평가기준
증여재산 가산액	현금				6억 2,000만 원	시가
합계					6억 2,000만 원	

※ 작성방법
− 재산구분 : 증여가액, 증여재산가산액, 비과세 금액, 과세가액 불산입액에 대한 구분을 말함.
− 재산종류 : 건물, 토지 등
− 평가기준 : 원칙적으로 시가에 의하되, 시가를 적용하기 곤란한 경우 기준시가로 함.

"총증여가액은 15억 5,000만 원이군요. 이 금액에 40%를 곱하면 6억 2,000만 원이 나오니까요."

강 세무사가 말했다.

"맞습니다."

"그렇다면 15억 5,000만 원은 어떻게 구했나요?"

"아, 이 금액은 홈택스상의 매매사례가액으로 했습니다. 마침 그 집과 유사한 집이 증여일 전 6개월 내 있고 증여일과 가장 가깝게 있더군요. 그래서 이 금액으로 했습니다."*

"좋습니다. 이대로 신고금액을 결정하고 그분한테 통보해주세요."

"알겠습니다. 근데 세무사님, 이분은 요즘 부부공동등기에 대한 문의가 자주 있습니다. 이분들에게 설명을 해드려야 하는데, 어떻게 대응해야 하는지 방법 좀 알려주시면 안 될까요?"

배 실장이 잔뜩 기대하는 표정으로 강 세무사에게 질문했다.

"일단 공동등기를 해두면 세금이 줄어듭니다. 보유단계에서는 보유세의 일종인 종합부동산세가 줄어들고, 양도단계에서는 양도소득세가 줄어들죠. 그리고 상속세도 줄어들고. 자세한 것은 제가 자료집을 드릴 테니 한번 연구해보세요."

"잘 알겠습니다."

배 실장은 나름대로 부부공동등기에 대해 좋은 점을 알 수 있었다. 특히 양도소득세와 상속세 부분에서는 상당한 이점이 있음을 알 수 있었다. 예를 들어, 1억 원의 양도소득세 과세표준에 6~45%를 곱한 것과 공동등기해서 각각 5,000만 원에 6~45%를 곱한 것의 세금 차이는 708만 원 정도가 난다.

---

* 아파트처럼 거래가 빈번한 부동산은 유사한 재산에 대한 매매사례가액이 있는지 늘 검토해야 한다. 실무상 국세청 홈택스 사이트(상속·증여재산평가하기 메뉴)를 이용하는 경우가 많다.

- 단독등기 : 1억 원×6~45% = 1억 원×35% − 1,544만 원(누진공제)
  = 1,956만 원
- 공동등기 : [5,000만 원×6~45%=5,000만 원×15%−126만 원(누
  진공제) = 624만 원]×2명=1,248만 원

다만, 부부공동등기에 의한 효과를 극대화하기 위해서는 당초 취득시점부터 공동등기가 되어 있는 것이 좋다는 것도 알 수 있었다. 취득 후에 공동등기를 하면 증여세가 과세될 수도 있고, 취득세가 과세되기 때문이다. 또한, 배우자 간에 증여한 후 10년 내 이를 양도하면 배우자 이월과세제도가 적용되어 증여의 효과가 박탈될 가능성이 크다. 따라서 부부 간의 증여계획은 최소한 10년 후를 바라봐야 한다. 그리고 아울러 상속세 관계를 고려해 실행하는 것이 바람직하다.

Tip 부부공동등기와 상속세

상속세를 생각한다면 될 수 있으면 부부의 재산은 분산되어 있는 것이 좋다. 다만, 무신고 시 향후 상속세 조사에서 문제가 발생할 가능성이 크다.

자녀에게 부동산을
증여하는 방법

동해선이 오랜만에 강필수 세무사를 찾았다.

"세무사님. 안녕하세요? 동해선입니다."

"네. 반갑습니다. 그동안 잘 계셨죠?"

둘은 반갑게 인사를 나눈 후 본론으로 들어갔다.

"제가 아는 분이 지금 2주택을 보유하고 있습니다. 그런데 집을 팔려고 하는데 세금 때문에 상당히 힘들어하는 것 같습니다. 물론 양도소득세 때문이죠. 어떻게 하면 좋을지 생각해보았습니다. 맞는지, 틀리는지 검증 좀 해주십시오."

"좋습니다. 한번 말씀해보세요."

"그분이 보유하고 있는 주택들은 모두 10년이 되었습니다. 비과세받기 위해 한 채를 자녀에게 증여하려고 하는데 증여세가 만만치 않습니다. 그래서 증여세가 낮게 나오는 부담부 증여를 하려고 합니다. 이게 제가 검토한 것인데, 이렇게 해도 되는지 잘 모르겠습니다."

"동해선 씨, 세금은 눈으로 하는 것이 아니잖아요. 일단 분석을 해보셔야 합니다. 숫자로 말입니다."

"그것은 알지만 제가 숫자에 약한지라…."

동해선은 강 세무사의 얼굴만 뚫어지게 쳐다보고 있었다.

이 사례는 2주택을 보유한 사람이 양도소득세 비과세를 받기 위해 주택을 증여하는 것에 해당한다. 그런데 이렇게 증여할 때는 분석을 치밀하게 해야 한다. 곳곳에 함정이 도사리고 있기 때문이다. 이때는 다음과 같은 절차에 입각해 문제를 해결하도록 하자.

첫째, 증여받는 사람을 잘 선택해야 한다.

이 사례에서 양도소득세를 비과세받으려면 일단 1세대 1주택을 만들어야 한다. 따라서 한 채를 같은 세대원에게 증여하면 다시 1세대 2주택이 되므로 동일 세대원이 아닌 사람에게 증여해야 한다. 세대는 보통 같은 주소를 쓰느냐로 결정하지만, 자녀의 경우에는 주소를 달리 쓰고 있다고 하더라도 무작정 세법상 독립된 세대로 보지 않는다. 따라서 세법상 세대로 인정받기 위해서는 30세가 넘어가든지, 30세 미만의 경우에는 소득이 있거나 결혼을 하는 등의 조건을 충족해야 한다.

둘째, 양도소득세 비과세 효과를 분석한다.

양도하고자 하는 주택에 대해 비과세를 받는 경우와 받지 못하는 경우의 차이를 분석해야 한다. 만일 사례에서 비과세 대상 주택의 현재 시세가 6억 원이고, 취득가액은 2억 원이라고 하자. 이런 상황에서 이들의 양도소득세를 비교하면 다음과 같다. 단, 장기보유특별공제 및 기본공제는 적용하지 않고 세율은 6~45%를 적용하기로 한다.

비과세받는 경우	비과세받지 못하는 경우
0	양도가액 6억 원 – 취득가액 3억 원 = 양도차익 3억 원 ×세율(6~45%) = 산출세액 9,406만 원

양도소득세 비과세는 양도시점의 실거래가액이 12억 원까지 적용되고 있다. 따라서 사례의 경우 비과세를 받으면 세금은 한 푼도 안 내도 된다. 그러나 비과세를 받지 못하면 약 9,400만 원 정도의 양도소득세를 내야 한다.

셋째, 증여세를 계산하고 앞의 결과와 비교한다.

이제 증여를 할 것인가, 말 것인가를 선택해야 한다. 이를 해결하기 위해서는 증여로 인해 지불되는 비용이 앞의 비과세 효과인 9,400만 원을 넘어서는 안 된다. 이 사례에서 증여하고자 하는 주택의 전세보증금은 2억 원이라고 하자. 그리고 증여세와 취득세 신고는 6억 원으로 한다고 하자. 이때 취득세율은 4%(부담부 증여에 따른 유상취득세율은 1%)를 적용한다.

구분	순수 증여	부담부 증여
양도소득세	0	1,868만 원(①)
증여세	6,000만 원 [(4억 원–5,000만 원)×20% –1,000만 원)]	2,000만 원 [(2억 원–5,000만 원)×20% –1,000만 원)]
증여 취득세 등	2,400만 원 (6억 원×4%)	1,800만 원②)
계	8,400만 원	5,668만 원

위 표의 ①과 ②는 다음과 같이 계산했다.

① 양도소득세

구분	금액	비고
양도가액	2억 원	부담부 증여 시 인수된 부채금액
(-) 취득가액	1억 원	전체 취득가액×(부채/전체증여가액) = 3억 원×(2억 원/6억 원)
(=) 양도차익	1억 원	
(-) 장기보유특별공제		적용배제 가정
(=) 양도소득금액	1억 원	
(-) 기본공제	250만 원	연간 1회 적용
(=) 과세표준	9,750만 원	
(×) 세율	35%	
(-) 누진공제	1,544만 원	
(=) 산출세액	18,685,000원	과세표준×35%-1,544만 원

② 부담부 증여 취득세

구분	양도	증여	계
과세표준	2억 원	4억 원	6억 원
세율	1%	4%	
산출세액	200만 원	1,600만 원	1,800만 원

☞ 부담부 증여의 과세방식에 대해서는 이 장의 절세 코칭을 참조하기 바란다.

Tip 부부공동등기와 상속세

자녀에게 증여할 때는 다음과 같은 점에 주의하자.

첫째, 세대 개념에 유의해야 한다. 적법한 세대로 인정받지 못하면 세금 관계가 달라지기 때문이다.

① 자녀가 30세 미만인 경우 : 자녀가 미성년자이거나 대학생인 경우 또는 미취업 상태로 있는 경우 등은 세대분리를 했더라도 인정이 되지 않

는다. 다만, 30세 미만이더라도 이혼을 했거나 상속주택을 받은 경우, 근로소득이나 사업소득 등이 있는 경우에는 별도 세대로 인정된다.

② 자녀가 30세 이상인 경우 : 소득이 없더라도 별도 세대로 인정된다.

둘째, 자녀에게 증여한 후 자녀가 처분할 때 그 처분기한에 유의해야 한다. 예를 들어 아버지가 아들에게 증여하고 그 아들이 10년 내 제삼자에게 양도하면, 이월과세나 부당행위계산부인제도가 적용될 수 있다.

☞ 단, 증여받은 후 1세대 1주택 비과세요건(2년 보유 등)을 충족하고 해당 양도소득을 수증자가 갖게 되면 10년 전에 양도해도 비과세가 적용된다. 비과세가 적용되면 이월과세제도를 적용할 여지가 없기 때문이다. 다만, 비과세에서 제외되는 고가주택의 양도차익에 대해서는 원칙적으로 이 제도가 적용되나, 이를 적용하지 않을 때의 세액이 더 많다면 이 제도가 적용되지 않는다(소득세법 제97조의 2 제2항 제3호, 171페이지 참조).

셋째, 부담부 증여로 발생한 부채는 자녀가 갚도록 한다. 그렇지 않으면 부채상환조사를 받게 되어 증여세를 내야 한다. 참고로 부담부 증여 시 발생하는 채무에 대한 과세체계는 다음과 같다.

항목	증여세	양도소득세
채무로 인정되면	채무로 공제됨.	채무 공제분은 유상양도로 간주되어 증여자에게 양도소득세가 과세됨.
채무로 인정되지 않으면	채무로 공제되지 않고 전체에 대해 증여세가 과세됨.	해당 사항 없음.

부동산 하락기에
매매하는 방법

"그런데 세무사님, 요즘 부동산이 급락한 시기를 틈타 가족 간에 가격을 싸게 매매하는 경우가 많은 것 같습니다. 이거 세법상 문제가 많지요?"

동해선이 강 세무사를 향해 말을 했다.

"일단 부모가 자녀에게 부동산을 매매하는 것은 상식적으로 보면 이해가 안 될 수 있지만, 현행법상 불법은 아닙니다. 그런데 문제는 이런 거래형식을 통해 세금을 줄이려고 하는 경우가 있다는 것입니다. 예를 들어 자녀에게 5억 원짜리 집을 1억 원만 받고 파는 거죠."

"아, 이렇게 하면 양쪽 다 문제가 있는 거 아닙니까?"

"그렇습니다. 양도하는 사람에게는 소득세법상 부당행위계산부인제도, 양수하는 사람에게는 상증법상 증여의제규정이 적용되지요."

한동안 둘의 대화가 이어졌다.

이 내용을 이해하기 위해 아버지가 5억 원짜리를 자녀에게 1억 원에 팔았다고 하자. 이 경우, 세법은 어떤 식으로 이를 규제하는지 알아보자.

부(父)에 대한 세금검토(소득세법상 부당행위계산부인제도)

일단 아버지가 자녀에게 양도하는 것인 만큼 소득세법상 부당행위계산 제도가 적용되는지 살펴봐야 한다. 일단 이 제도는 특수관계인 간의 거래를 통해 세금을 부당히 감소시키는 경우로서 시가의 5%를 벗어나거나 차액이 3억 원 이상이 되면 시가로 과세하게 된다. 사례의 경우 시가는 5억 원이고 거래금액이 1억 원이므로, 5% 등의 조건에 부합해 이 제도가 적용된다. 따라서 사례의 경우 양도차익을 다음과 같이 수정해 양도소득세를 추징한다.

당초 양도소득세	수정 양도소득세
양도가액 1억 원 – 취득가액 ××× = 양도차익 1억 원–×× ×	양도가액 5억 원 – 취득가액 ××× = 양도차익 5억 원–×××

☞ 만약 1세대 1주택에 해당하면 양도소득세가 나오지 않으므로 부당행위계산부인제도가 적용되지 않는다.

자녀(子女)에 대한 세금검토(상증법상 증여의제제도)

자녀는 이 거래를 통해 이익을 본 경우에 해당한다. 따라서 이익에 대해서는 증여세를 과세하는 것이 맞다. 다만, 이 이익이 시가의 30% 또는 3억 원이상이 되어야 하므로 이 부분을 먼저 따져봐야 한다. 이 조건을 충족해야 비로소 증여추정제도를 적용하기 때문이다.

이 사례에서 시가는 5억 원이며 이 금액의 70%는 3억 5,000만 원이므로 저가 양수에 따른 증여규정이 적용된다. 따라서 자녀가 받은 이익에 대해서는 증여세가 과세된다. 다만, 현행법에서는 이때 과세되는 이익을 5억 원에서 1억 원을 차감한 4억 원에 대해 과세하는 것이 아니라, 4억 원에서 다음 중 적은 금액을 차감한 잔액에 대해 과세한다.

① 시가의 30%[사례의 경우 1억 5,000만 원(5억 원×30%)]
② 2억 원

따라서 증여세는 4억 원에서 1.5억 원을 차감한 금액에 대해 계산된다.

> 증여가액 2억 5,000만 원(=4억 원-1억 5,000만 원)
> -증여공제 5,000만 원(위의 자녀가 성년자인 경우)
> =과세표준 2억 원
> ×세율 20%(누진공제 1,000만 원)
> =산출세액 3,000만 원

Q. 만약 앞의 아버지가 1세대 1주택자라면 거래금액을 1억 원으로 잡아도 문제가 없을까?

이 경우 아버지는 양도소득세가 비과세되므로 소득세법상 부당행위계산 제도가 적용되지 않는다. 하지만 자녀의 경우 저가양수에 따른 증여규정이 적용되는데, 이 경우 거래금액이 5억 원의 30%인 1.5억 원에 미달하므로 이 규정이 적용된다. 따라서 앞에서 본 증여세를 그대로 부담해야 한다.

☞ 특수관계인 간에 저가 매매를 하면 양도소득세와 증여세 과세 문제가 발생한다. 그리고 이 제도 또한 시가를 두고 앞에서 본 상속세나 증여세처럼 납세자와 과세당국 간의 마찰이 발생할 소지가 크다. 따라서 문제를 없애기 위해 사전에 시가*를 먼저 확인하고, 앞의 5%와 30% 등의 기준을 고려해 거래가액을 정해야 할 것으로 보인다. 다만, 양도소득세 비과세를 적용받는 경우에는 증여세 기준 정도만 관심을 두면 될 것으로 보인다.

* 시가는 국세청 홈택스를 통해 확인하거나 감정을 받아 확인해도 된다.

저가양수도와 세금관계

구분	저가 양도자	저가 양수자
개념	양도소득세를 감소시킨 경우 시가를 기준으로 재계산하는 제도	무상이익에 대해 과세하는 제도
적용 기준	시가의 5% 이상 나게 거래하거나, 차액이 3억 원 이상 난 경우	시가의 30% 이상 나게 거래하거나 차액이 3억 원이 난 경우
적용 대상	모든 양도소득세 과세 대상(비과세 대상은 제외)	모든 증여세 과세 대상

상가 건물을 기준시가로 증여하는 방법

서울에서 거주하고 있는 김봉팔 씨는 동해선의 고객이다. 그는 동해선에게 부탁해서 현재 보유 중인 상가 건물을 어떻게 증여하는 것이 좋은지 검토를 요청했다. 나이가 점점 먹어가면서 상속세의 부담이 컸기 때문이다. 그래서 미리 자녀와 배우자에게 증여하고 싶었다. 그가 보유한 상가의 시세는 대략 30억 원. 그러나 기준시가는 10억 원에 불과하다.

동해선은 며칠을 노력한 끝에 다음과 같은 보고서를 만들 수 있었다.

보고서

의뢰하신 건에 대해 다음과 같이 보고합니다.

1. 분석자료

- 분석 대상 : 경기도 부천시 소재 상가 O호
- 현 시세 : 30억 원
- 기준시가 : 10억 원
- 가족관계 : 자녀 3명, 배우자
- 증여세 세율 : 10~50%(현행 세율)

2. 분석

(1) 증여금액의 확정

상가의 경우 사실상 매매사례가액이 없습니다. 따라서 기준시가로 신고를 하더라도 문제가 없습니다. 하지만 최근 기준시가로 신고한 상가 등은 국세청에서 감정평가를 받아 이의 금액으로 과세할 수 있게끔 되어 있어 미리 감정평가를 받아 신고할 수도 있습니다.*

- 감정평가로 신고하는 경우 : 시세 30억 원의 80%인 24억 원
- 기준시가로 신고하는 경우 : 10억 원

이 둘에 대한 선택기준은 지금 당장 증여세를 줄일 것인가, 향

---

* 국세청에서 감정평가액으로 과세하는 경우에는 각종 가산세를 부과하지 않고 본세만 추징하며, 모든 부동산에 대해 감정평가를 하는 것이 아니므로 무조건 감정평가를 받아 신고할 필요는 없다 (특히 최근 감정평가로 과세하는 제도에 대해 법원의 제동도 있었다. 부록 참조). 감정평가를 받아야 하거나 받으면 좋은 상황 등은 부록을 참조하기 바란다.

후 양도 시 양도소득세를 줄일 것인가로 결정하는 것이 일반적입니다. 다만, 기준시가로 증여세를 신고하면 과세관청에서 감정평가를 받아 이의 금액으로 과세할 수도 있으나 이 건의 경우, 이 제도가 적용될 것인지의 여부도 불투명하고 설령 이 제도가 적용된다고 해도 가산세는 없으니 당장 양도를 생각하지 않는다면 기준시가로 신고하는 것이 좋을 수 있습니다. 이렇게 기준시가로 신고하면 향후 상속재산에 합산되더라도 상속세 부담이 줄어들 수 있습니다.

따라서 본보고서는 기준시가로 증여하는 것으로 하겠습니다.

(2) 증여 대상자의 결정

증여는 증여자가 마음대로 수증자를 결정할 수 있습니다. 즉, 한 사람에게 나눠주어도 되고 여러 사람에게 나눠주어도 됩니다. 다만, 상가의 경우 특정인에게 증여하는 것보다는 증여 대상을 넓히는 것이 전체적으로 세금부담을 줄일 수 있습니다. 물론 이렇게 해두면 나중에 임대소득세와 양도소득세 등에서도 도움이 됩니다. 따라서 다음과 같은 틀로 분석하도록 하겠습니다.

구분	지분율	증여세	임대소득세	양도소득세
배우자				
자녀 1 자녀 2 자녀 3				
계				

이상의 내용대로 본보고서는 부인과 자녀 모두를 증여 대상으

로 하겠습니다. 이때 지분율은 똑같게 할 수도 있으나 증여공제 액수를 고려해 다르게 할 수도 있습니다.

(3) 세금예측

이제 세금을 예측해보겠습니다. 여기에서는 배우자가 70%, 자녀들은 각각 10%로 하는 안과 4명 모두 25%로 하는 안을 대상으로 증여세만 계산해보겠습니다.

① 배우자 70%, 각 자녀들 10%

(단위 : 원)

구분	증여금액	증여공제	증여세 과세표준	세율	산출세액
배우자	7억	6억	1억		1,000만
자녀 1	1억	5,000만	5,000만	10~ 50%	500만
자녀 2	1억	5,000만	5,000만		500만
자녀 3	1억	5,000만	5,000만		500만
계	10억	-	-		2,500만

② 4명이 모두 25%씩 증여를 받는 경우

(단위 : 원)

구분	증여금액	증여공제	증여세 과세표준	세율	산출세액
배우자	2.5억	6억	0		0
자녀 1	2.5억	5,000만	2억	10~ 50%	3,000만
자녀 2	2.5억	5,000만	2억		3,000만
자녀 3	2.5억	5,000만	2억		3,000만
계	10억	-	-		9,000만

3. 기타 검토할 사항

본 상가건물을 증여한 후 10년 내 상속이 발생하면 본 상가의 증여금액이 상속재산가액에 합산됩니다. 또한, 증여한 후에는 임대소득세가 발생하고 양도 시에는 양도소득세가 부과됩니다. 따라서 이러한 점도 추가로 검토되어야 합니다.

2000년 00월 00일
검토자 : 동해선

이 내용을 보면 상가는 기준시가로 증여할 것인가, 감정평가로 증여할 것인가의 결정이 중요하다. 또한, 상가의 지분을 어떻게 가져갈 것인가의 결정도 중요하다. 그에 따라 세금의 크기가 달라지기 때문이다. 예를 들어, 기준시가로 신고하고 배우자의 지분을 70%로 한 경우에는 당장 2,500만 원 정도의 증여세와 취득세 등(약 4,000만 원)을 내면, 상가 건물을 자녀 등에게 줄 수 있다. 하지만 이 상가에서 임대소득이 발생하면 임대소득세를 내야 하고, 양도하면 양도소득세를 내야 한다. 또한, 상속이 발생되면 합산과세도 염두에 두어야 한다. 따라서 실무적으로는 이러한 점을 고려해 종합적으로 의사결정을 내려야 한다. 그래서 상가증여에 대한 의사결정은 다른 물건에 비해 상당히 시간이 걸리는 것이 일반적이다.

구분	시가로 신고	기준시가로 신고
취득세	시가로 과세	기준시가로 과세
증여세	시가로 과세	국세청에서 감정평가액으로 과세 가능(이 경우 취득세 추징문제가 발생함)
양도소득세	취득가액은 시가로 봄(단, 이월과세(10년) 적용 시 증여자가 취득한 가액으로 함).	취득가액은 기준시가로 봄.
상속세	10년 내 상속이 발생 시 증여 당시의 시가가 합산됨.	10년 내 상속이 발생 시 증여 당시의 기준시가가 합산됨.
기타	감정평가로 신고 시 수수료가 발생함.	왼쪽과 같은 수수료가 발생하지 않음.

☞ 상속세 절감을 위해 상가를 증여한 경우 될 수 있으면 '기준시가'로 신고하는 것이 여러모로 좋을 가능성이 크다. 때마침 최근 서울행정법원에서 상속세 등을 기준시가로 신고한 경우 감정평가를 받아 과세하는 제도에 대한 제동이 있었으므로 이 부분도 참고하자(부록 참조).

부담부 증여의 절세원리

 부동산을 증여하는 방법에는 크게 2가지가 있다. 하나는 부채 없이 부동산을 넘기는 방법이고, 다른 하나는 부채와 함께 부동산을 넘기는 방법이다. 특히 후자의 경우에는 약방의 감초처럼 부동산 증여 시 절세의 대안으로 자주 등장하는 것인 만큼 이에 대해서는 검토를 꼼꼼히 할 필요가 있다.

〈사례〉

 어떤 사람이 성년인 자녀에게 5억 원짜리 부동산을 이에 담보된 2억 원의 채무와 함께 증여하고자 한다. 이 경우, 순수하게 5억 원을 증여받는 경우와 부채를 인수하는 조건으로 증여받는 경우의 세금 차이를 알아보자.

① 채무인수 없이 증여를 받는 경우

채무를 감안하지 않는 상태에서 증여세를 계산하면 다음과 같다.

- 증여세 과세표준＝4억 5,000만 원(증여가액 5억 원−증여공제 5,000만 원)
- 증여세 산출세액＝4억 5,000만 원×20%−1,000만 원(누진공제)＝
 8,000만 원

② 증여받은 자가 채무를 인수하는 경우

구분	금액	비고
증여가액 (＋) 증여재산가산액	5억 원	
(＝) 총증여가액 (－) 부담부 증여 시 인수채무	5억 원 2억 원	인수채무액은 양도세 대상

구분	금액	비고
(=) 과세가액 (-) 증여공제 (-) 감정평가수수료공제	3억 원 5,000만 원	성년자 공제
(=) 과세표준 (×) 세율 (-) 누진공제	2억 5,000만 원 20% 1,000만 원	
(=) 산출세액	4,000만 원	

③ 결과 해석

채무 없이 증여한 것과 비교해볼 때 4,000만 원 정도 저렴하다. 다만, 세법은 인수한 채무는 유상양도의 대가로 보아 이에 대해서는 양도소득세를 부과한다. 따라서 이에 대한 양도소득세와 앞에서 계산된 증여세를 합한 금액과 순수한 증여 시의 증여세와 비교해야 한다. 결국 부담부 증여에 의한 방식이 유용하려면 양도소득세가 낮게 나와야 할 것이다. 참고로 부담부 증여로 취득한 부동산을 10년(5년) 내에 양도하면 증여분에 대해서는 이월과세가 적용될 수 있다. 다만, 이 경우 해당 부동산이 1세대 1주택으로 비과세가 적용되면 이 제도가 적용되지 않는다(154, 171페이지 참조).

※ 부담부 증여 시의 부채관리법

• 증여일 현재, 증여재산에 담보된 채무가 있어야 한다.

• 담보된 당해 채무가 반드시 증여자의 채무이어야 한다.

• 당해 채무를 수증자가 인수한 사실이 증여계약서, 자금출처가 확인되는 자금으로 원리금을 상환하거나, 담보 설정 등에 의해 객관적으로 확인되어야 한다.

부담부 증여에 대한 업무 플로우는 다음과 같다.

부담부 증여 실익 검토[1]

▼

부담부 증여계약서 작성[2]

▼

등기 시 : 취득세 납부[3]

▼

3개월 내 : 양도소득세 납부

▼

3개월 내 : 증여세 신고 및 납부

▼

사후관리[4]

[1] 실익 검토 : 부담부 증여를 할 것인지 순수증여를 할 것인지, 또는 매매할 것인지 등을 검토한다.

[2] 증여계약서 작성 : 부채인수의 조건을 달아 계약서를 작성한다(증여계약서 샘플은 85페이지 또는 저자의 카페 참조). 이때 금융기관으로부터 부채 잔고 증명서를 발급받아 부채를 확인해야 한다.

[3] 취득세 : 유상취득분(부채)과 무상취득분(증여)으로 나눠 취득세를 부담하게 된다.

[4] 사후관리 : 사후적으로 부채를 누가 갚았는지에 대한 세무조사가 진행될 수 있으므로 부채 상환 시 이 부분에 관심을 두도록 한다.

증여 대 부담부 증여 대 매매의 비교

구분	증여	부담부 증여			매매
		증여	양도	계	
〈증여세〉					
증여가액					
증여공제					
과세표준					
세율					
누진공제					
산출세액					
〈양도소득세〉					
양도가액					
취득가액					
양도차익					
비과세양도차익					
과세양도차익					
장기보유특별공제액					
양도소득금액					
기본공제					
과세표준					
세율					
누진공제					
산출세액					
지방소득세					
총 양도소득세					
〈취득세〉					
취득과표					
취득세					
농특세					
지방교육세					
취득세 산출세액					
총 세금					

☞ 증여 대 부담부 증여 대 매매 중 선택에 대한 의사결정 시 위와 같이 분석하면 도움을 받을 수 있다.

절세 코칭

부동산 증여 후 양도 시 주의해야 할 제도
(이월과세와 부당행위계산부인제도)

세법에서는 증여를 거친 재산을 양도하는 경우 2가지 제도를 두어 조세회피행위를 방지한다. 하나는 이월과세제도이고, 다른 하나는 부당행위계산부인제도다.

먼저, 이월과세제도는 배우자나 직계존비속으로부터 부동산 및 시설물 이용권(골프회원권 등)의 재산을 증여받고, 그 증여받은 날로부터 10년(2022년 이전 증여분은 5년, 이하 동일) 이내 당해 재산을 양도하면, 당해 재산의 양도차익 계산 시 취득가액(수증자가 부담한 증여세도 포함)을 당초 증여자의 취득가액으로 한다. 이를 그림으로 표현하면 다음과 같다.

양도소득세 계산
양도가액–취득가액(남편이 취득한 가액 등)=양도차익

예를 들어, 남편이 1990년에 취득한 부동산의 가격이 1억 원이나 현재 시세는 5억 원이라고 하자. 그렇다면 이 상황에서 남편이 양도하면 세금이 많이 나올 수 있다. 하지만 이 부동산을 부인에게 증여로 넘긴 후 배우자가 이를 양도하면 세금이 줄어들 가능성이 크다. 부인에게 증여하면 증여세는 6억 원까지 나오지 않으므로 취득세 등만 부담하면 된다. 따라서 5억 원에 증여를 받은 후 5억 원에 매매할 경우 양도차익이 없으므로 양도소득세를 내지 않아도 된다.

결국, 재산이전을 통해 조세회피가 발생하므로 세법은 이를 규제하는 것이다. 다만, 증여도 하나의 정당한 재산 취득의 수단이 되므로 평생 이를 규제하는 것이 아니라, 증여일로부터 10년(2022년 증여분은 5년)간만 규제한다. 따라서 10년이 경과한 경우에는 이 규정을 적용받지 않으므로 양도소득세가 줄어드는 효과가 발생한다.

다음으로, 부당행위계산부인제도는 가족 같은 특수관계인에게 증여한 후 역시 10년(2022년 이전 증여분은 5년) 내 증여받은 재산을 제삼자에게 양도하면 증여자가 제삼자에게 직접 양도하는 것으로 간주한다. 단, 이 규정을 적용하기 위해서는 이 거래로 인해 조세가 부당하게 감소해야 한다. 따라서 증여받은 사람이 부담한 증여세와 양도소득세가 당초 증여한 사람이 양도한 경우의 양도소득세보다 많다면 이 규정은 적용되지 않는다. 조세가 감소되지 않았기 때문이다. 참고로 이 2가지 제도가 동시에 적용되는 경우에는 이월과세규정을 먼저 적용하고, 나중에 부당행위계산부인제도를 적용한다(서면4팀-1864, 2007. 6. 7). 앞의 내용을 다음과 같이 요약 정리할 수 있다.

구분	이월과세	부당행위계산부인
근거	소득세법 제97조의 2	소득세법 제101조
적용 순위	부당행위계산부인제도보다 우선 적용	이월과세 적용 후 적용
내용	배우자·직계존비속에게 증여 → 10년 내 양도 시 취득가액은 당초 증여자의 것으로 함(이때 수증자가 부담한 증여세는 필요경비에 산입).	특수관계인에게 증여 → 10년 내 타인에게 양도 시 증여자가 직접 양도한 것으로 봄.
적용 요건	무조건 적용 원칙	시가와 거래가액의 차액이 3억 원이거나 시가의 100분의 5에 상당하는 금액 이상인 경우에 한해 적용

구분	이월과세	부당행위계산부인
적용 배제	아래 사유의 경우 이월과세제도를 적용하지 않음. 1. 사업인정고시일부터 소급해 2년 이전에 증여받은 경우로서 협의매수 또는 수용된 경우 2. 이월과세를 적용할 경우 1세대 1주택이 되는 경우(비과세 대상에서 제외되는 고가주택 포함) ☞ 이월과세를 적용하는 것이 더 유리해지는 것을 방지하기 위해서임.* 3. 이월과세로 계산한 양도소득 결정세액이 이월과세를 적용하지 아니하고 계산한 양도소득 결정세액보다 적은 경우	양도소득이 수증자에게 귀속 시 부당행위계산 규정을 적용하지 않음.
적용 재산	부동산 및 특정시설물 이용권, 분양권, 입주권(주식은 1년 기준 사용)	모든 양도소득세 과세 대상 재산
적용 기간	10년(2022년 이전 증여분은 5년)	10년(2022년 이전 증여분은 5년)
증여세 환급	양도세 계산 시 필요경비에 해당	환급

Tip 수증자의 1세대 1주택 관련 세무관리법

① 별도 세대원인 경우

별도 세대원인 자녀가 부모로부터 주택을 증여받은 후 2년 보유 등의 비과세요건을 충족하면 다음과 같이 세법을 적용한다. 단, 양도소득은 수증자에게 귀속되는 것으로 가정한다.

• 고가주택이 아닌 경우 : 양도차익 전액에 대해 비과세를 적용한다.

• 고가주택에 해당하는 경우 : 전체 양도차익 중 일부차익은 과세되나 이 경우 장기보유특별공제 적용을 위한 보유기간 등은 이월과세를 적용해 당초 증여일로부터 적용한다. 다만, 소득세법 제97조의 2 제2항 제3호에 따라 이월과세를 적용했을 때의 결정세액이 이를 적용하지 않았을 때의 결정세액보다 적은 경우에는 이 제도를 적용하지 않는다(둘 중 많은 세액을 납부. 비교과세). 참고로 이월과세를 적용할 때에는 자녀가 부담한 증여세를 필요경비에 산입시켜 세액을 계산한다(이하 동일).

* 주택을 증여받은 후 2년 이상 보유(거주)하지 않으면 이월과세를 적용하지 않는다. 이의 적용으로 비과세가 적용되는 것을 방지하기 위해서다. 따라서 증여받은 주택에 대해 비과세를 받고 싶다면 증여받은 후 2년 보유(거주)를 해야 한다.

② 동일 세대원인 경우

동일 세대원인 자녀나 배우자가 주택을 증여받은 후 이를 1세대 1주택으로 양도하면 증여 이전의 보유기간 등을 통산해 비과세요건을 적용한다. 단, 양도소득은 수증자에게 귀속되는 것으로 가정한다.

• 고가주택이 아닌 경우 : 양도차익 전액에 대해 비과세를 적용한다.
• 고가주택에 해당하는 경우 : 전체 양도차익 중 일부차익은 과세되나 이 경우 장기보유특별공제 적용을 위한 보유기간 등은 증여자가 취득한 날부터 적용한다. 단, 이월과세를 적용하지 않는 것이 유리하면 이를 적용하지 않는다(소득세법 제97조의 2 제2항 제3호).

※ 제도 46103-10072, 2001. 3. 16

소득세법 시행령 제154조 제1항의 규정에 의한 1세대 1주택을 적용함에 있어 1주택을 소유한 거주자가 그 주택을 동일 세대원인 가족에게 증여한 후 그 수증자가 이를 양도하는 경우에는 증여자의 보유기간과 수증자의 보유기간을 통산해 과세 여부를 판정하는 것입니다.

☞ 이는 1세대 1주택은 세대 단위를 기준으로 비과세 여부를 판정하는 것이 입법 취지에 적합하다는 판단에 따른 것임.

※ 저자 주
주택 등을 증여받고 10년(5년) 내 양도해 비과세가 적용되지 않으면(즉 양도세가 과세되면) 이월과세를 적용하는데, 이때 이월과세를 적용하지 않는 경우보다 양도세가 줄어드는 경우가 있다. 이때에는 이월과세제도를 적용하지 않는다(제97조의 2 제2항 제3호 참조). 이 제도의 취지에 반하기 때문이다. 결국 납세자는 이월과세를 적용할 때와 하지 않았을 때의 세액을 비교해 많은 세액을 납부해야 할 것으로 보인다(비교과세). 참고로 이월과세를 적용할 때의 세액계산 시 수증자가 부담한 증여세는 필요경비에 산입한다.

제5장

슬기로운
상속재산 분배법

INHERITANCE TAX
AND GIFT TAX

가족이 우선이다.
상속분쟁은 절대 일어나지 않게 하라

동해선과 박단단이 오붓한 저녁 시간을 보내고 있다. TV에서는 상속재산을 서로 차지하기 위해 싸움을 벌이는 가족들의 일상을 다루고 있었다.

"단단 씨, 재산이 많은 것도 문제인 것 같아. 재산을 둘러싸고 저런 암투가 벌어지다니…."

"맞아. 재산이 없으면 없는 대로, 있으면 있는 대로 걱정거리가 있는 것 같아."

"근데 난 재산이 있는 상태에서 걱정거리라도 있었으면 해. 하하하."

"푸하하하. 저 사람들 봐. 돈이 많다고 꼭 행복한 것도 아니잖아. 그러니 우리가 지금 얼마나 행복한지 느껴보라고."

"그나저나 단단 씨, 한 가지 물어볼게. 왜 저렇게 가족 간에 철천지원수 대하는 것처럼 싸운다고 생각해? 이런 것을 알면 분쟁을 예방할 수 있을 것 같은데…."

"그야, 서로 욕심을 부려서 그렇지 않을까?"

"또?"

"…"

여기저기서 상속재산을 두고 조금이라도 더 차지하기 위해 형제자매 등 가족 간에 싸움이 발생하기도 하고, 재산 분쟁으로 법원을 오고 가는 집들도 늘어나고 있다.

그렇다면 상속 분쟁이 왜 발생할까?

상속재산과 관련해 재산 분쟁이 일어나는 이유 중 하나는 재산분배방법이 서툴기 때문이다. 실제로 평소에 상속재산분배에 관한 이야기를 꺼내는 것은 우리나라 국민정서상 맞지 않아 재산을 물려줄 사람이나 받을 사람 모두가 쉬쉬하다가 갑자기 상속이 발생하면 우왕좌왕하는 경우가 태반이다. 이러다 보니 실제 상속이 일어나면서 여러 가지 유형의 갈등들이 증폭되곤 한다. 특히 상속인이 여러 명이거나 재혼 등으로 이해관계가 얽혀 있는 경우, 그리고 특정 상속인에게 사전에 증여한 재산이 있는 등 불공평한 재산분배가 있는 경우에는 예기치 않는 상황을 맞기도 한다. 그런데 문제는 가족 간에 상속 분쟁이 발생하고, 이를 해결하기 위해 소송에 의지하는 경우에는 가족관계가 파탄난다는 것이다. 따라서 이러한 상속 분쟁을 예방하기 위해서는 이에 대한 해결책을 미리 가지고 있어야 한다.

첫째, 유언장을 작성한다.

유언장은 누구에게 어떤 재산을 남길 것인가를 미리 남기는 것을 말한다. 따라서 유언장이 적법하게 작성되었다면 법률상의 효력이 있다. 하지만 유언장을 남길 때는 상속인들의 유류분을 고려할 필요가 있다. 유류분은 상속인이 최소한 법적으로 보장받는 상속 지분을 말하는 것으로서 통상 법정상속지분의 1/2 정도가 된다. 만일 이를 무시한 유언장은 유류분 반환 청구 소송감이 될 수 있음을 유의할 필요가 있다.*

* 최근에는 유언장 대신 신탁회사를 통해 재산을 관리하는 경향이 높아지고 있다.

둘째, 사전에 증여한다.

사전에 증여하면 소유권이 완전히 이전된다. 따라서 합법적인 증여에 대해서는 상속인들이 사실상 반환을 청구할 수 없다. 물론 유류분제도가 있기는 하지만, 상속개시일 1년 전에 증여하면 반환을 청구하기가 쉽지 않기 때문이다. 다만, 사안에 따라서는 1년 전의 것도 유류분 반환 청구 대상이 되는 경우도 있으므로 법무전문가에게 도움을 청하는 것이 좋을 것으로 보인다. 한편 증여는 확실하게 증여임을 밝힌 상태에서 시행해야 추후 문제 소지가 없다. 혼미한 상태에서 증여계약을 한 경우에는 소송의 대상이 될 수도 있음에 유의해야 한다.

셋째, 합리적인 재산분배방법을 개발한다.

상속재산은 유언장에 의해 분배되는 것이 원칙이나 유언이 없는 경우, 협의분할, 그리고 법정상속순으로 나뉘게 된다. 그런데 상속재산에 특정인이 기여한 부분이 있다면 상속재산 때 이를 제외하고 상속재산을 나누는 것이 타당하다. 하지만 기여분을 어떤 식으로 산정할 것인지 이를 두고 분쟁이 일어날 가능성이 크다. 이에 대한 분쟁소지를 조금이라도 줄이고 싶다면 전문가에게 위임하는 것도 하나의 방법이다.

> **Tip 재산분배 전에 반드시 세금을 고려해야 한다**
>
> 부모 등의 재산을 '어떻게 이전받을까?'만 생각하고 세금 문제를 등한시하는 경우가 많다. 그 결과 등기를 끝낸 후 재산을 처분하고 나온 세금에 당황하는 경우가 많다. 예를 들어, 8년 자경한 농지를 증여해 감면을 못 받거나 주택이 있는 자녀가 주택을 상속받아 처분하면 양도소득세가 나오는 것이 대표적이다. 이러한 일이 발생하는 이유는 재산분배

전에 세금 문제를 검토하지 않았기 때문이다. 따라서 이 책을 읽는 독자들은 상속이나 증여를 고려하기 전에 반드시 세금 문제를 검토할 것을 당부한다.

상속인은 어떻게 파악할까?

상속에서 있어서 상속인이 되는지 안 되는지, 이를 아는 것은 매우 중요하다. 상속인이 누구인지에 따라 상속공제 등이 달라지고, 그에 따라 세금의 크기가 달라지기 때문이다. 그래서 상속이 발생하면 먼저 상속인의 범위부터 잘 가려낼 수 있어야 한다. 현행 민법에서는 다음과 같이 상속순위를 정하고 있다.

- 1순위 : 피상속인의 직계비속(자녀, 손자녀)
- 2순위 : 피상속인의 직계존속
- 3순위 : 피상속인의 형제자매
- 4순위 : 피상속인의 4촌 이내의 방계혈족

1순위는 피상속인의 직계비속(태아를 포함)을 말한다. 여기서 직계비속은 혼인 중 또는 혼인 외의 출생자, 미혼 또는 기혼, 분가·입양 등에 의해 다른 호적이 있는 경우에도 이를 인정한다. 따라서 입양자도, 시집간 딸도 직계비속에 해당하므로 당연히 상속인이 된다.

그런데 직계비속은 자녀와 손자녀 등을 말하므로 경우에 따라서는 상속인이 수십 명 이상이 될 수 있다. 그래서 민법에서는 이렇게 직계비속이 많은 경우에는 피상속인과 최근친인 자녀가 상속받도록 하고 있다. 예를 들어 피상속인에게 자녀 2명과 손자 2명이 있는 경우, 자녀 2인이 최근친으로서 공동상속인이 되고, 손자 2명은 자녀가 상속을 포기하는 경우에만 상속을 받을 수 있다. 그런데 만일 자녀가 먼저 사망한 경우라면 대를 이은 상속을 허용한다. 이를 '대습상속'이라고 한다.*

피상속인의 재산은 보통 1순위에서 정리되지만, 만일 1순위인 자녀가 없는 경우에는 직계존속이 2순위자가 된다. 이때 피상속인의 배우자는 1순위와 2순위에 있어 공동상속인이 된다. 만일 자녀가 상속인이 되는 경우 자녀와 함께 공동상속인이 된다는 것이다.

상속순위를 한번 결정해보자. 서울 강서구 등촌동에 거주하고 있는 노유산 씨가 갑자기 사망했다. 그의 가족에는 배우자와 형제자매 2명, 자녀 2명, 손자녀 4명이 있다. 이 경우의 상속순위는?

① 상속 1순위는 직계비속이다.
② 자녀와 손자녀가 1순위가 되는 경우에는 피상속인과 가장 근친인 자녀가 상속인이 된다. 이때 손자녀는 상속인에 해당되지 않는다.
③ 배우자는 공동상속인이 된다.
④ 결국, 자녀 2명과 배우자가 공동상속인이 되며, 나머지 사람들은 앞의

---

* 이렇게 상속포기를 하지 않은 상태에서 손자녀가 상속재산을 취득하면, 일단 아버지에게 상속세를 부과하고 손자녀가 증여받은 것으로 보아 증여세를 부과한다.

상속인들이 상속포기를 하지 않는 한 상속을 받을 수 없다.

또 다른 예를 들어보자.

서울 종로구에 거주하고 있는 최영수 씨가 사망했다. 최 씨는 본처인 김영미 씨와 이혼했고, 후처인 설경숙 씨와 재혼했다. 이 경우 상속인은 어떻게 결정될까? 단, 최 씨의 자녀로 본처에서 태어난 최일등과 최이등이 있으며, 후처 사이에서 태어난 최삼등과 최사등이 있다.

이 사례는 가족관계가 약간 복잡한 경우다. 그렇다고 하더라도 답을 내야 하니 차분히 생각해보자.

일단 후처인 설경숙 씨와 최 씨의 모든 자녀들(최일등~최사등)이 상속인이 된다. 직계비속은 촌수만 같다면 자연혈족(친생자)이든 법정혈족(양자)이든, 혼인 중의 출생자이든 혼인 외의 출생자이든 이를 가리지 않고 동순위로 본다. 그리고 후처(법률혼)인 설경숙 씨가 공동상속인이 된다.

Q. 앞의 후처인 설경숙 씨가 사망했다면 상속인은 누구일까?

이 경우 최영수 씨와 설경숙 씨의 직계비속인 최삼등과 최사등이 상속인이 된다. 현행법에서는 계모(설경숙 씨)와 자(최일등과 최이등)는 혈족이 아니라 인척관계이므로 서로 상속할 수 없도록 하고 있다.

상속순위와 여러 가지 쟁점들

구분	내용
손자가 상속을 받으면 문제는 없는가?	대습상속(대를 있는 상속)은 문제가 없으나, 세대를 건너뛴 상속에 대해서는 상속세를 30(40)% 할증 과세한다.
아내는 친정에서 발생한 상속에 대해 상속권한이 있는가?	그렇다. 상속권한은 결혼 여부와 상관없이 법적으로 정해져 있다.

구분	내용
사실혼관계에 있는 배우자도 상속권리가 있는가?	상속에 있어서 사실혼관계에 있는 배우자는 상속인이라 할 수 없다. 따라서 사실혼 관계에 있는 동거인은 상속을 받을 수 없다. 다만, 사망 전에 증여하거나 유증을 통해 재산을 이전할 수는 있다.
사위와 며느리도 상속순위에 들어가는가?	상속인의 1순위는 직계비속과 피상속인의 배우자다. 따라서 며느리와 사위는 직계비속에 해당하지 않으므로 상속인에 해당되지 않는다.

Tip 법정상속 지분(민법 제1009조)

① 동순위의 상속인이 수인인 때에는 그 상속분은 균분으로 한다.

② 피상속인의 배우자의 상속분은 직계비속과 공동으로 상속하는 때에는 직계비속의 상속분의 5할을 가산하고, 직계존속과 공동으로 상속하는 때에는 직계존속의 상속분의 5할을 가산한다.

상속재산 분배순서는
이렇다

"상속 분쟁이 발생하면 해결하기가 만만치 않을 것 같아. 다 큰 어른들이 싸우면 그만큼 해결 가능성이 낮은 것이 일반적이니까."

박단단이 동해선을 향해 말을 했다.

"맞아. 그 사람들 입장에서 상속만큼 좋은 게 어디 있겠어. 노력하지 않아도 재산이 굴러들어오니. 그러니 기를 쓰고 달려드는 거지."

"그런데 지금 대다수 가정은 이런 문제에 대해 전혀 대비하고 있지 않잖아."

박단단이 걱정스러운 표정을 지으며 말을 했다.

"그래서 상속 분쟁이 발생할 가능성이 아주 크다는 거야. 재산이 많든 적든…."

"그럼 어떻게 대처하는 것이 좋을까? 지금 밖에 나가보면 그동안 부동산이나 기타 재산 가격이 상승해 상속을 걱정하는 사람들이 상당히 많아진 것 같은데…."

"일단 내 생각에는 재산을 분배하는 방법부터 알아봐야 할 것 같아. 그런 후 방법을 하나씩 찾아보는 것이 어떨까?"

상속재산에 대한 분쟁을 예방하기 위해서, 그리고 세금을 절약하기 위해서는 미리 상속재산의 분배방법을 이해할 필요가 있다. 상속재산은 원칙적으로 다음과 같은 순서에 따라 분배된다.

유증 또는 사인증여 → 상속재산의 협의분할 → 법원(조정 등)

첫째, 유증 또는 사인증여다.

유증(遺贈)은 유언을 통해 배우자나 자녀 등에게 재산을 물려주는 것을 말한다. '내가 죽거든 누구에게 어떤 재산을 줘라'라는 식으로 되어 있는 것을 말한다. 한편 사인증여(死因贈與)라는 것이 있다. 이 방식은 증여자의 생전에 계약이 체결되었으나 그 효력은 증여자의 사망으로 발생하는 증여를 말한다. 사인증여는 상속인의 재산이 감소하기 때문에 유증과 유사하다. 그러나 유증은 단독행위로 이루어지는 데 반해 사인증여는 계약에 의해 이루어진다는 점에서 차이가 난다. 하지만 세금 문제를 따질 때는 둘의 차이는 없다. 둘 다 상속세로 과세하기 때문이다.

참고로 유증 등을 통해 특정인에게 상속재산을 모두 분배할 수도 있다. 이렇게 되면 상속을 받지 못하는 상속인들의 권리가 제한된다. 그래서 민법에서는 유류분제도를 두어 상속인들이 최소한의 상속재산을 가질 수 있는 권리를 보호하고 있다.

둘째, 협의분할 방식이다.

상속재산은 상속인들의 공유재산이므로 유증 등이 없는 한 상속인들끼리 자유의사대로 협의해 재산을 분배할 수 있다. 협의분할은 언제든지 지분율을 정해도 되지만, 등기를 하거나 상속세 신고를 위해서는 가급적 상속개시일로부터 6개월 내에 하는 것이 일반적이다.

협의에 의해 분할할 경우에는 공동상속인 전원의 의사가 일치되어야 하고, 한 사람이라도 의사가 합치되지 않으면 상속재산분할이 되지 않는다. 만약에 협의분할이 되지 않을 경우에는 각 상속인은 가정법원에 우선 조정을 신청해야 하고, 조정이 성립되지 않으면 당사자는 심판을 청구할 수 있다.

셋째, 법원이 개입하는 방식이다.

앞과 같이 유증 등이 없고 협의분할에 의해 재산이 분배되지 않으면, 법원이 개입을 통해 상속재산을 분배할 수밖에 없다. 이때 조정 등을 통해 법정상속 지분으로 분배될 가능성이 크다. 법에서는 공동상속인 간에는 원칙적으로 균등하게 정하고 있으나 피상속인의 배우자 상속 지분은 5할을 가산한다. 따라서 자녀가 3명이 있고 피상속인의 배우자가 있다면 지분은 다음과 같다.

- 자녀 1 : 1/4.5
- 자녀 2 : 1/4.5
- 자녀 3 : 1/4.5
- 피상속인의 배우자 : 1.5/4.5

만일 상속재산이 10억 원이라면 자녀 1의 법정상속분은 다음과 같다.

- 10억 원×1/4.5 = 222,222,222원

상속재산 분배와 관련해서 알아두면 유용한 정보들을 나열해보자.

• 피상속인의 상속재산에 대해 기여도가 있다면 이를 주장할 수 있을까?

피상속인의 재산형성에 기여하는 상속인이 있다면 기여분을 인정할 수 있다. 따라서 기여분을 제외한 나머지 재산이 분배대상이 된다. 이 기여분은 상속인들 간에 협의에 의해 정하는 것이 원칙이나 협의가 이루어지지 않으면 기여자가 가정법원에 청구해야 한다.

• 상속재산에 상속인의 재산이 포함되어 있다면 상속재산에서 제외시킬 수 있는가?

당연하다. 다만, 실무적으로 상속이 발생한 상태에서 상속인의 재산을 주장하기가 힘든 경우가 많다. 판결 등을 통해 이를 객관적으로 입증하는 노력이 필요할 수 있다.

• 상속포기는 어떻게 하는가?

상속인들은 상속개시가 있음을 안 날로부터 3개월 내 가정법원에 상속포기를 할 수 있다. 만일 단독상속인 또는 공동상속인 전원이 포기한 경우에는 포기한 자의 직계비속이 피상속인의 권리와 의무를 승계한다(단, 최근 이와 관련해 대법 판례가 변경되었다. 다음 페이지 참조). 한편 공동상속의 경우 어느 상속인이 상속을 포기할 때는 그 상속분은 다른 상속인의 상속분의 비율로 상속인에게 귀속된다. 예를 들어, 상속인으로 자녀 3명만 있는 경우 그중 한 사람이 상속을 포기하면, 포기한 자의 상속 지분은 다른 상속인의 비율대로 나눠진다는 것이다.

• 일인 명의의 단독상속등기를 합의하고, 다른 상속인들이 상속포기증명서를 작성해서 첨부해 상속등기를 하는 경우에는 다시 협의분할 할 수 있는가?

당연하다. 일단 특정인의 명의로 등기하고 나중에 분할한다는 내용의 합의가 있는 경우에는 통정허위표시를 원인으로 해서 상속재산분할협의의 무효를 주장해서 다시 분할협의를 할 수 있다.

• 부채가 많은 경우의 상속포기는?

사망자가 남긴 재산보다 빚이 많은 경우 상속포기를 함으로써 상속인을 보호해주고 있다. 다만 이런 제도로 보호받기 위해서는 상속개시일(사망일)로부터 3개월 내 관할 가정법원에 신청해야 한다. 그런데 빚이 얼마인지를 모른 상태에서는 상속포기를 하기가 쉽지가 않을 것이다. 이런 경우에 대비해서 상속으로 받는 재산의 한도 내에서 사망자의 부채를 변제할 것을 조건으로 상속을 승인할 수 있는데, 이를 한정승인이라 한다. 이 한정승인을 신청하면 나중에 빚이 발견되더라도 상속받은 재산한도 만큼만 변제하게 되어 상속인을 보호하게 된다. 이 제도를 이용하기 위해서는 상속개시가 있음을 안 날로 3개월 내 피상속인의 최후 주소지를 관할하는 법원에 서류를 제출하면 된다. 다만, 상속인은 상속채무가 상속재산을 초과하는 사실을 중대한 과실 없이 포기신고기간 내 알지 못하고 단순승인을 한 경우에는 그 '사실을 안 날'로부터 3개월 내 한정승인을 신청할 수 있다.

☞ 종전에는 고인의 부채가 많은 경우 손자녀들을 포함한 모든 상속인이 상속포기서를 제출해야 했다. 하지만 최근 대법원에서는 고인의 자녀 전부가 상속을 포기하면 손자녀나 직계존속이 있더라도 배우자가 단독 상속인이 되는 것으로 해석을 변경했다. 따라서 앞으로는 고인의 손자녀 등이 상속포기를 하지 않아 빚을 떠안는 일들이 없어질 것으로 보인다.

유언장 작성으로
상속 분쟁을 예방한다

여기는 박단단 팀장이 근무하고 있는 금융회사.

한 고객이 방문해 박 팀장과 상담하고 있다.

"저희 아버님의 재산이 좀 많습니다. 그래서 시집간 누나들을 포함해 자녀들이 아버님 재산에 관심이 많습니다. 부끄러운 말씀이지만, 아버지 재산을 한 푼이라도 더 받기 위해서 아버님께 선물을 드리는 등 효도하는 사람들도 많아졌습니다. 그런데 아버지께서는 시집간 누나들에 대해서는 상속을 별로 하고 싶지 않으신 것 같습니다. 그래서 오늘 이렇게 찾아왔습니다."

고객이 말을 먼저 꺼냈다.

"그렇군요. 그런데 선생님, 지금은 출가한 딸들도 아들과 같이 동등한 상속 지분을 가지고 있습니다. 또 특정한 사람에게 유산을 100% 주도록 유언을 하더라도 법정 상속인에게는 최소한의 상속 지분을 행사할 수 있도록 하는 제도를 두고 있지요."

"그야 그렇죠."

"따라서 현실적으로 누나들에게도 상속재산을 나눠주는 것이 좋지 않을까 싶습니다."

"저야 그렇게 하고 싶지만, 아버지 생각이 너무 완고하셔서…."

고객은 한동안 말문을 잇지 못하고 있었다.

그 순간 고객의 누나들은 다른 곳에서 서로 모여 대책을 마련하고 있었다. 가장 똑똑하다고 정평이 난 셋째가 먼저 말문을 텄다.

"세상에 이런 법이 어디 있어? 그동안 우리가 아버지한테 얼마나 잘했는데! 그런데 우리한테는 왜 쥐꼬리만큼만 주시겠다는 거야?"

그러자 여기저기서 불만의 소리가 봇물 터지듯 나오기 시작했다.

"맞아. 얘들아. 우리 이럴 게 아니라 직접 아버지와 그 잘난 아들들 모아놓고 담판을 짓자."

첫째 언니가 나서서 말을 했다.

"좋아요. 우리 그렇게 해요."

그렇게 해서 가족들이 오랜만에 만났다.

"아버지, 아버지 재산은 우리 모두의 재산입니다. 그러니 골고루 나눠주세요."

셋째였다.

병석에 누워 있는 아버지는 아무런 말씀이 없었다. 그저 조용히 눈물만 흘릴 뿐이었다.

보다 못한 어머니가 자녀들을 향해 큰소리를 쳤다.

"해도 해도 너무한다. 아버지 지금 곧 돌아가시게 생겼다. 그런데도 너희들은 모였다 하면 재산 싸움을 하는구나."

그러자 아버지가 나지막한 소리로 말했다.

"얘들아. 그렇게 싸우지 마라. 내 이미 유언장을 작성해놓았다."

그리고 얼마 못 가서 고객의 아버님은 세상을 떴다.

유언장은 재산의 절반은 사회에 기부하고 나머지는 법대로 나누라는 거였다.

유언장은 누구에게 어떤 재산을 남길 것인가를 법적으로 미리 남기는 것을 말한다. 유언의 방식에는 대개 자필증서, 녹음, 공정증서, 구수증서 등이 있다. 하지만 이러한 유언들은 법에서 정한 요건들을 갖추어야 그 효력이 인정됨에 유의해야 할 필요가 있다. 예를 들어 자필증서의 경우, 유언자가 그 전문과 연월일, 주소, 성명을 자서하고 날인해야 한다. 만일 연월일이나 주소, 날인 등이 빠져 있는 경우에는 유언의 효력이 없다. 공정증서는 유언자가 증인 2인을 참석시키고 공증인의 면전에서 유언의 취지를 구수(口授)하고 공증인이 이를 필기낭독하며, 유언자와 증인이 그 정확함을 승인한 후 각자 서명 또는 기명날인해야 한다.

결국, 유언방식도 엄격한 형식을 요하므로 반드시 변호사 등을 통해 이 문제를 해결하는 것이 좋다.

참고로 유언장을 남길 때는 상속인들의 유류분을 고려할 필요가 있다. 유류분 정도의 재산을 남겨두어야 소송이 발생하지 않기 때문이다. 유류분 제도를 좀 더 자세히 보자. 여기서 유류분권을 행사할 수 있는 사람은 순위 상 상속권이 있는 사람이다. 만약 1순위인 자녀와 배우자가 있는 경우에는 제2순위인 직계존속은 유류분권을 행사할 수 없다. 상속인 중 직계비속, 배우자, 직계존속만 이 제도를 활용할 수 있다. 유류분권은 본인의 법정상속 지분의 1/2(단, 피상속인의 직계존속은 1/3)이다.*

예를 들어보자. 상속재산이 10억 원이고 상속인은 자녀 2명이라면 자녀 1명의 유류분권은 다음과 같다.

---

* 형제자매는 유류분을 청구할 수 없도록 최근 법이 개정되었다.

- 유류분 산정을 위한 기초가액 = 상속재산(유산)+증여가액−채무액

  = 10억 원+0원−0원 = 10억 원
- 유류분 = 법정상속 지분가액(= 10억 원×1/2)×유류분(법정상속 지분가액

  ×1/2) = 5억 원×1/2 = 2억 5,000만 원

이 2억 5,000만 원을 상속받은 상속인으로부터 반환 청구할 수 있는 것이다. 참고로 유류분 산정을 위한 기초가액에는 상속개시 전 1년간 증여한 금액을 합산한다. 따라서 이 기간을 벗어나 증여한 재산은 유류분의 행사 대상이 안된다고 할 수 있다. 하지만 민법은 증여계약의 당사자 쌍방이 유류분 권리자의 손해를 가할 것을 알고 증여한 때는 1년 전에 한 것도 가산할 수 있도록 하고 있다. 따라서 이러한 규정으로 인해서도 재산 분쟁이 발생할 수 있는 소지가 다분히 있다.

유언장(샘플)

① 성명 :   (날인)

※저자 주 : 성명은 한글 한자 모두 가능하며, 날인은 도장이 원칙이며 지장도 가능하다.

② 주민등록번호 :   (생년월일 :   )

③ 주소 :

※ 저자 주 : 주민등록번호는 임의적인 기재사항이며, 주소는 필수적인 기재사항이다.

④ 작성일 :   년   월   일

※ 저자 주 : 작성일자가 없으면 유언장이 무효에 해당한다.

⑤ 작성 장소 :

⑥ 유언내용 :

※ 저자 주 : 반드시 자필로 내용을 써야 한다. 내용은 유산처리문제를 포함해 자유롭게 기재하면 된다.

☞ 유언장은 모두 본인이 직접 써야 효력이 발생함에 유의해야 한다. 첨가, 삭제, 변경 시에도 반드시 자필로 해야 하고 첨삭 변경된 곳에 날인(지장 무방)해야 한다.

협의분할을 할 때
생각해야 할 것들

앞의 사례는 유언장이 있는 경우 재산분배와 관련된 것이었다. 그렇다면 유언장이 없는 경우에는 어떻게 재산을 분배할까?

이러한 상황에서는 상속인들 간의 협의분할에 의해 상속재산을 분할하는 것이 일반적이다. 그런데 협의분할이 잘되는 경우에는 상속 분쟁도 없고 세금도 줄일 기회가 되지만, 그 반대의 경우에는 예기치 못한 분쟁 및 많은 세금을 내야 하는 상황에 몰릴 수 있으므로 주의해야 한다. 이하에서 이와 관련된 쟁점 등을 정리해보자.

상속이 발생하면 해당 물건의 소유자가 사망했으므로 다른 자에게 소유권이 이전되어야 한다. 그런데 문제는 한번 정해진 소유권이 다른 사람에게 넘어간 경우가 있다는 것이다. 이런 상황에서는 다음과 같은 세금 문제가 발생한다.

신고기한 내 법정상속 지분을 초과해 상속재산이 분할된 경우

상속세는 피상속인이 남긴 유산에 대해 과세하는 세금이므로, 상속인들이 법정상속 지분을 초과해 상속을 받더라도 추가로 상속세를 과세하거나 증여세를 과세하지 않는다.

상속세 신고기한 내 상속재산의 재분할이 발생한 경우

피상속인의 상속재산에 대해서 공동상속인 간의 협의분할에 의해 상속등기한 경우에도, 원칙적으로 상속세 과세표준 신고기한(상속개시일이 속하는 달의 말일부터 6개월) 이내 공동상속인 간에 사실상의 재분할에 의해 증여등기를 하는 경우에도 등기원인 불문하고 증여세가 과세되지 않는다.

상속세 신고기간 후에 상속재산의 재분할이 발생한 경우

상속개시 후 상속재산에 대해서 각 상속인의 상속 지분이 확정되어 등기된 후에 상속세 신고기한을 경과한 시점에서 그 상속재산에 대해 공동상속인 사이의 협의분할에 의해 특정 상속인이 당초 상속분을 초과해 취득하는 재산가액은 당해 분할에 의해 상속분이 감소된 상속인으로부터 증여받은 것으로 보아 증여세가 과세된다(재산세과-169, 2001. 4. 1).

상속 지분포기 대가를 현금으로 지급하는 경우

상속재산인 부동산을 공동상속인 중 특정인이 상속받는 대가로 나머지 상속인에게 현금을 지급하기로 협의분할한 경우에는 그 나머지 상속인의 지분에 해당하는 재산이 부동산을 상속받은 특정 상속인에게 유상으로 이전된 것으로 보아 양도소득세가 과세될 수 있다(서면4팀-628, 2005. 4. 7).

상속회복청구의 소에 의해 상속재산이 변동이 있는 경우

상속회복청구의 소에 의한 법원의 확정판결에 의해 상속인 및 상속재산에 변동이 있는 경우 증여재산으로 보지 아니한다.

〈사례〉

서울시 강남구 압구정동에서 거주하고 있는 이OO 씨가 사망했다. 그의 유족에는 배우자와 자녀 4명이 있다. 그가 남긴 순재산(재산-부채)은 대략 50억 원 선이다.

Q1. 상속인들이 법정상속 지분에 의해 상속재산을 분할할 것을 동의하면 자녀 1명의 몫은 얼마인가?

상속인은 총 5명이다. 배우자의 법정상속 지분은 1.5/5.5, 자녀들의 몫은 각각 1/5.5이다. 따라서 자녀 1명의 법정상속 지분가액은 9억 원(50억 원×1/5.5) 가량이 된다.

Q2. 배우자가 상속 지분의 절반(50%)을 확보하면 상속세에 어떤 영향을 주는가?

이렇게 지분을 받으면 배우자는 25억 원 상당액을 상속받게 된다. 따라서 이 금액을 배우자 상속공제액으로 할 수 있으나 이에 대해서는 한도(아래 ①~③ 중 가장 작은 것)를 적용해야 한다. 따라서 최종적으로 아래의 ②에 해당하는 약 13억 원이 배우자 상속공제액이 된다.

① 배우자가 실제 상속받은 금액 = 25억 원
② 배우자의 법정상속분 = 50억 원×1.5/5.5 = 13억 6,363만 원(만 원 단위 이하 절사)
③ 30억 원(최고 한도액)

이때 배우자 상속공제 한도를 벗어난 부분에 대해서는 자녀들에게 상속이 이루어지도록 하는 안을 검토할 필요가 있다.

상속재산분할협의서

20○○년 ○월 ○○일 ○○시 ○○구 ○○동 ○○ 망 □□□의 사망으로 인해 개시된 상속에 있어 공동상속인 ○○○, ○○○, ○○○는 다음과 같이 상속재산을 분할하기로 협의한다.

1. 상속재산 중 ○○시 ○○구 ○○동 ○○ 대 300㎡는 ○○○의 소유로 한다.
1. 상속재산 중 □□시 □□구 □□동 □□ 대 200㎡는 ○○○의 소유로 한다.
1. 상속재산 중 △△시 △△구 △△동 △△ 대 100㎡는 ○○○의 소유로 한다.

위 협의를 증명하기 위해 이 협의서 3통을 작성하고 아래와 같이 서명날인하여 그 1통씩을 각자 보유한다.

20○○년 ○월 ○○일

성 명 ○ ○ ○ (인)
주소 ○○시 ○○구 ○○동 ○○
성 명 ○ ○ ○ (인)
주소 ○○시 ○○구 ○○동 ○○
성 명 ○ ○ ○ (인)
주소 ○○시 ○○구 ○○동 ○○

법정지분으로
상속을 받는 방법

"해선 씨, 상속재산은 협의분할 할 때 문제가 상당히 많이 발생하는 것 같아."

"왜?"

"생각해봐. 상속받을 사람들이 모두 협의분할계약서에 서명하면 그만이지만, 그 중 한 사람이라도 반대하면 재산분할을 할 수 없잖아."

박단단이 오늘 고객과 상담을 한 결과를 떠올리며 대화를 이어나갔다.

"그렇지. 그래서 현실적으로 이러한 협의분할 과정에서 분쟁이 많이 발생한다고 해. 서로 이해관계가 다르다 보니…."

"그래서 상속 분쟁이 언제라도 발생할 가능성이 큰 것 같아. 그러다 보면 어느새 재판장으로 가게 되고."

"그래서 미리 대비해야 한다는 거야. 돌아가신 분도 그런 상황을 절대 원하지 않잖아."

"그래서 요즘은 협의분할보다는 법대로 하자는 사람들이 많아지곤 하는가 봐."

"법대로?"

"그래. 민법에서는 상속 지분을 미리 정해두고 있잖아."

상속재산을 협의분할하는 것은 쉬운 작업이 아니다. 상속인이 여러 명이 거나 사전에 증여한 재산이 있거나 기여분 등을 주장하는 상속인이 있는 경우 가족 간에 이를 조정하는 것이 말처럼 쉬운 것이 아니기 때문이다. 그래서 협의분할 단계에서 법으로 정해진 대로 재산을 분배하는 경우가 종종 있다.

〈사례〉

심의철 씨가 슬하에 삼 남매를 두고 세상을 떠났다. 심의철 씨의 가족들이 다음과 같을 때 누가 상속 1순위가 될 것인가? 그리고 각각의 법정상속 지분은 얼마인가?

〈가족 상황〉
• 부인 : 김영순
• 자녀 : 심일식, 심이식, 심삼식(배우자 A)
• 손자녀 : 심일식 – B, C, 심이식 – D, 심삼식 – E
• 심삼식은 심의철 씨보다 먼저 사망함.

먼저, 상속인을 결정해보자.

상속인의 제1순위는 직계비속이며 피상속인의 배우자는 직계비속과 공동 상속인이 된다. 따라서 상속인은 김영순, 심일식, 심이식, 심삼식이 된다. 직계비속 중 손자녀는 그 위에 상속인이 있으므로 상속인에 해당하지 아니한다. 그런데 심삼식의 경우 심의철 씨보다 먼저 사망했으므로 심상식의 상속분을 누가 가지는가가 궁금할 것이다. 법에서는 피상속인(심의철)의 직계비속(심삼식)이 상속개시 전에 사망한 경우, 그 직계비속의 배우자(A)와 자녀(E)가

대습상속(代襲相續)한다. 여기서 대습상속이란 피상속인의 직계비속이 없는 경우 피상속인의 손자녀가 대를 잇는 상속을 말한다.

다음으로, 상속 지분을 계산해보자. 이해를 위해 분배 대상 상속재산은 4억 5,000만 원이라고 하자.

상속인	당초 지분	대습상속	금액
김영순	1.5/4.5	–	1억 5,000만 원
심일식	1/4.5	–	1억 원
심이식	1/4.5	–	1억 원
심삼식	1/4.5	A : 1/4.5×1.5/2.5 E : 1/4.5×1/2.5	A : 6,000만 원 E : 4,000만 원
계	1.5/4.5	–	4억 5,000만 원

심삼식의 경우 당초 지분은 1/4.5이며, 이 지분이 심삼식의 배우자인 A와 그의 자녀인 E에게 대습상속이 되었다. 배우자의 경우에는 자녀에 비해 상속 지분이 50%가 더 많다.

Tip 패륜* 자식에게도 재산을 분배해야 하는가?

패륜 자식이라고 하더라도 상속인에 해당하면 일정액의 상속 지분이 주어진다. 그렇다면 만일 그에게 상속 지분을 주지 않으려면 어떻게 하면 될까?
먼저, 유언장을 통해 상속 지분을 배제하는 경우를 보자. 이러한 경우에도 최소한 유류분만큼 지분을 보장하고 있으므로 이를 감안해야 한다.
다음으로, 사전에 증여하는 경우를 보자. 상속개시일 전 1년 이내의 것은

---

* 사람으로서 지켜야 할 도리에서 벗어남을 의미한다.

유류분 청구 대상이 된다. 하지만 이 기간을 벗어난 경우에는 유류분 청구의 대상에서 벗어날 수 있으나 유류분권자의 권리를 박탈했다면 청구 대상이 된다.

결국, 이런 상황에서는 본인이 스스로 상속포기를 하지 않는 이상 현실적으로 상속 지분을 박탈하기가 상당히 힘들다고 보인다.

효도하는 자식에게
재산을 줘라

"이리저리 따져보면 미리 증여하는 것이 여러모로 도움이 될 것 같아."

박단단이 동해선에게 말한다.

"왜?"

"사전에 증여하면 재산 분쟁도 예방할 수 있고 세금도 아낄 수 있잖아."

"그런데 단단 씨, 어떤 집안에서는 미리 증여하면 증여받은 자식들이 태도가 싹 돌변해 오히려 증여한 것을 후회한다고 하더라고. 따라서 재산 분쟁을 예방하려다가 오히려 다른 문제로 고생할 수도 있을 것 같아."

"아, 나도 그런 이야기를 많이 들었어. 증여받기 전에 열심히 효도하던 사람들이 증여를 받은 후 태도가 돌변해 부모의 마음을 아프게 한다는…."

"그러니까 재산이 많더라도 주는 것을 주저주저하게 되는 것 같아."

"그래서 요즘은 증여하더라도 조건을 둬서 하는가 봐. 효도를 안 하면 증여를 취소하고 반환을 받는다고 해. 하하하."

"어? 나도 그런 증여를 들어봤는데 그렇게 되면 세금 문제는 어떻게 될까?"

"글쎄…."

증여는 증여자와 수증자의 계약에 의해 성립한다. 즉, 증여자가 증여하겠다는 의사표시를 하고, 수증자가 좋다는 의사표시를 해서 계약이 성립한다. 물론 3살짜리 같은 미성년자는 의사표시를 할 수 없으나, 법에서는 묵시적 동의도 증여계약의 성립에 아무런 문제가 없다고 하고 있다.

증여는 원래 무상계약이므로 수증자가 어떤 의무를 부담하지 않는 것이 원칙이다. 하지만 요즘에는 살아생전 부양을 조건으로 하고, 조건부 증여를 하는 어른들이 많아지고 있다.

그렇다면 이러한 조건부 증여에 대해서 법에서는 어떻게 정하고 있을까?

이에 대해 민법 제556조(수증자의 행위와 증여의 해제)에서는 수증자가 증여자에 대해 다음 각 호의 사유가 있는 때는 증여자는 그 증여를 해제할 수 있다고 하고 있다.

- 증여자 또는 그 배우자나 직계혈족에 대한 범죄행위가 있는 때
- 증여자에 대해 부양의무가 있는 경우에 이를 이행하지 아니하는 때

즉 수증자의 증여자에 대한 일정한 망은 행위가 있는 때는 증여자가 증여계약을 해제할 수 있다는 것이다.

그런데 이렇게 증여계약이 취소되어 증여물건이 반환되는 경우에는 세금 문제에 유의할 필요가 있다. 세법에서는 과세의 안정성을 위해 반환되는 금전은 반환시기에 불문하고 증여세를 과세하고 있기 때문이다. 금전 외의 재산은 증여일로부터 6개월이 지나서 반환되면 반환분에 대해서도 증여세를 부과한다. 따라서 이런 문제를 사전에 따져서 반환 여부를 결정해야 할 것이다.

참고로 앞의 증여재산의 반환과 세금의 관계를 좀 더 구체적으로 알아보자. 현행 세법에서는 수증자가 증여계약의 해제 등으로 당초 증여받은 재산

을 증여자에게 반환하거나 다시 증여한 경우에는 다음에 따라 과세 대상 여부를 판정하게 된다.

구분	내용
금전	증여세 과세(반환시기 불문)
금전 외 재산	• 증여일로부터 3월 이내 반환 등 : 당초 분과 반환분 등 모두 과세되지 않음. • 신고기한 경과 후 3월 이내 반환 등 : 당초 분은 과세, 반환분 등은 과세되지 않음. • 신고기한 경과 후 3월 이후에 반환 등 : 당초 분과 반환분 등은 모두 과세됨.

금전의 경우 당초 증여분과 반환분 모두 반환시기를 불문하고 증여세가 부과된다. 그런데 부동산은 금전과 다소 내용에서 차이가 나고 있다. 증여일을 기준으로 3개월 내 반환하면 세금 문제는 없다. 하지만 신고기한 경과 후 6개월이 지난 경우에는 당초 분과 반환분에 대해 모두 과세된다.

다만, 증여세 과세 대상이 되는 재산이 취득원인무효의 판결에 의해 그 재산상의 권리가 말소되는 때는 증여세를 과세하지 않으며, 과세된 증여세는 취소한다. 그러나 형식적인 재판절차만 경유한 사실이 확인되는 경우에는 증여세를 과세한다. 당초 증여자의 인감도장을 위조하거나 도용 등의 방법으로 증여등기 등이 된 재산이 그 대표적인 사례다. 그러나 당초 정상적으로 증여계약에 의해 증여등기 등을 했다가 형식적인 재판절차를 거쳐서 그 판결문에 의해 증여등기 등이 말소되는 경우로서 기간이 경과해 반환된 부분에 대해서는 증여세가 과세된다.

한편 증여는 상속이 발생하기 전 10년 이전에 미리 해두는 것이 좋다. 현행 세법에서는 상속개시일을 기준으로 소급해 상속인에게 10년(비상속인은 5년) 이전에 증여한 금액은 상속재산에 합산해 과세한다. 따라서 이 기간을 벗어나면 합산과세에서 벗어나므로 증여는 될 수 있는 한 빨리하는 것이 좋다. 그리고 미리 재산을 나눠줄 때는 배우자의 몫을 충분히 남겨두는 것이 좋다. 이를 위해서는 부동산은 공동소유로 하는 것도 생각해볼 수 있고, 금융상품으로 노후자금을 마련해두는 지혜도 필요하다. 그리고 자녀에게 큰돈을 주면 탕진하기 쉽다. 또한, 돈을 쉽게 주면 자립심을 저해할 가능성이 크다. 따라서 돈은 꼭 필요한 일이 있을 때 소액으로 하는 것이 바람직하다.

상속재산 분배와 세금의 관계

상속재산 분배는 상속 분쟁과도 관계가 있지만, 상속세와도 깊은 관련을 맺고 있다. 예를 들어, 배우자가 상속을 많이 받으면 배우자 상속공제가 많아져 상속세가 줄어든다. 또한, 상속등기 후에 지분이 변동하면 증여세 문제가 발생하고, 균등상속을 받은 후 양도하는 경우에는 양도소득세가 줄어들기도 한다. 따라서 상속등기를 하기 전에 재산분배와 세금의 관계를 차분히 살펴볼 필요가 있다.

이하에서 재산분배에 따른 세금 문제를 살펴보자.

첫째, 배우자가 상속을 받으면 상속공제액이 늘어난다.

원래 상속세는 피상속인의 유산에 대해 과세된다. 따라서 상속을 누가 받든지간에 상속세의 크기는 달라지지 않는 것이 원칙이다. 그러나 상속을 누가 받느냐에 따라 상속공제액이 달라지는 경우가 있다. 예를 들어, 배우자가 상속재산을 많이 받으면 상속공제액이 5억 원에서 최고 30억 원까지 늘어날 수 있다. 따라서 상속공제를 늘려 상속세를 줄이려면 배우자가 상속을 받아 공제한도를 늘린다.

둘째, 유증과 상속포기 등은 상속공제액에 영향을 준다.

상속공제는 다음처럼 한도가 있다. 따라서 상속공제액 계산 시 총상속재산가액에 유증가액과 사전 증여가액 등이 있는지를 파악해야 한다. 예를 들어, 할아버지의 유산이 아버지를 거치지 않고 손자에게 직접 이전되는 경우에 상속공제 종합한도가 축소되기 때문이다.

> • 상속공제의 한도액 = 상속세 과세가액 − 상속인이 아닌 자에게 유증·사인증여한 재산가액 − 상속인의 포기로 그다음 순위의 상속인이 상속받은 재산의 가액 − 상속세 과세가액에 가산한 증여가액(증여공제액을 차감한 가액을 말한다)

셋째, 사전에 증여한 재산은 상속세에 어떤 영향을 주는가?

사전에 증여한 재산은 10년(비상속인은 5년) 누적합산과세가 된다. 따라서 사전에 증여한 재산은 상속세를 증가시키는 역할을 한다. 그런데 사전에 증여한 재산은 다음과 같은 곳에서도 영향을 준다.

① 배우자 상속공제 한도액

배우자에게 사전에 증여한 재산이 있는 경우 그 당시의 과세표준(과세가액−증여공제)을 다음처럼 차감한다. 과세표준을 차감하므로 배우자에게 6억 원 이하에서 증여했다면 과세표준은 0원이므로 한도액에 영향을 주지 않는다.

• 배우자 상속공제 한도액 = Min
 ┌ ㉠ (상속재산가액×배우자의 법정상속분) − 배우자에게 증여한 재산에 대한 과세표준*
 └ ㉡ 30억 원

② 상속공제 종합한도

상속공제 종합한도 계산 시 사전에 증여한 재산가액을 차감하도록 되어 있다. 따라서 사전 증여를 할 때는 상속공제 종합한도가 축소될 수 있다는

---

* 누락된 증여공제액 이하의 재산가액이 상속재산가액에 합산되는 경우에는 상속공제한도에 영향을 주지 않는다.

점에 유의해야 한다. 다음의 사례를 보자.

〈사례〉

총재산을 15억 원 보유한 사람이 있다고 하자. 그리고 이 사람이 얼마 뒤에 사망했다고 하자. 사전 증여를 한 경우와 사전 증여를 하지 않는 경우의 세금은 얼마가 차이가 날까? 단, 이 경우 상속공제액은 10억 원을 적용하며 신고세액공제는 적용하지 않는다.

① 사전 증여가 없었던 경우

구분	금액	비고
상속재산가액	15억 원	
− 상속공제	10억 원	가정
= 과세표준	5억 원	
×세율	20%	
− 누진공제	1,000만 원	
= 산출세액	9,000만 원	
− 증여세액공제	0원	
− 신고세액공제	0원	가정
= 차가감납부세액	9,000만 원	

② 사전 증여가 있었던 경우

예를 들어, 사전에 5억 원을 성년자녀 1명에게 증여한 경우에는 상속공제 종합한도가 적용된다. 이를 감안해서 계산하면 다음과 같다. 참고로 증여세 산출세액은 8,000만 원이라고 하자.

구분	금액	비고
상속재산가액	15억 원	사전 증여금액 5억 원 합산
− 상속공제	9억 5,000만 원*	한도 적용
= 과세표준	5억 5,000만 원	

구분	금액	비고
×세율	30%	
− 누진공제	6,000만 원	
= 산출세액	1억 500만 원	
− 증여세액공제	6,544만 원	8,000만 원×(4.5억 원/5.5억 원) =
− 신고세액공제	0원	가정
= 차가감납부세액	3,956만 원	

* 상속공제 = Min[① 상속공제 10억 원, ② 한도 : 과세가액 − (사전 증여가액 − 증여공제) = 15억 원 − (5억 원 − 5,000만 원)] = 9억 5,000만 원

사례의 경우, 사전 증여가 없었다면 상속세를 9,000만 원을 내면 되나, 사전 증여 시에는 증여세 8,000만 원과 상속세 4,000만 원 등 총 1억 2,000만 원을 내게 된다.

이처럼 사전에 증여한 재산이 상속재산에 합산되면 상속공제액이 축소되므로 사전 증여의 효과가 줄어들 수 있다.

넷째, 법정상속분을 초과해 상속을 받은 경우에는 증여세 문제가 없다.

상속세 신고기한 내 특정 상속인이 법정상속분을 초과해서 상속을 받은 경우가 많다. 예를 들어, 상속을 포기한 사람이 나오면 다른 상속인의 지분이 증가된다. 그렇다면 이런 상황에서는 증여세 문제는 없을까? 상식적으로 보면 자기의 지분보다 많이 받으면 다른 상속인으로부터 증여받았다고 하는 것이 자연스럽다. 그러나 세법은 본인의 상속 지분보다 초과해서 받았다 하더라도 증여세를 부과하지 않는다. 그러나 상속세 신고기한이 끝난 후에는 내용이 달라진다. 만약 신고기한이 끝난 후에 상속 지분을 조정해서 지분이 늘어난 사람에게는 증여세를 부과한다. 참고로 특정인이 부채를 법정상속 지분보다 초과해 상속을 받은 경우가 있다. 이런 경우, 증여세 문제가 발생할 수 있으므로 주의해야 한다.

다섯째, 재산가액이 하락하면 세금을 돌려받을 수 있다.

원래 상속세나 증여세는 상속개시일이나 증여일 현재의 시가를 기준으로 과세하는 세목이다. 물론 여기서 시가는 상속개시일이나 증여일 전후 6개월(증여는 3개월) 내의 것도 포함한다. 이렇게 시가의 범위를 확장하는 것은 상속세와 증여세의 과세원칙이 시가이기 때문이다. 그렇다면 상속세나 증여세 신고를 마친 후 오히려 재산가액이 하락한 경우에는 이를 인정해서 과다하게 납부된 세금을 돌려받을 수 있을까?

이에 대해 현행 상증법에서는 상속의 경우에만 다음과 같은 사유가 발생하면, 경정청구(아래 사유 발생일로부터 6개월 내 청구)를 통해 환급을 받을 수 있도록 하고 있다.

- 상속재산에 대한 상속회복소송 등으로 인해 상속개시일 현재, 상속인 간 상속재산가액이 변동하는 경우
- 상속개시 후 1년이 되는 날까지 상속재산의 수용·공매·경매*로 상속재산가액이 하락하거나 할증 평가된 최대주주 등의 주식을 상속세 신고기한으로부터 6개월 내 일괄매각한 경우로서, 당초보다 가액이 하락한 경우

여섯째, 상속재산을 양도하는 경우의 세금 문제를 보자.

상속과 증여로 받은 부동산을 양도하면 다양한 쟁점들이 발생한다. 예를 들어, 상속받은 재산을 양도하는 경우 취득가액을 어떻게 할 것인지, 장기보유특별공제 및 세율은 어떻게 적용할 것인지 등이 그렇다. 보통 상속재산이 공제금액에 미달하면 신고를 생략하는 경우가 많다. 그런 후 추후 해당 부

---

* 유사한 재산에 대한 매매사례가액은 인정되지 않는다.

동산을 양도하면 그 취득가액은 대개 기준시가로 결정되는 경우가 많다. 이로 인해 양도가액은 실거래가, 취득가액은 기준시가로 되어 세금이 껑충 뛰는 경우가 발생한다.

이 외에 상속은 부득이한 취득에 해당하므로 세법에서는 일정한 조건을 충족하면 양도소득세를 비과세하거나 감면을 실시한다. 비과세는 주로 주택에서 찾아볼 수 있다.

이 외에도 취득세 등에도 영향을 준다. 만일 무주택자가 주택을 상속받으면 취득세를 비과세받을 수 있다. 하지만 유주택자가 주택을 상속받으면 취득세를 비과세 받을 수 없다.

Tip. 주의해야 할 유류분 반환에 따른 세금

유류분을 반환하면 그 부분만큼은 당초부터 증여가 없었던 것으로 보아 증여세를 환급해준다. 대신 유류분에 대해서는 사전 증여재산이 아닌 순수상속재산으로 보아 상속세를 내야 한다. 한편 유류분 권리자가 유류분을 포기하는 대가로 다른 재산을 취득하는 경우에는 유류분 권리자는 유류분에 상당하는 상속재산을 다른 재산과 교환한 것으로 보아 피상속인의 사망일에 그 상속재산에 대한 상속세와 양도소득세 납세의무가 있게 되고, 유류분을 다른 재산으로 반환한 수증자도 당초 증여재산이 아닌, 다른 재산으로 반환한 경우에는 교환으로 보아 그 다른 재산에 대해 양도소득세 납부의무가 있게 된다.

제6장

전문 세무사의
상속세 줄이는 비법

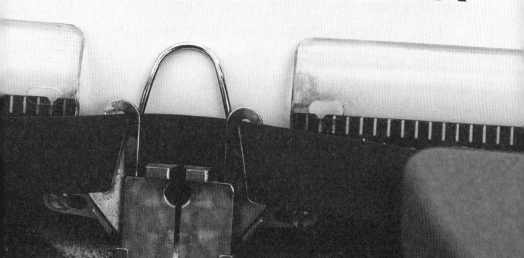

INHERITANCE TAX
AND GIFT TAX

상속이 발생하기 전에
절세 대책을 세워라

강필수 세무사는 요즘 다양한 기관에서의 실무교육과 상속과 증여에 대한 컨설팅을 주업으로 하면서 상당히 바빠졌다. 그동안 이에 관해 관심을 가지고 꾸준히 노력한 결과가 아닌가 싶었다.

오늘도 어김없이 강 세무사는 고객과 마주 앉아 일 처리를 하고 있었다.

"지금 상속을 어떻게 대비해야 할지 고민입니다. 그래서 이렇게 찾아왔습니다."

고객이 먼저 말문을 열었다.

"아버님의 연세가 많으시군요. 지금 상속을 대비하는 것은 맞아 보이네요."

강 세무사가 말했다.

"그렇습니까? 진즉 찾아왔어야 했는데 늦지 않았는지 걱정이 되는군요."

"아니요. 지금이라도 대책을 세우면 될 것 같습니다."

"네, 저는 세무사님만 믿습니다."

강 세무사는 고객의 고민을 해결하기 위한 힘찬 시동을 걸었다.

상속세는 사망 때 발생하는 세금이다. 따라서 재산이 얼마 되지 않은 경우에는 상속세가 나오지 않으므로 미리 손을 쓸 필요가 없다. 하지만 상속세가 나올 것으로 예상되면 미리 대책을 꾸리는 것이 상책이다. 이를 위해서는 먼저 재산 및 부채 목록을 파악할 필요가 있다. 현재 시점에 보유하고 있는 항목을 다음과 같은 형식으로 파악한다.

번호	종류	취득일자	금액	
			시가	기준시가
1				
2				
3				
4				
5				
6				
계				

그런데 이렇게 현존하는 재산 항목을 파악한 후에는 사전에 증여한 재산도 파악해야 한다. 상속세의 경우 10년 전에 증여한 재산가액도 포함해야 하기 때문이다. 물론 이 외에도 퇴직금이나 보험금 등도 있으므로 이런 부분도 고려해야 한다.

재산가액이 파악되었다면, 이제 상속세를 예측해본다. 세금 예측을 할 때는 시세를 기준으로 하는 것이 좋다. 보수적으로 접근하는 것이 안전하기 때문이다. 앞 고객의 재산이 30억 원 정도로 파악되었다고 하자. 만약 상속공제액이 10억 원이라면 상속세는 대략 6억 4,000만 원 정도가 된다.

상속세 대책은 지금부터 시작된다. 그렇다면 이 세금을 어떻게 관리하는 것이 좋을까?

먼저, 재산과 부채 항목을 다시 정확히 나열해보고 각각의 항목에 대해 평가를 다시 한다. 예를 들어, 재산 항목 중 기준시가 신고가 가능한 항목들은 기준시가로 고쳐본다. 그렇게 해서 나온 재산가액을 토대로 세금을 다시 계산해본다. 예를 들어, 앞의 30억 원 재산가액이 20억 원으로 줄어들었다고 하자. 이렇게 되면 2억 4,000만 원 정도의 세금이 예측된다.

다음으로, 상속공제제도를 세밀히 검토한다. 상속공제는 0원부터 600억 원대까지 다양하게 발생하기 때문이다. 실무적으로 배우자 상속공제나 금융재산 상속공제, 동거주택 상속공제 등은 일반인들도 사용할 수 있는 제도에 해당한다.

그 결과, 상속공제액이 7억 원 늘어났다고 하자. 그렇게 되면 과세표준이 13억 원이고 상속세는 5,000만 원 수준으로 떨어진다. 그리고 앞으로는 이 수준에서 세금을 관리하면 상속이 발생할 때 당황스럽지 않게 된다. 다만, 세법이 자주 변하고 피상속인의 환경도 수시로 바뀔 수 있다. 따라서 이런 관리는 탄력적으로 하는 것이 좋다.

그런데 앞과 같이 관리를 하더라도 세금이 크게 나올 것으로 예상되면 재산규모를 조절할 필요가 있다. 이때는 먼저 재산구조를 부동산과 금융재산으로 재편해 될 수 있으면 유동성을 늘리도록 한다. 만일 금융재산이 많은 경우에는 현금성 재산부터 줄이는 것이 좋다. 다만, 재산규모를 조절할 때는 상속추정제도에 유의하도록 한다. 상속개시일을 기준으로 1년 또는 2년 내 일정액 이상을 인출 등을 해서 사용처를 입증하지 못하면, 해당 금액을 상속재산에 포함시키고 있기 때문이다.

참고로 상속이 임박한 경우에는 상속자산관리에 만전을 기해야 한다. 잘못 관리하면 세금추징이 발생할 가능성이 크기 때문이다.

일단, 예금통장에서 자금을 인출할 때는 상속추정제도를 적용받지 않는

범위 내에서 인출하되, 목돈이 인출되지 않도록 한다. 자칫 증여로 볼 수도 있기 때문이다. 한편, 병원비나 기타 공과금은 피상속인의 통장에서 인출되도록 할 필요가 있다.

만일 상속에 대비할 수 있는 시간이 남아 있을 때, 부동산이 차지하는 비중이 큰 경우에는 일부를 처분해 예금과 현금으로 바꾸어두는 것도 필요하다.

부동산은 유동성이 떨어져 대응력이 떨어지기 때문이다. 만일 생활자금이 부족한 경우에는 주택연금제도를 활용하는 것도 하나의 방법이다. 이 제도는 노년생활을 영위하는 데 생활비가 부족한 경우, 본인의 주택을 담보로 연금을 타는 것을 말한다. 상속이 발생한 경우, 재산가액에서 담보로 받은 연금가액을 차감한 잔액을 상속인들에게 돌려준다.

Tip 상속이 발생한 경우 업무처리절차

상속이 발생하면 다음과 같은 절차에 따라 일을 정리해야 한다.

상속개시일	1개월	2개월	3개월	4개월	5개월	6개월	9개월
	사망신고		상속포기			등기	등기
						상속세 신고*	

* 상속세 신고 : 상속일이 속하는 달의 말일로부터 6개월(비거주자 등은 9개월)

상속개시일로부터 1개월 내 사망신고를 해야 한다. 그리고 상속개시일로부터 3개월 내 상속을 포기해야 한다. 보통 상속재산보다 부채가 많은 상황에서 상속을 포기한다. 6개월 내는 상속등기를 이행해야 한다. 외국인 등 비거주자는 9개월로 3개월이 연장된다.

상속세 신고를 위해서는 상속인을 확인하고 유언서가 있는지, 없는지를 확인한다. 그리고 상속재산 목록을 파악한다.* 피상속인이 남긴 상속재산과 채무(가족 명의, 제삼자 명의 등 포함)를 조사해 그 목록과 일람표를 작성한다. 물론 채무 입증서류를 꼭 챙겨야 한다. 장례비용은 영수증이 있는 경우는 1,000만 원까지 공제되므로 잘 보관해야 한다. 상속재산의 평가는 상속세 부담의 크기를 좌우하는 요소이므로 상속재산평가**에 대한 지식을 습득하면 절세할 수 있다. 상속재산분배는 '유언 → 협의분할 → 법정상속'순으로 분배되며 재산분배는 세금에 영향을 주므로 분배 전에 미리 세금 문제를 고려해야 한다. 상속세 납부 시에는 납부방법에 대한 검토를 추가로 한다. 연부연납제도를 이용하는 것이 좋다.

---

* 상속이 발생하면 정부에서 마련한 '안심상속 원스톱서비스(사망자 등 재산조회 통합처리 신청)'를 이용해 상속재산 및 부채 등을 파악할 수 있다(행정안전부, 국세청 등 홈페이지 참조).
** 상속재산가액도 증여재산가액처럼 원칙적으로 시가를 적용한다. 한편 기준시가가 20억 원이 넘은 부동산을 보충적 평가방법(기준시가나 환산가액)으로 신고하면 과세관청이 감정평가를 받은 가액으로 신고금액이 변경될 수 있음에 유의해야 한다.

상속세는
이렇게 예측한다

"세무사님, 어떻게 상속세를 계산하는지 그 과정을 알려주시면 안 될까요? 이번 기회에 좀 더 확실히 했으면 해서요."

그 고객이 강 세무사를 향해 말했다.

"그래요. 좋습니다. 일단 앞에서 말씀드린 재산가액이 20억 원인 경우를 예로 들어보겠습니다."

강 세무사는 상속세를 어떻게 계산하는지 그 과정을 보여주기로 했다.

- 상속재산 : 20억 원
- 상속인 : 배우자, 자녀 2명
- 기타 사항은 무시함.

"상속세는 총상속재산가액에서 각종 공제액 등을 차감한 금액에 10~50%의 세율로 과세되는 세금입니다. 상속개시일이 속하는 달의 말일로부터 6개월 내 신고하기만 하면 산출세액의 3%를 할인합니다. 이렇게 나온 세금을 상속인별로 안분해 납부되는 거죠. 그리고 각자가 받는 상속재산 한도로 연대해 납부할 의무를 집니다."

강 세무사는 앞의 자료를 가지고 계산을 했다.

구분	금액	비고
본래상속재산 (+) 간주상속재산가액 (+) 상속추정액 (+) 상속개시 전 증여가액	20억 원	
(=) 총상속재산가액 (−) 공과금 및 채무, 장례비	20억 원 0	채무+장례비용(1,000만 원 한도)
(=) 과세가액 (−) 상속공제 (−) 감정평가수수료공제	20억 원 10억 원	배우자공제(5억 원)+일괄공제(5억 원)
(=) 과세표준 (×) 세율	10억 원 30%	누진공제액 6,000만 원
(=) 산출세액 (+) 세대생략가산액	2억 4,000만 원	
(=) 산출세액 합계 (−) 세액공제 (+) 가산세	2억 4,000만 원 720만 원	상속개시일이 속한 달의 말일로부터 6개월 내 신고 시 3% 세액공제
(=) 납부세액	2억 3,280만 원	

"세율이 30%나 되는군요."

고객이 말했다.

"그렇습니다. 하지만 공제액을 늘리면 세금이 줄어들 겁니다. 지금 고객님의 어머니가 살아계시기 때문에 배우자 상속공제를 이용하시면 공제액이 늘어날 수 있습니다. 예를 들어 이 공제로 5억 원을 추가할 수 있다면, 과세표준이 5억 원으로 축소되어 세금은 약 9,000만 원으로 줄어들 겁니다."

"아, 그렇군요. 그런데 이들은 어떻게 늘리나요? 5억 원이라면 상당히 클 텐데요."

"이 부분은 실무적인 부분이라 나중에 검토 후 알려드리겠습니다."

"잘 알겠습니다. 일단 세금을 줄일 수 있는 길이 있다는 것이 안심이 되는군요."

"그렇습니다. 다행히 제가 말씀드린 것처럼 세금을 줄일 수 있다면 부담이 많이 줄어들 겁니다."

"고맙습니다. 오늘 이렇게 상담을 해주셔서 감사드립니다. 다음 시간에 뵙겠습니다."

Tip **상속세 컨설팅이 필요한 경우**

상속세 컨설팅이 필요한 경우를 정리하면 다음과 같다.

- 재산의 규모가 큰 경우
- 재산의 종류가 많은 경우
- 상속인이 많은 경우

상속세를 늘리는
변수들

약속한 날짜에 강 세무사와 고객이 대화를 이어나가고 있었다.

"상속세는 무엇보다도 상속재산의 목록을 파악하는 것이 중요한 것 같습니다. 그런데 우리가 상식적으로 생각하지 못한 것들이 포함되거나 제외되는데, 이 부분 좀 설명을 부탁드립니다."

강 세무사는 고객의 피상속인은 재산의 종류가 상당히 복잡하고 그로 인해 세금이 들쑥날쑥할 것 같은 예감이 들었다. 그래서 고객에게 이와 관련된 내용을 자세하게 설명할 필요가 있었다.

"선생님, 지금부터 제가 상속세를 늘리는 변수들과 줄이는 변수들을 요약해서 말씀을 드리겠습니다. 하나씩 검토해보죠. 자, 먼저 다음의 표를 보시죠. 상속세에서는 다양한 제도들이 있는데, 이들을 각각 검토해봐야 합니다."

상속세를 늘리는 변수들	상속세를 줄이는 변수들
– 상속재산의 크기[*] – 간주상속재산 – 상속추정재산 – 사전 증여금액 – 시가과세	– 상속재산 중 비과세·과세불산입가액 – 상속부채의 크기 – 공과금 – 장례비용 – 기준시가 과세 – 상속공제

"먼저, 상속세를 늘리는 변수들을 보시죠. 기본적으로 상속재산의 규모가 크다면 세금이 늘어나게 되어 있습니다. 예를 들어, 서울 강남지역에 10층짜리 빌딩을 가지고 있다고 합시다. 족히 수백억 원은 될 것인데, 그 상태에서 상속이 발생하면 세금이 크게 증가할 것입니다. 이 외에도 민법상 상속재산에 해당하지는 않지만, 경제적 실질이 비슷한 퇴직금이나 보험금 등도 상속재산에 포함되어 상속세를 올리게 됩니다."

"아, 보험금도 상속재산에 포함된다고요? 보험금으로 5억 원을 수령했는데…."

고객의 얼굴색이 빨갛게 변했다.

"아, 물론 보험금을 무조건 상속재산에 포함시키는 것은 아니고, 할아버지를 피보험자로 하고 할아버지가 보험료를 낸 경우에 포함되는 겁니다. 보험계약자와 피보험자는 누구죠?"

"보험계약자는 아버지로 되어 있습니다."

"아, 그러면 세금은 걱정이 없겠네요."

강필수 세무사는 보험금에 대한 세금 문제는 다음과 같이 정리된다는 것을 고객에게 보여주었다.

[*] 상속재산의 크기는 종류도 중요하지만, 재산가액을 어떤 식으로 평가할 것인지의 여부도 매우 중요하다. 시가로 평가하는지, 기준시가로 평가하는지에 따라 이의 크기가 달라질 수 있다. 상속세와 증여세 신고에서 있어서 재산평가방법은 매우 중요한 위치를 점하고 있다. 이 책의 부록을 참조하기 바란다.

계약자(실제불입자)	피보험자	수익자	사망보험금	만기보험금
본인	본인	본인	상속세 부과	세금 없음.
본인	본인	배우자	상속세 부과	증여세(배우자)
본인	배우자	본인	세금 없음.	세금 없음.
본인	배우자	자녀	증여세(자녀)	증여세(자녀)
자녀	본인	자녀	세금 없음.	세금 없음.

"또한, 상속개시일 전에 재산을 은닉해 발각된 재산도 상속세를 늘립니다."

"세무사님, 잠깐만요. 저희 할아버지가 돌아가시기 전에 예금을 몇천만 원 뺀 게 있는데 그것도 문제가 되나요?"

"그럴 수도, 안 그럴 수도 있습니다. 일단 문제가 되는 경우는 돌아가시기 전 1년 동안 2억 원 이상 재산을 인출하거나 2년 내 5억 원 이상 인출하는 등의 행위가 있어야 합니다. 이 내용은 조금 어려우므로 자료를 드리겠습니다. 이것을 보십시오."

강 세무사는 다음과 같은 자료를 고객에게 전달했다.

〈상속추정제도〉
상속추정제도는 상속개시일 전에 재산 등을 처분해 상속재산가액을 줄이고 과세 포착이 어려운 현금 등으로 바꾸어 상속함으로써 상속세의 과세회피를 방지하기 위한 제도다. 이에는 재산을 인출하거나 처분 또는 채무를 부담하는 등 3가지의 유형이 있다.

① 재산을 인출한 금액이 상속개시일 전 1년 동안 2억 원 또는 2년 동안 5억 원 이상이 되어야 한다.

② 재산을 처분한 금액이 상속개시일 전 1년 동안 2억 원 또는

2년 동안 5억 원 이상이 되어야 한다.

③ 부채를 부담한 금액이 상속개시일 전 1년 동안 2억 원, 또는 2년 동안 5억 원을 초과해야 한다.

이러한 행위 중 하나에 해당하는 경우에는 피상속인이 그 자금을 어디에 사용했느냐를 상속인이 입증해야 한다. 만일 입증되지 않으면 상속재산이 은닉된 것으로 보아 상속재산에 추가하게 된다. 추가되는 금액은 다음과 같이 계산한다.

- 합산할 상속추정액 = 용도불명금액 − Min[인출금액× 20%, 2억 원]

예를 들어, 상속개시일 바로 전에 5억 원을 인출했다고 하자. 이 중 용도가 입증되지 않은 금액이 3억 원이라면 다음의 금액이 상속재산에 추가된다.

- 합산할 상속추정액 = 용도불명금액 − Min[인출금액×20%, 2억 원] = 3억 원 − Min[5억 원×20%, 2억 원] = 3억 원 − 1억 원 = 2억 원

3억 원이 용도불명금액이나 인출금액의 20%인 1억 원이 차감되므로 상속재산에 포함되는 금액은 2억 원이 된다.

"휴, 상당히 난해하네요. 나중에 다시 보는 기회가 있었으면 합니다."
고객이 말했다.

"좋습니다. 이제 상속세를 늘리는 변수 중에서 중요한 것이 남아 있는데 그것을 알아보죠. 고객의 할아버지는 생전에 증여하신 적이 없나요?"

"아닙니다. 증여하신 적이 상당히 많습니다."

"그렇다면 상속개시일로부터 10년(비상속인은 5년) 이내 증여한 재산이 있다면, 그들의 재산가액도 상속재산에 포함되죠."

"이 부분은 대충 들어 압니다."

"좋습니다. 제 이야기가 길어졌네요. 좀 쉬었다가 상속세를 줄이는 변수들에 대해 알아보도록 하겠습니다."

고객과 강 세무사는 잠시 휴식 시간을 가졌다.

Tip 상증세 집행기준 2-0-4 [상속재산에 포함되는 경우]

① 물권, 채권, 영업권 및 무체재산권뿐만 아니라 신탁수익권, 전화가입권 등 법률상 근거에 불구하고 경제적 가치가 있는 것

② 상속개시일 현재 배당금, 무상주를 받을 권리

③ 상속개시 전 피상속인이 부동산 양도계약을 체결하고 잔금을 영수하기 전에 사망한 경우에는 양도대금 전액에서 상속개시 전에 영수한 계약금과 중도금을 차감한 잔액

④ 상속개시 전 피상속인이 부동산 양수계약을 체결하고 잔금을 지급하기 전에 사망한 경우에는 이미 지급한 계약금과 중도금

⑤ 상속개시일 현재 피상속인이 명의신탁한 사실이 명백히 확인되는 재산

⑥ 피상속인이 생전에 토지거래계약에 관한 허가구역에 있는 토지를 허가받지 아니하고 매매계약을 체결해 매매대금의 잔금까지 수령한 경우 당해 토지

⑦ 피상속인이 타인과 함께 합유 등기한 부동산은 그 부동산가액 중 피상속인의 몫에 상당하는 가액

⑧ 부친이 사망한 후에 부친 소유의 부동산을 자녀의 명의로 증여 등기한 경우 당해 재산

상증세 집행기준 2-0-5 [상속재산에 포함되지 않는 경우]

① 질권, 저당권 또는 지역권과 같은 종된 권리
② 피상속인이 상속개시일 현재 명의수탁하고 있는 재산임이 명백히 확인되는 경우 당해 재산
③ 배당기준일 현재 생존하고 있던 주주가 주주총회의 잉여금 처분결의 전에 사망한 경우로서 상속개시 후에 잉여금의 처분이 확정된 경우 당해 배당금
④ 상속개시일 현재 피상속인에게 귀속되는 채권 중 전부 또는 일부가 상속개시일 현재 회수 불가능한 것으로 인정되는 경우 그 가액
⑤ 상속개시일 현재 피상속인 명의로 소유하고 있는 부동산이 상속개시 전에 이미 제삼자에게 처분된 사실이 객관적으로 확인되는 부동산
⑥ 피상속인에게 귀속되는 소득 중 상속개시일 현재 인정상여 등과 같이 실질적 재산이 아닌 경우

상속세를 줄이는
변수들

앞에서 상속세 과세가액에 가산하는 증여가액은 상속인이거나 상속인이 아닌 경우로 구분해서 적용한다. 수증자가 상속인에 해당하는 경우에는 상속개시일 전 10년 이내 피상속인이 증여한 재산가액을 가산한다. 수증자가 상속인이 아닌 경우에는 상속개시일 전 5년 이내 피상속인이 증여한 재산가액을 가산한다. 이때 상속인이거나 상속인 이외의 자의 판단은 상속개시일 현재를 기준으로 한다. 그리고 상속재산에 가산하는 증여가액은 증여일 현재의 평가금액이 합산된다. 따라서 사전에 증여한 재산의 가액을 시가로 신고했으면 그 가액으로 합산되며, 기준시가로 신고했으면 기준시가로 합산된다. 여기서 중요한 것은 합산시점은 '증여일 현재'라는 것이다.

고객과 강 세무사는 휴식을 마치고, 다시 상속세를 줄이는 변수에 대해 이야기를 나누기 시작했다.

"상속세를 줄이는 변수들에는 좀 더 다양한 것들이 있습니다. 이에는 상속재산 중 비과세와 과세불산입가액 항목이 있습니다. 그리고 부채가 있고 공과금, 장례 비용, 그리고 각종 공제 등이 있습니다. 그래도 뭐니 뭐니 해도 상속세를 줄이는 변수 중 가장 중요한 것 중 하나는 바로 상속공제액입니다. 이 제도는 상황마다 달라져 최저 0원에서 최고 600억 원 정도까지 받을 수 있습니다. 따라서 상속세를 계산할 때는 상속공제제도를 잘 알아두는 것이 매우 좋습니다."

강 세무사는 상속세를 줄이는 변수들에 대해서도 자세히 설명하기 시작했다.

첫째, 비과세 항목이 있다.

비과세는 상속세가 부과되지 않는 것을 말한다. 이에는 국가에 유증을 한 재산이나 금양임야(禁養林野)와 묘토*인 농지 등이 있다. 금양임야는 제사 또는 이에 관계되는 사항을 처리하기 위해 설정된 토지를 말하며, 분묘의 수호를 위해 나무나 풀 따위를 함부로 베지 못하도록 되어 있다. 이 임야는 일단 상속재산가액에 포함되나 이에 대해서 상속세 비과세를 받기 위해서는 피상속인이 제사를 모시던 선조의 분묘 주변의 임야이어야 하고 9,900 ㎡(3,000평)까지만 비과세를 적용한다. 묘토인 농지는 못자리와 인접한 거리에 있는 농지로서 제사를 지내기 위한 재원으로 사용되는 것을 말한다. 묘토인 농지는 제사를 주관하는 상속인에게 상속되면 1,980㎡(600평)까지 비과세를 적용한다. 단, 세법에서는 무분별한 감면이 되지 않도록 이 둘의 비과세를 최고 2억 원까지 적용하도록 하고 있다.

둘째, 상속개시일 현재 피상속인의 채무(미지급이자, 임대보증금, 가수금 등)도 상

---

* 금양임야는 지목에 관계없이 피상속인의 선조의 분묘에 속해 있는 임야이며, 묘토인 농지는 피상속인이 제사를 주재하고 있던 선조의 분묘와 인접거리에 있는 것으로 상속개시일 현재 묘제용 재원으로 실제 사용하는 농지를 말한다.

속재산에서 차감된다. 이는 피상속인이 부담해야 할 성질의 것이나 다음과 같은 방법으로 입증해야 한다.[*]

① 금융기관 채무 : 은행 등 금융기관에서 빌린 채무는 채무관계를 입증하는 서류를 준비하면 된다.

② 그 외의 자에 대한 채무 : 사적인 채무로서 부담계약서, 채권자확인서, 담보 설정 및 이자 지급에 관한 증빙 등에 의해 그 사실을 확인할 수 있는 서류를 준비해야 한다. 만일 사적인 채무는 객관적으로 피상속인의 것이 입증되지 않으면 공제받기가 힘들다. 참고로 채무의 내용은 다음과 같이 구체적으로 파악되어야 한다.

종류	발생연월일	채권자			금액 (원)
		성명 (대표자)	주민등록번호 (사업자등록번호)	주소 (소재지)	
계					

예를 들어보자.

J씨는 1년 전에 사적인 채무 3억 원을 빌렸다. 그런데 J씨가 갑자기 운명했다. 이 채무 3억 원은 상속재산에서 무조건 제외되는가?

일단 갚아야 할 채무는 공제된다. 다만, 조세회피 목적으로 부채를 빌린 경우가 있다. 이를 방지하기 위해 상속개시일 전 1년 이내 부채를 부담한 금액이 2억 원이 넘는 경우에는 상속추정제도를 통해 사용처가 불분명하면 일정금액을 상속재산에 포함시키고 있다.

---

* 가공채무를 상속세 신고에 포함하는 경우 세무상 리스크가 커진다. 주의하기 바란다.

또 다른 사례를 들어보자.

K씨가 운명하면서 주택 등을 남겼다. 그런데 이 주택은 전세를 준 주택이다. 시세는 5억 원이고 전세보증금이 2억 원이라면, 상속재산에는 얼마가 포함되는가?

일단 5억 원을 상속재산에 합산한 후 채무로 2억 원을 반영시킨다. 그 결과 3억 원만 과세되는 재산가액에 해당된다. 참고로 부채에 포함된 전세보증금에 대해서는 상속추정제도가 별도 적용되므로, 이에 대한 사용처를 제대로 밝히지 못하면 일정 금액이 상속재산가액에 포함되므로 유의해야 한다.

셋째, 장례비용은 무조건 500만 원까지는 공제 가능하나 영수증이 있는 경우에는 1,000만 원까지 공제가 된다. 이 외 납골시설에 실제 지급된 금액은 500만 원까지 별도로 공제가 된다. 병원 등에서 받은 영수증을 보관하고 있으면 된다.

예를 들어, K씨가 최근에 사망했다. 그런데 그동안 병원 생활을 하면서 2,000만 원을 카드로 결제했다. 이에 대한 비용을 어떤 식으로 처리를 할까?

만약 2,000만 원을 K씨의 카드로 결제했다면 2,000만 원은 채무로서 상속재산에서 차감된다. 또한, 그중 장례비용 영수증이 있는 경우에는 1,000만 원까지 상속재산에서 차감될 수 있다. 상속이 발생할 가능성이 있으면, 병원비 등은 피상속인의 자금으로 지출하면 세금을 일정 부분 낮출 수 있다.

넷째, 재산평가를 기준시가로 하면 상속세가 줄어든다.

상속재산을 시가로 평가하면 상속세가 늘어나고 기준시가로 평가하면 상속세가 줄어든다. 따라서 상속세만을 놓고 봐서는 기준시가로 신고하는 것이 유리하다. 하지만 상속받은 재산을 양도하는 경우에는 양도소득세가 부과되므로 반드시 기준시가 신고가 유리하다고는 할 수 없다.

다섯째, 상속공제액은 상속세를 크게 줄이는 주요변수에 해당한다.

상속공제는 피상속인의 배우자가 살아 있는 한 배우자공제 5억 원과 일괄공제 5억 원 등으로 최소한 10억 원을 공제받을 수 있다. 하지만 상속재산의 구성형태나 상속받는 방법에 따라 공제액수에 차이가 있으며, 이에 따라 세금효과까지도 달라질 수 있다. 그래서 상속공제 적용법에 대한 지식이 필요하다. 상속공제는 크게 인적공제와 물적공제 등 2가지 공제로 나뉜다. 자세한 것은 바로 뒤에서 살펴본다.

Tip 기타 상속재산에서 차감되는 것들

• **비과세되는 상속재산**(상증세 집행기준 12-8-1)

① 피상속인이 국가·지방자치단체 또는 지방자치단체조합, 공공도서관·공공박물관 등에 유증·사인증여한 재산

② 문화재보호법에 따른 국가지정문화재 및 시·도 지정문화재와 같은 법에 의한 보호구역 안의 토지로서, 당해 문화재 또는 문화재 자료가 속해 있는 보호구역 안의 토지

③ 제사를 주재하는 상속인을 기준으로 피상속인이 제사를 주재하고 있던 선조의 분묘에 속한 9,900㎡ 이내의 금양임야*와 그 분묘에 속한 1,980㎡ 이내의 묘토인 농지로 그 합계액이 2억 원 이내인 것

④ 족보 및 제구로서 그 재산가액의 합계액이 1,000만 원 이내의 것

⑤ 정당법에 따른 정당에 유증·사인증여를 한 재산

⑥ 근로복지기본법에 따른 사내근로복지기금, 우리사주조합, 공동근로복지기금 및 근로복지진흥기금에 유증·사인증여한 재산

⑦ 사회통념상 인정되는 이재구호금품, 치료비, 불우한 자를 돕기 위해 유증한 재산으로서 상속개시 전에 피상속인이 증여했거나 유증·사인증여에 의해 지급해야 할 것으로 확정된 것

⑧ 상속재산 중 상속인이 상속세 신고기한 이내 국가·지방자치단체 또는 지방자치단체조합, 공공도서관·공공박물관에 증여한 재산

•피상속인의 공과금

피상속인이 갚아야 하는 세금 등 공과금은 상속재산가액에서 차감된다. 이에는 전기요금 등이 해당한다. 한편, 상가나 빌딩 등을 소유한 상태에서 상속이 발생할 가능성이 있는 경우에는 미리 월세 대신 전세보증금을 올려두는 것이 좋다. 전세보증금은 피상속인의 부채에 해당하기 때문이다.

•과세가액 불산입액

상속재산을 종교·자선·학술 기타 공익적 목적으로 출연한 경우에는 상속세 과세가액에 산입하지 않는다. 이는 주로 재벌가에서 많이 사용하는 방법에 속한다. 예를 들어, 재벌가에서 상속이 발생하면 막대한 상속세를 내야 한다. 하지만 미술재단을 만들어 이에 상속재산을 출연하면 상속세가 과세되지 않는다.

유족연금과 상속재산 제외

유족연금은 상속재산으로 보지 않기 때문에 신고서상에 반영하지 않아도 된다(상증법 제10조).

피상속인에게 지급될 퇴직금, 퇴직수당, 공로금, 연금 또는 이와 유사한 것이 피상속인의 사망으로 인해 지급되는 경우, 그 금액은 상속재산으로 본다. 다만, 다음 각 호의 어느 하나에 해당하는 것은 상속재산으로 보지 아니한다.(2010. 01. 01 개정)
1. 국민연금법에 따라 지급되는 유족연금 또는 사망으로 인해 지급되는 반환일시금(2010. 01. 01 개정)

2. 공무원연금법, 공무원 재해보상법 또는 사립학교교직원 연금법에 따라 지급되는 퇴직유족연금, 장해유족연금, 순직유족연금, 직무상유족연금, 위험직무순직유족연금, 퇴직유족연금부가금, 퇴직유족연금일시금, 퇴직유족일시금, 순직유족보상금, 직무상유족보상금 또는 위험직무순직유족보상금(2018. 03. 20 개정)

3. 군인연금법 또는 군인 재해보상법에 따라 지급되는 퇴역유족연금, 상이유족연금, 순직유족연금, 퇴역유족연금부가금, 퇴역유족연금일시금, 순직유족연금일시금, 퇴직유족일시금, 장애보상금 또는 사망보상금(2019. 12. 10 개정)

4. 산업재해보상보험법에 따라 지급되는 유족보상연금·유족보상일시금·유족특별급여 또는 진폐유족연금(2010. 05. 20 개정)

5. 근로자의 업무상 사망으로 인해 근로기준법 등을 준용해 사업자가 그 근로자의 유족에게 지급하는 유족보상금 또는 재해보상금과 그 밖에 이와 유사한 것(2010. 01. 01 개정)

6. 제1호부터 제5호까지와 유사한 것으로서 대통령령으로 정하는 것(2010. 01. 01 개정)

상속공제제도를 알아야
절세할 수 있다

여기는 세무법인 정상.

강 세무사와 배순자 실장이 만나 이야기를 나누고 있었다.

"실장님, 요즘 상담문의가 부쩍 늘었죠?"

"그런 것 같습니다. 세무사님이 활동 반경이 넓어서인지 하루에도 많은 문의 전화가 옵니다. 그래서 김 과장이 이에 대응하느라 매우 바쁜 것 같습니다. 나중에 맛있는 거라도 사주세요."

"하하. 알겠습니다. 그렇게 해야 하지요. 그건 그렇고, 이렇게 뵙자고 한 이유는 바로 요즘 컨설팅하고 있는 이분의 사례를 해결하기 위해서입니다."

"아니, 이분은 상속재산이 좀 되네요. 세금이 상당할 것 같은데요?"

"그렇죠. 그래서 하는 말인데 배 실장이 좋은 방안 좀 마련해줘야 할 것 같습니다. 물론 합법적인 방안이 되어야 하겠지요."

"알겠습니다."

이렇게 답변을 한 배 실장은 걱정이 되기 시작했다. 상속세는 검토할 것이 상당히 많아 이를 잘할 수 있을지 부담이 되었기 때문이다.

자, 이런 상황에서는 어떻게 대응해야 할까?

상식적으로 보건대, 상속세 과세가액이 확정되었다면, 이제는 상속공제제도를 치밀히 검토해야 한다. 그리고 이러한 제도를 상황에 맞게 유리하게 만드는 것이다.

상속공제제도는 크게 인적공제와 물적공제로 나뉜다. 인적공제는 사람에 대해 적용하는 제도로서, 기초공제와 배우자 상속공제, 일괄공제 등이 있다. 물적공제에는 금융재산 상속공제, 가업 상속공제, 동거주택 상속공제 등이 있다.

먼저, 인적공제제도에 대해 알아보자.

1. 기초공제

'기초공제'는 상속이 발생하면 무조건 2억 원을 상속세 과세가액에서 공제하는 것을 말한다. 이는 필요경비 성격에 해당되는 항목이라고 할 수 있다.

2. 기타 인적공제

기타 인적공제는 피상속인을 중심으로 다음과 같이 적용한다.

종류	적용 대상자	공제액
자녀공제	피상속인의 자녀	1인당 5,000만 원
미성년자공제	상속인 및 동거가족 중 미성년자	1인당 '1,000만 원×19세에 달하기까지의 연수'
연로자공제	상속인(배우자 제외) 및 동거가족 중 65세 이상인 자	1인당 5,000만 원
장애인공제	상속인(배우자 포함) 및 동거가족 중 장애인	1인당 '1,000만 원×기대여명까지의 연수'

3. 일괄공제

이 제도는 앞의 기초공제와 기타 인적공제의 합계액이 5억 원에 미달하는 경우, 이들 대신 일괄적으로 5억 원을 공제할 수 있는 것을 말한다. 따라서 상속이 발생하면 이 공제로 인해 공제금액이 최소한 5억 원이 되는 것이다. 다만, 이 공제는 다음과 같은 형태로 적용된다.

구분	일괄공제 적용 여부	최하 공제 예상액
일반적인 공동상속인 경우	선택 적용	10억 원(일괄+배우자)
무신고 경우	강제 적용	10억 원(일괄+배우자)
배우자 단독상속의 경우	적용 불가	7억 원(기초+배우자)

4. 배우자 상속공제

피상속인의 배우자가 생존한 경우 무조건 적용되는 제도다. 이 제도는 상속세를 직접 떨어뜨리므로 상당히 중요하다. 배우자 상속공제는 최소한 5억 원에서 최고 30억 원 사이에서 공제가 적용되기 때문이다.

• 최소 공제액 : 5억 원

• 최대 공제액 = Min
  ㉠ 실제 상속받은 금액(채무 등을 공제한 후의 금액)
  ㉡ 배우자의 법정상속금액
  ㉢ 30억 원(한도)

다음으로 물적공제제도를 보자.

1. 금융재산 상속공제

상속재산 중 부동산을 평가하면 시가보다 낮게 평가될 가능성이 크다. 하지만 금융재산은 시가대로 평가될 가능성이 크다. 그래서 세법은 타 재산과의 과세형평성 차원에서 다음과 같은 금융재산 상속공제를 적용한다.

• 순금융재산가액이 2,000만 원을 초과하는 경우

이 경우에는 순금융재산가액의 20%를 공제하되 이 금액이 2,000만 원에 미달하면 2,000만 원(최소 한도)을, 2억 원을 초과하면 2억 원(최고 한도)을 공제한다. 예를 들어, 금융재산이 5억 원이고 금융부채가 1억 원이라면 순금융재산가액은 4억 원이다. 이 금액의 20%는 8,000만 원이므로 이 금액을 공제한다. 만일 순금융재산가액이 5,000만 원이라면 이 금액의 20%는 1,000만 원이므로 최소한도인 2,000만 원을 공제한다.

• 순금융재산가액이 2,000만 원 이하인 경우

이 경우에는 순금융재산가액 자체를 공제한다. 예를 들어, 순금융재산가액이 1,000만 원이라면 이 금액을 공제한다는 것이다.

참고로 앞에서 순금융재산가액은 금융재산에서 금융채무를 차감한 금액을 말한다. 금융재산은 금융기관을 통해 입증되는 예금·보험·주식 등이며, 금융채무 또한 금융기관에 대한 채무를 말한다. 따라서 개인 간의 채무에 대해서는 금융재산 상속공제를 받을 수 없음에 유의해야 한다.

※ 상속세 집행기준 22-19-8 [금융재산 상속공제가 적용되는 경우]
• 피상속인이 부동산 양도계약 체결 후 잔금 수령 전에 사망한 경우 양도대금에서 이미 수령한 계약금, 중도금을 예금 등 금융재산에 예입한 경우
• 금융상속재산이 상속세 신고 시 누락되었더라도 상속세 과세표준과 세액의 결정 시 상속재산가액에 포함된 경우

- 상속개시일 전 10년 이내 피상속인이 상속인에게 증여하거나 5년 이내 상속인 이외의 자에게 증여한 금융재산가액을 상속세 과세가액에 합산한 경우
- 예금인출액 중 사용처가 불분명해 상속세 과세가액에 산입하는 금액
- 상속세 비과세 또는 과세가액불산입 되는 금융재산

2. 동거주택 상속공제

동거주택 상속공제는 피상속인이 주택을 한 채 보유한 상태에서 유용하게 적용할 수 있는 제도를 말한다. 이 공제를 적용받기 위해서는 일단 상속인이 무주택자에 해당되어야 한다. 그리고 상속인과 피상속인이 상속개시일 직전 계속해서 10년 이상 동거한 자에 해당되어야 한다. 만일 자녀가 상속공제를 받기 위해서는 부모를 모시고 10년 이상 살아야 한다는 뜻으로 이해할 수도 있을 것이다. 이러한 조건들을 충족하면 주택가액의 100%를 공제하되, 최고 한도는 6억 원으로 한다.

3. 가업 상속공제

법인기업의 주주는 자녀 등에게 상속이나 증여 또는 매매 등의 방법으로 주식을 넘길 수 있다. 하지만 넘기는 과정에서 막대한 세금이 부과되므로 섣불리 실행하기가 힘든 것이 현실이다. 이에 정부는 가업 승계를 원활히 할 수 있도록 가업 상속공제를 확대 시행하고 있다.

- 가업 상속공제의 요건 : 피상속인의 사업영위기간이 10년 이상이고 피상속인 대표이사 영위기간이 80% 이상, 그리고 상장기업은

40%, 비상장기업은 50% 이상의 지분을 소유하고 있어야 한다. 또한, 상속세 신고기한까지 임원으로 취임하고, 신고기한 후 2년 내 대표이사로 취임해야 한다.

- 가업 상속공제금액 : 가업 상속재산가액의 100%로 하되 최대 600억 원을 한도로 공제한다.

4. 상속공제의 종합한도

상속공제는 다음 금액을 한도로 해서 공제한다.

상속세 과세가액
 - 상속인이 아닌 자에게 유증·사인증여한 재산가액
 - 상속포기로 인해 다음 순위자가 상속받는 재산가액
 - 상속세 과세가액에 가산한 증여가액
 = 상속세 종합한도

실무 적용 시 상속공제액은 종합한도를 초과할 수 없다. 따라서 공제액 한도가 여러 가지 요소에 의해 축소가 될 수 있으므로 이에 유의해야 한다. 특히 유증이나 상속포기, 그리고 사전에 증여한 재산가액은 공제액을 축소시킬 수 있다는 점을 주목하기 바란다.

배우자 상속분을 늘리면
세금이 줄어드는 이유

배 실장은 여러 공제제도를 한꺼번에 봐서 그런지 내용을 파악하는 것이 상당히 힘들어 보였다.

그래서 나름대로 공제제도를 정리해보기로 했다.

'우선 공제제도는 크게 인적공제와 물적공제 제도로 나뉘지. 그리고 인적공제제도는 일괄공제로 5억 원, 그리고 배우자 상속공제로 5억 원을 받을 수 있고. 그리고 물적공제는 사안에 따라서 공제액이 늘어나고…. 그런데 세무사님이 검토 요청한 내용은 물적공제로 받을 수 있는 것은 없었어. 금융재산도 없고, 가업을 승계받은 것도 아니고 그렇다고 동거한 주택도 아니니…'

배 실장은 묘수가 없는지 궁리를 하고 있었다. 그때 배 실장의 눈에 배우자 상속공제제도가 눈에 확 띄었다.

'어라, 배우자 상속공제가 30억 원까지 가능하네. 그렇다면 이것을 받으려면 어떻게 해야 하지?'

상속세 신고에 있어서 배우자 상속공제제도가 때로는 효자 노릇을 한다.

다른 상황들이 모두 결정된 경우 상속재산가액을 낮출 수 있는 제도에 해당하기 때문이다. 따라서 다른 공제제도보다 이 제도를 잘 알아두는 것이 좋다.

우선 피상속인의 유산은 사실상 배우자와 공동재산의 성격을 가진다. 이에 따라 법정상속 지분에서는 배우자의 몫을 다른 상속인에 비해 5할을 가산한다. 한편 세법은 배우자의 생활편의를 위해 배우자가 실제 상속받은 재산가액을 배우자 상속공제액으로 해준다. 다만, 배우자가 상속받은 재산가액을 모두 공제하면 상속세가 걷히지 않으므로 다음과 같이 한도를 두고 있다.

> ※ 한도 : 아래 둘 중 적은 금액
> ① 배우자의 법정상속분 가액—배우자에게 10년 내 증여한 재산에 대한 증여세 과세표준
> ② 30억 원

① 에서 배우자의 법정상속 재산가액은 상속재산가액에 배우자의 법정상속 지분율을 곱해 계산하며, 증여세 과세표준은 6억 원을 초과한 금액을 말한다.

이러한 내용은 사례를 통해 확인하면 이해가 쉽다.

〈사례〉

J씨가 사망했는데 그의 재산규모는 대략 30억 원이고, 부채가 별도로 10억 원이 있었다. 상속인들은 배우자 상속공제를 최대한 공제를 받으려고 한다. 얼마까지 가능할까? 단, 상속인으로는 J씨의 배우자와 자녀 1명이 있다.

이 같은 상황에서는 먼저 앞에서 본 배우자 상속공제 한도를 계산해봐야

한다.

사례의 경우, 다음과 같이 한도가 계산된다.

$$
\text{Min} \begin{cases} ㉠ \; (30억 \; 원-10억 \; 원) \times \left(\dfrac{1.5}{2.5} \right) = 12억 \; 원 \\ ㉡ \; 30억 \; 원 \end{cases}
$$

이 경우, 배우자 상속공제의 한도는 이 금액 중 적은 금액이 되므로 12억 원이 된다. 따라서 배우자가 12억 원까지 상속을 받으면, 이 금액을 배우자 상속공제로 받을 수 있다.

따라서 사례의 경우 일괄공제 5억 원과 이 공제액 12억 원 등을 합한 17억 원을 공제받을 수 있게 된다. 그 결과, 과세표준은 다음과 같이 변한다.

• 당초 = 30억 원 − 10억 원(부채) − 10억 원(일괄+배우자공제) = 10억 원
• 검토 후 = 30억 원 − 10억 원 − 17억 원 = 3억 원

이처럼 상속에 대한 대비가 충분하지 않은 상황에서 상속이 갑자기 발생하면, 앞과 같이 배우자 상속공제를 활용하면 세금 일부를 줄일 수 있다. 단, 이렇게 상속을 받은 배우자가 향후 사망해서 상속이 다시 발생하면, 이때 상속세가 별도로 나오므로 이를 고려할 필요가 있다.

Tip 배우자 상속공제(상증세 집행기준 19-0-1)

① 거주자의 사망으로 배우자가 상속받는 경우, 다음의 금액을 상속세 과세가액에서 공제한다.

구분	분할기한 내 배우자 상속재산을 분할한 경우	무신고, 미분할
배우자 상속공제액	• 5억 원에 미달 시 5억 원을 공제 • 배우자가 실제 상속받은 금액 • 한도 : Min ㄱ ㉠ (상속재산가액 × 법정지분율*) – 배우자 사전 증여재산의 증여세과세표준 　　　　 ㄴ ㉡ 30억 원	5억 원

② 2009년 이전에는 배우자 상속재산 분할기한까지 상속재산을 분할해 신고하는 경우에 한해 배우자가 실제 상속받은 금액을 공제받을 수 있었으나, 2010.1.1 이후 상속개시분부터는 배우자 상속재산 분할기한 까지 상속재산을 분할한 사실이 확인되는 경우 배우자가 실제 상속 받은 금액을 공제할 수 있다.**

---

* 자녀의 수에 따라 배우자 상속공제액 한도가 달라짐에 유의해야 한다. 자녀의 수가 많아질수록 공제액이 축소된다.

** 배우자 상속재산 분할기간(법정 상속세 신고기한 후 9개월) 내에 등기를 하면 배우자 상속공제를 적용한다.

부모님을 모시면
공제액이 늘어난다

배 실장은 배우자 상속공제를 활용하는 방법을 찾아내고는 상당히 뿌듯하게 생각했다.

그러던 어느 날, 고객 한 사람이 세무법인 정상을 급하게 찾아 강 세무사와 미팅을 하고 있었다.

"아니, 무슨 일이 있으신가요? 시원한 차라도 한 잔 드시고 숨 좀 돌리세요."

"다름이 아니라 얼마 전에 저희 아버님이 돌아가셔서 상속세를 내야 한다고 합니다. 상속재산은 달랑 집 한 채밖에 없는데, 세금을 부과한다는 것이 어딘가 모르게 문제가 있는 것 같은데요."

"시세를 보니 15억 원 정도가 되네요. 그리고 기준시가는 10억 원 정도이고요."

강 세무사가 관련 자료를 보면서 말을 했다. 강 세무사는 순간 이 고객의 경우 세금이 크게 나올 것 같은 생각이 들었다. 피상속인의 배우자도 없는 상황에서 상속공제액이 상속재산가액에 크게 미달할 것으로 보였기 때문이었다.

"선생님, 일단 세금을 따져보고 좋은 방안이 있는지 알아봅시다. 혹시 아버님을 모신 적이 있습니까?"

"네, 그렇습니다. 어머니가 일찍 돌아가셔서 아버님을 최근까지 모시고 살았습니다. 햇수가 20년 이상은 될 겁니다."

"그렇군요. 그렇다면 상속을 받으신 분은 주택을 보유하고 있고요?"

"아닙니다. 무주택자입니다. 이번에 상속을 받았습니다."

강 세무사는 세금계산표를 고객에게 보여주었다.

- •상속재산가액 : 15억 원
- – 상속공제 : 11억 원
- = 상속세 과세표준 : 4억 원
- ×상속세 세율 10~50%
- = 산출세액 : 7,000만 원[= 4억 원×20%−1,000만 원(누진공제)]

아, 세무사님. 계산이 이상하네요. 상속공제액은 5억 원이 아닌가요? 그리고 왜 상속재산가액을 15억 원으로 한 거죠?"

"아, 제가 설명해드릴게요. 우선 상속세는 시가로 과세되므로 이 금액이 되었습니다. 그리고 공제액의 경우 일단 어머니가 돌아가신 상태에서 아버지가 돌아가셨으니까 배우자 상속공제라는 것은 받을 수 없습니다. 따라서 기본적으로 받을 수 있는 일괄공제 5억 원만 받을 수 있습니다. 그런데 요즘 동거주택 상속공제란 제도가 생겼습니다. 고객님처럼 피상속인과 오래 동거한 무주택 상속인들에게 혜택을 주기 위해서입니다. 좀 더 소상히 말씀드리면 돌아가신 분을 10년 이상 동거하면서 보살핀 경우에는 집값의 100%를 최고 6억 원까지 공제합니다. 고객님의 경우, 15억 원의 100%인 15억 원과 6억 원 중 적은 금액인 6억 원이 공제되는 것이죠."

"아하, 이런 제도를 잘만 활용하면 세금을 팍팍 줄일 수 있겠네요."

"그렇습니다. 고객님처럼 집 한 채만 있는 분들이 이런 제도를 활용하면 좋습니다. 하지만 이 제도를 활용하기 위해서는 직계비속인 상속인이 무주택자가 되어야 하고, 상속개시일 전에 10년 이상 동거해야 하는 등의 조건을 충족해야 합니다."

"아하, 그래서 세무사님이 몇 년 동안 동거를 했느냐 등을 물으셨군요."

"맞습니다."

"하여간 세법은 이래서 어려운 것 같습니다. 참, 그건 그렇고요, 집을 기준시가로 신고하면 세금을 한 푼도 안 내도 될 것 같은데 어떻게 생각하시나요?"

"그건 그렇지만 요즘 아파트는 매매사례가액으로 신고를 해야 하니…"

강 세무사가 말끝을 흐렸다.

"매매사례가액이라면 상속개시일 전후 6개월 안에 유사한 아파트의 가격으로 상속세를 계산한다는 것이 아닙니까?"

"그렇습니다. 일단 시세는 15억 원이지만 매매사례가액을 잘 찾으면 이 금액보다 낮게 신고를 할 수 있을 것입니다."

"잘 알겠습니다. 일단 신고는 세무사님이 알아서 해주십시오."

Tip 상증세 집행기준 23의2-0-1 [동거주택 상속공제]

피상속인과 상속인(직계비속 및 민법 제1003조 제2항에 따라 상속인이 된 그 직계비속의 배우자인 경우로 한정함)이 상속개시일 현재 동거하던 주택으로서 다음 요건을 모두 충족하는 주택을 상속받는 경우, 주택가액(해당 자산에 담보된 채무 차감)의 100%(6억 원 한도)를 상속세 과세가액에서 공제한다.

① 피상속인과 상속인이 상속개시일부터 소급해 10년 이상(미성년자인 기간 제외) 계속하여 하나의 주택에서 동거할 것(피상속인의 보유기간과 관련 없음)

② 상속개시일부터 소급하여 10년 이상 계속하여 1세대를 구성하면서 1세대 1주택(고가주택 포함)에 해당될 것. 이 경우 상속개시일 현재 1세대 1주

택에 해당할 것, 이 경우 무주택기간이 있는 경우에는 해당 기간은 전단에 따른 1세대 1주택에 해당하는 기간에 포함함.

③ 상속개시일 현재, 무주택자이거나 피상속인과 공동으로 1세대 1주택을 보유한 자로서 피상속인과 동거한 상속인이 상속받은 주택일 것

상속세 꼭 신고해야 할까?

상속세는 납세자가 자발적으로 신고를 하면 과세관청의 확인을 거쳐 결정되는 세목에 해당한다(증여세도 같다). 그렇다면 여기서 쟁점이 하나 있다. 상속세는 반드시 신고해야 할까? 이하에서 이에 대해 알아보자.

1. 상속세 신고를 꼭 해야 하는 경우

사전 증여가액을 합산한 상속재산가액이 상속공제액을 초과한 경우에는 반드시 신고를 해야 한다. 무신고 시 막대한 가산세가 부과될 수 있기 때문이다.

2. 상속세 신고를 안 해도 되는 경우

상속재산가액이 상속공제액에 미달한 경우에는 상속세를 신고하지 않아도 된다. 관할 세무서에서 확인 후 종결처리를 하기 때문이다.

3. 상속세 신고를 가급적 하면 좋은 경우

상속세 신고를 하지 않아도 되지만, 상속재산 중에 부동산이 있고 향후 이를 양도했을 때 양도소득세를 내야 하는 상황이라면, 상속세 신고를 해두는 것이 좋다. 이때 해당 부동산에 대해 감정평가를 받아 이의 금액으로 신고를 해두면 향후 이 금액을 취득가액으로 할 수 있기 때문이다.

- 비과세가 예상되는 경우라면 : 굳이 감정평가를 받아 신고할 필요가 없다.
- 과세가 예상되는 경우라면 : 이 경우에는 감정평가를 받아 신고할 필요성이 있을 수 있다.

〈사례〉

상속세 신고를 위해 조사한 가격이 다음과 같다. 물음에 답하면?

구분	금액	비고
매매사례가액	10억 원	평가기간 내의 금액
기준시가	5억 원	
감정평가액	8억 원	해당 재산에 대한 감정평가액

Q1. 기준시가로 신고하면 어떤 문제가 발생할까?

상속세는 원칙적으로 시가로 신고해야 하므로 궁극적으로는 시가인 10억 원으로 경정될 가능성이 크다. 이 경우 신고불성실가산세는 부과되지 않지만, 납부지연가산세는 부과된다.

Q2. 감정평가액으로 신고하면 매매사례가액으로 뒤바뀔 수는 없는가?

해당 재산에 대한 감정평가액이 유사한 재산에 대한 매매사례가액보다 우선적으로 적용되므로 해당 금액이 합당하게 평가되었다면 8억 원으로 신고해도 문제가 없다.

상속세는 대납하더라도
증여세가 없다

원칙적으로 상속세는 현금으로 납부해야 하나 사전에 준비가 되어 있지 않으면 부동산을 처분하거나 부동산으로 세금을 납부해야 하는 상황에 몰리게 될 수 있다. 그렇게 되면 상속재산을 온전히 지켜내기가 힘들게 된다. 이하에서 상속세 납부와 관련된 내용을 점검해보자.

1. 상속세 납부의무자

첫째, 상속세는 자신이 받은 상속재산에 해당하는 상속세를 부담하는 것이 원칙이다. 이때 상속재산에는 상속인 등이 사전에 증여받은 재산도 포함한다.

둘째, 상속세는 상속인 또는 수유자 각자가 받았거나 받을 재산을 한도로 연대해서 납부해야 할 의무를 진다. 따라서 자신의 법정상속 지분 이내에서 다른 상속인의 상속세를 부담해도 증여세 과세 등의 문제가 없다.

셋째, 상속추정에 의한 납세의무는 각자의 지분에 해당하는 만큼 주어진다.

넷째, 상속포기자는 상속세를 납부하지 않아도 된다. 다만, 상속포기자가 사전에 증여받은 재산이 있거나 상속추정에 의해 가산된 금액에 의해 발생한 상속세에 대해서는 상속포기자도 납세의무가 있다.

다섯째, 상속세는 연대납세의무가 있다. 따라서 다른 사람이 상속세를 대납하더라도 증여세가 부과되지 않는다.[*]

2. 상속세 납부방법

상속세의 납부는 일시납, 분납, 물납, 연부연납 등이 가능하다. 이에 대한 자세한 내용은 제2장을 참조하기 바란다.

3. 상속세 납부액 준비 사례

상속세는 현금납부가 원칙이나 현금이 미리 준비되지 않으면 상당한 곤란이 생길 가능성이 크다. 그래서 일찌감치 상속세 납부재원으로 종신보험이 추천되곤 했다. 어떤 원리로 종신보험이 추천되었는지 다음 사례로 확인해 보자.

〈자료〉
• 대상자 : A씨(60세)
• 가족 현황 : 배우자 58세, 분가한 자녀 2명
• 현재 소유한 부동산 : 주택 등 30억 원
• 기타 재산 : 2억 원

---

[*] 다만, 자신이 받은 상속재산가액을 한도로 대납해야 한다. 자신이 받은 상속재산가액을 넘어서 대납하면 증여세 과세의 문제가 발생한다.

Q1. 앞의 경우 상속세는 얼마나 될까?

앞의 자료를 토대로 상속세를 예측해보자. 상속세 공제액은 배우자 상속 공제와 일괄공제인 10억 원이 가능하다고 하자. 그리고 이 상속재산은 물가 상승 등의 영향을 받지 않는다고 가정하자(상속세율 40%, 1.6억 원 누진공제 적용).

- 상속세 과세표준 : 32억 원 − 10억 원 = 22억 원
- 상속세 산출세액 : 22억 원×상속세 세율(10~50%) = 7억 2,000만 원

Q2. 위의 경우, 상속이 발생되기 전에 어떤 대책이 필요할까?

일단 보유한 재산 중 일부를 사전 증여해 상속세 부담을 줄이는 전략을 먼저 수행할 필요가 있다. 그런 후에 상속세 납부액에 대한 대비를 확실히 해둔다. 이때 상속세 납부액은 예금이나 주식 또는 펀드 등의 상품으로도 대비할 수 있다.

Q3. 만일 위의 납부예상금액 전액을 보험으로 준비한다고 하자. 이 경우, 언제부터 얼마씩의 금액을 넣어야 원하는 상속세 납부액을 만들 수 있을까?

앞의 사례에서의 금액인 7억 원 정도가 상속세 재원으로 필요하다고 하자. 그렇다면 이 금액을 보장받기 위해서는 금융회사가 정하는 기준에 따라 월 보험료를 책정한다.

Q4. 만일 실제 상속이 발생한 경우, 이때 수령하는 보험금도 상속재산에 포함되는가?

보험계약자와 피보험자가 같은 상태에서 피보험자가 사망한 경우, 이 보험금은 상속재산에 포함된다. 따라서 이 보험금이 상속재산에 포함되지 않으려면 다음과 같이 계약을 체결해야 한다.

보험계약자	피보험자	보험수익자
자녀 1 자녀 2 배우자	A씨	자녀 1 자녀 2 배우자

예를 들어, 상속을 받을 사람들이 미리 보험계약자가 되는 동시에 보험수익자로 해둔 후 부의 사망으로 보험금을 수령하면 상속재산에 포함되지 않는다. 다만, 보험계약자가 부의 재산으로 보험료를 납입했다면, 이는 실질과 세원칙에 의해 부(아버지)의 유산으로 보아 상속세가 과세될 수 있음은 별개의 문제가 된다.

Q5. 앞의 물음과 관련이 없이 앞의 상속세를 연부연납하는 경우, 몇 회에 걸쳐 납부할 수 있는가?

2023년 이후에 발생한 상속세의 경우 최대 11회 가능하다. 이 중 1회는 신고 때 납부하고, 나머지는 10년 동안 매년 1회씩 납부하면 된다. 이때 가산금이 별도로 부과된다(2023년 2.9%).

Tip 상속세 연부연납(상증세 집행기준 71-67-1)

구분	내용
요건	• 상속세 또는 증여세의 납부세액이 2,000만 원을 초과 • 상속세 또는 증여세 과세표준신고기한(수정신고 및 기한 후 신고 포함)이나 결정통지에 의한 납세고지서상의 납부기한까지 연부연납신청서를 제출 • 납세담보 제공
신청	• 상속인 전부가 신청. 다만 부득이한 사유로 상속인 전부가 신청이 어려운 경우 일부 상속인이 자기분에 한해 신청 가능
신청 기한	• 다음의 기한까지 연부연납신청서를 제출 　- 상속세 또는 증여세과세표준신고 시 : 상속세 또는 증여세 과세표준 신고기한

구분	내용

신청
기한
	– 기한 후 신고 시 제출 가능
	– 과세표준 및 세액의 결정통지를 받은 경우 : 해당 납세고지서의 납부
	  기한
	– 증여세 연대납부의무자가 납부통지서를 받은 경우 : 납부통지서상의
	  납부기한

허가 및
통지
	• 다음의 기한까지 허가 여부를 통지
	– 상속세 또는 증여세 과세표준신고 시 연부연납을 신청한 경우 : 상속
	  세는 신고기한부터 9개월 이내, 증여세는 신고기한부터 6개월 이내
	– 수정신고 또는 기한 후 신고 시 연부연납을 신청한 경우 : 상속세는
	  신고일이 속하는 달의 말일부터 9개월 이내, 증여세는 신고일이 속하
	  는 달의 말일부터 6개월 이내
	– 납세고지서 및 납부통지서의 납부기한까지 연부연납을 신청한 경우 :
	  그 납부기한경과일부터 14일 이내
	• 허가통지기한까지 허가 여부에 대한 서면을 발송하지 아니한 경우에는
	  허가를 한 것으로 본다.

허가의 취소	• 납세지관할 세무서장은 연부연납을 허가 후 다음 중 하나에 해당하게
	  된 경우에는 허가를 취소, 변경하고 연부연납에 관계되는 세액을 일시에
	  징수 가능
	① 연부연납세액을 지정된 납부기한까지 납부하지 않은 경우
	② 담보의 변경 등 필요한 관할세무서장의 명령에 따르지 않은 경우
	③ 납기 전 징수 사유에 해당되어 연부연납기한까지 연부연납에 관계되
	  는 세액을 전액 징수할 수 없다고 인정되는 경우
	④ 가업 상속재산의 경우 사업의 폐지(가업용 자산의 50% 이상 처분 포
	  함), 상속인이 대표이사 등으로 미종사하거나 1년 이상 휴업, 상속인
	  이 최대주주에 해당하지 않는 경우
	⑤ 유아교육법에 따른 사립유치원에 직접 사용하는 재산을 해당 사업에
	  직접 사용하지 아니하는 경우

취소 방법	• 다음 중 하나의 방법에 따라 취소 또는 변경
	① 연부연납 허가일부터 5년 이내 가업 상속공제금액 추징사유에 해당하
	  면 허가일부터 5년에 미달하는 잔여기간에 한해 연부연납을 변경해
	  허가
	② 그 밖의 경우는 허가를 취소하고 연부연납에 관계되는 세액을 일시에
	  징수
	• 연부연납의 허가를 취소한 경우 납세의무자에게 그 뜻을 통지

절세 코칭

상속세 신고절차와 준비서류

상속세 신고절차와 신고를 위해 준비해야 할 서류 목록을 알아보면 다음과 같다.

1. 신고절차

구분	비고
▼	
1개월 내 사망신고	관할 주민자치센터 등
▼	
3개월 내 한정승인	관할 법원
▼	
6개월 내 상속세 신고 및 등기 완료	관할 세무서, 관할 등기소
▼	
신고 후 9개월 내 세무조사	관할 세무서나 관할 지방청
▼	
고액 상속인 5년간 사후관리	관할 세무서나 관할 지방청

2. 신고자료

상속세 신고를 위해 필요한 자료들은 다음과 같이 준비하도록 한다.

(1) 기본 준비서류

1) 상속인의 주민등록등본, 제적등본 각 1부
2) 피상속인의 가족관계증명원 1부

3) 사망진단서

(2) 상속재산목록 자료

1) 피상속인의 소유재산

구분	내용
① 현금·예금(금융재산)	금융기관 통장 입출금내역(또는 통장사본)*
② 보험	보험금수령내역서(위탁자계좌 잔고확인서 및 예금잔액증명서)
③ 주식	주식 보유내역 및 최근 거래내역(상속개시일 전 3개 사업년도 법인세 세무조정계산서 및 결산서 포함)
④ 채권 등	채권, 펀드, 파생상품 보유내역 및 거래내역(잔고증명서 필수)
⑤ 무체재산	전신가입권, 전세계약서 사본, 회원권 등
⑥ 차량운반구 등	차량(차량등록원부 또는 자동차등록증사본)
⑦ 무형자산	관련 입증서류
⑧ 부동산	• 토지와 건물 등기부등본, 토지대장등본, 건축물관리대장, 공시지가확인원 • 상속개시일 현재 대출금 원장(원리금내역) • 임대용 건물(전세계약서 사본, 상속개시 전 2년 이내의 것)
⑨ 기타자산	• 법인의 가수금 등의 피상속인 채권 • 관계회사 대여금(가지급금) • 매출 누락으로 주식 과소평가 확인 • 사업용 자산 및 영업권 누락 여부 • 피상속인이 관리하는 차명계좌 여부 • 손자의 외국유학비 송금액(사전 증여 여부 확인) • 주식, 부동산 명의신탁 여부 • 동산(귀금속, 골동품, 미술품 등) 등

피상속인 금융거래자료 신청방법

1. 신청서류 : 직접 방문 신청
① 피상속인의 가족관계증명서(사망일시가 표시되지 않았으면 사망진 단서 첨부)

* 상속인(배우자나 직계비속)의 금융자료도 함께 준비하는 것이 좋다. 물론 제출을 위한 것이 아니라 검토를 하기 위해서다.

② 신청인(상속인) 신분증, 도장

③ 위임 시 : 위임장(인감날인), 상속인 인감증명서, 대리인 신분증 지참

2. 신청관서

① 금융감독원 본지점 및 출장소 등 접수

3. 조회범위

① 피상속인 명의의 예금

② 대출거래계좌 및 보증채무 보유 유무 조회

③ 사망 이후 해지계좌 조회

4. 출력된 계좌번호로 해당 은행에 입출금 내역 조회(상속개시일 전 2년, 상속개시일 전 2년 전부터 10년까지)

　☞조사 시 계좌 입출금내역은 10년 정도분을 출력함.

5. 조회 대상 금융기관

　우체국, 새마을금고, 은행, 증권, 생명보험, 손해보험, 종합금융회사, 상호저축은행, 여신전문금융회사(카드, 리스, 할부금융, 캐피탈, 신기술금융), 신용협동조합, 산림조합중앙회, 증권예탁결제원 등 전 금융기관

2) 합산 대상 증여재산

① 상속개시일 전 10년(상속인 외의 자는 5년) 이내의 증여재산

② 증여세 부과제척기간 : 10(15)년

3) 간주상속재산

보험금, 신탁재산, 퇴직금 등 : 지급정산내역서(해당기관 발행) 및 원천징수영수증 사본

4) 추정상속재산

① 상속개시일 전 처분 재산 1년(2년) 이내 2억 원(5억 원) 이상 예금 인출 또

는 처분한 재산내역

② 상속개시일 전 부담채무 1년(2년) 이내 2억 원(5억 원) 이상 부담한 채무내역

3. 공과금, 장례비, 채무자료

1) 공과금 : 공과금 증명서, 영수증, 청구서 등

2) 장례비(장례식장비, 묘지, 비석 구입비 등)

① 500만 원 공제(1,000만 원 한도 : 지출증빙 구비 시)

② 추가공제 : 납골시설 및 수목화장에 소요되는 비용(각각 500만 원 한도 : 증빙 구비)

3) 채무 : 소비대차계약, 연대채무, 보증채무, 개인사업체의 채무, 사용인의 퇴직금, 임대보증금, 전세계약서 사본

① 금융기관 : 금융기관의 확인서, 부채증명서, 원리금 명세서 등

② 기타채무 : 채무부담계약서, 채권자확인서, 담보 설정 및 이자 지급증빙 등 영수증

4. 상속세 비과세 자료

1) 문화재 보호구역 안의 토지

2) 분묘에 속한 9,900㎡(3,000평) 이내의 금양임야와 1,980㎡(600평) 이내의 묘토인 농지

3) 국가 등에 증여한 재산

4) 이재구호품 등으로 유증한 재산 등

5. 상속세 과세가액불산입 자료

1) 공익법인(종교, 자산, 학술, 기타 공익 목적사업)에 출연한 재산

상속세 시뮬레이션이 필요하면 저자의 카페를 방문해서 엑셀 시트를 다운받아 사용할 수 있다. 참고로 아래 서식의 숫자는 의미가 없다.

상속세 시뮬레이션

1. 상속재산가액 등 입력(회색/노란색 부분만 입력)

구분	금액	비고		
주택	895,000,000	MAX(시가, 매매사례가액, 임대료환산가액, 기준시가, 단, 감정가액 있는 경우 감정가액)		
주식				
토지	100,000,000			
분양권				
기타부동산	100,000,000			
소계	1,095,000,000			
현금 등	200,000,000			
펀드				
보험금		현금 등가액		
주식	1,000,000,000			
퇴직금				
자동차				
기타 자산				
소계	1,200,000,000			
총계	2,295,000,000			
비과세 재산		묘토 등		
공익법인출연재산		복지법인출연연동		

상속추정재산

구분	인출한금액	미소명금액	합산할 가액
1년 내 인출금액			FALSE
2년 내 인출금액			FALSE
소계			

사전증여재산

구분	증여재산가액	과세표준	증여세산출세액
배우자(10년 내)	-		
자녀(10년 내)	-		
손자녀(5년 내)	-		
소계	-	-	-

상속채무 등

구분	금액	비고
전세보증금		
금융권 채무		
공과금		
장례비용	15,000,000	10,000,000	1천만원 한도
납골묘비용	5,000,000	5,000,000	500만원 한도
소계		15,000,000	

순금융재산   1,200,000,000

2. 상속인 입력

구분	명수	법정상속지분	실제 상속지분율	상속재산분할	상속재산의 가액	배우자상속공제 법정한도액
배우자	1	1.5	43%	983,571,429	2,295,000,000	983,571,429
자녀수	3	2	57%	1,311,428,571		
계	4	3.5	100%	2,295,000,000		

3. 상속세 시뮬레이션

상속세 한계세율	20%	상속예상세액	86,607,143

4. 계산근거

	구분	금액	계산 내역
상속과세가액	상속재산가액	2,295,000,000	자동계산
	상속추정재산	-	자동계산
	사전증여재산	-	자동계산
	비과세재산	-	자동계산
	상속채무	15,000,000	자동계산
	소계	2,280,000,000	
상속공제	일괄공제	500,000,000	가정(기초공제 2억과 기초공제의 합계액이 5억에 미달한 경우 적용)
	배우자상속공제	983,571,429	자동계산
	금융재산공제	200,000,000	자동계산
	동거주택상속공제	-	직접입력
	영농상속공제	100,000,000	직접입력
	가업상속공제	-	직접입력
	기타 공제	-	직접입력
	소계	1,783,571,429	
과세표준		496,428,571	
세율	한계세율	20%	자동계산
산출세액		89,285,714	자동계산
세액공제	증여세액공제	-	자동계산
	신고세액공제	2,678,571	자동계산
	기타세액공제	0	직접입력
	소계	2,678,571	
결정세액		86,607,143	

세무정보의 보고<신방수세무아카데미>
https://cafe.naver.com/shintaxpia

절세 코칭

피할 수 없는 상속세 세무조사

일반적으로 상속재산가액이 큰 경우에는 사후검증이나 세무조사를 진행하며 조사 시 강도가 매우 세다. 따라서 상속재산가액이 큰 경우에는 미리 조사에 대한 내용을 잘 알아두어야 한다. 그렇다면 과세당국은 어떤 항목들을 위주로 조사할까? 참고로 실무에서는 재산의 크기나 재산의 종류 등에 따라 다양한 조사기법이 동원되므로 상속전문 세무사와 함께 이에 대한 대책을 마련하는 것이 좋다.

1. 부동산 세무조사

- 상속개시일 전 10년간 취득 및 양도한 부동산(상속인 및 피상속인)에 대해 검토 후 구체적으로 거래상황을 조회하거나 거래 관련자에게 직접 확인해 실지매매계약서 사본 등을 수집한다.
- 수용·공매·경매 등의 경우 관계기관에 지급일자·지급계좌·지급방법 등을 조회한다.
- 상속세 과세자료 전 및 DB자료상 보유재산 등을 검토해 신고누락 여부를 확인한다.
- 상속개시일 전후 6개월 이내 거래된 부동산의 매매, 감정평가액, 수용, 경매, 유사매매사례가액 등의 거래가액이 시가로 적정하게 산정되었는지도 검토한다.
- 기타 기준시가 적용의 적정 여부, 감정평가 가액의 적정 여부, 임대용 부동산에 대한 임대료 환산가액 평가의 적정 여부 등을 확인한다.
- ☞상가빌딩 등을 기준시가로 평가해 신고한 경우로서 일정금액(실무

상 20억 원)이 넘는 경우, 감정평가액으로 신고가액이 경정될 수도 있다. 이러한 행위는 세무조사 기간 내에 진행된다.

2. 금융재산 세무조사[*]

- 상속개시일로부터 소급해서 10년 내의 계좌에 대해 현금흐름을 조사한다(주로 직계존비속 간의 계좌를 조사한다. 피상속인의 배우자 및 그의 자녀나 손자녀 등이 그 대상이 된다).
- 비상장 주식의 경우 피상속인 및 상속인의 주식 보유 현황을 TIS(국세청 통합전산시스템)와 주식 변동상황명세서 등을 통해 확인한다. 이와 아울러 주식 평가방법이 세법규정과 일치하는지 검토한다.
- 채권의 경우 이자상당액이 상속재산에 적정하게 계산되었는지 검토한다.
- 파생상품이나 누락한 금융재산이 있는지 조사한다.

3. 기타 세무조사

- 사전에 증여한 재산이 있는지 등을 점검한다.
- 피상속인의 사업용 재산은 소득세 신고 시 첨부된 재무제표 및 비치된 장부 등을 통해 확인한다.
- 근로소득 발생처에 퇴직급여 미수령 또는 과소수령 여부 등을 확인한다.
- 공제되는 임대보증금 채무의 적정 여부 검토하고, 사채 등 가공채무를 채무공제로 신고했는지 등을 주요 점검한다.
- 배우자 상속공제 시 명의개서 등이 되었는지를 검토한다.
- 이 외 각종 공제제도를 정확히 적용했는지도 조사한다.

[*] 이는 사전에 증여한 것인지의 여부를 밝히기 위한 행위에 해당한다.

4. 상속세 재조사

상속재산가액이 30억 원 이상인 경우에는 상속인별로 상속개시 당시의 재산 현황과 상속개시 후 5년이 되는 시점의 재산 현황을 파악해 비교·분석하고 있다. 분석결과 그 증가요인이 객관적으로 명백하지 않은 경우, 당초 결정한 상속세액에 누락이나 오류가 있었는지 여부를 조사한다. 따라서 30억 원 이상의 재산을 상속받은 경우에는 상속 후 5년이 지날 때까지 계속 관심을 기울이는 것이 좋다.

Tip 상속세 세무조사 기관 등

상속세에 대한 조사기관과 조사기간은 대략 다음과 같다.

① 지방국세청 조사국 결정(상속재산가액이 30억 원을 초과하는 경우)
- 조사기간 : 보통 3개월
- 금융기관자료조회 : 상속개시일 전 10년 이내 거래분을 조회

② 일선 세무서 조사결정
- 조사기간은 보통 2개월
- 금융기관자료조회 : 통상 상속개시일 전 2년 이내 거래분을 조회

절세 코칭

상속세 절세법 12가지

상속세를 절약하기 위해서는 다음과 같은 내용을 생각해볼 필요가 있다.

1. 사전 증여를 통한 상속세의 감소

현행 상증법은 증여세를 상속세의 보완세로 보고, 상속개시일 전 10년 이내의 증여재산은 상속재산에 가산하도록 하고 있다. 이는 상속세의 누진적 세 부담을 회피하기 위해 증여하는 것을 방지하는 것이지만, 10년이 경과한 경우에는 정당한 것으로 인정되므로, 증여공제 범위 안에서 증여한 경우 상속세와 증여세를 동시에 해결할 수 있다. 실무적으로 보면 상속재산가액이 10억 원을 넘어가는 경우에는 상속세가 예상되므로, 상속재산의 일부를 사전에 증여하면 상속세 부담을 줄일 수 있다.

2. 상속추정

상속추정은 그 적용요건 중 하나인 기간 등을 벗어나는 경우에 그 규정을 적용받지 않을 수 있다. 반면, 피상속인이 상속개시일 전 1년 내 2억 원(2년 내 5억 원) 이상의 재산을 처분 또는 채무를 부담한 경우로서 그 용도가 불명한 경우, 입증된 금액을 제외하고는 상속인이 상속받은 것으로 추정한다. 따라서 억울한 세금을 물지 않기 위해서는 위 기간과 금액을 고려해 상속재산 관리에 만전(그 자금사용 용도와 증빙관리를 말한다)을 기해야 한다.

3. 상속재산의 평가

부동산에 해당하는 상속재산이나 증여재산의 평가는 상속개시일이나 증여일 현재의 시가로 한다. 그러나 시가 산정이 어려운 경우, 토지는 공시지가 건물은 국세청장이 고시한 가격을 기준으로 한다. 다만, 현재는 매매사례가액으로 과세되는 경우가 많으므로 이에 특히 유의해야 한다. 매매사례가액을 적용할 때 문제점이 많으므로, 2개의 감정을 통해 가격을 확인해보는 것도 필요하다(기준시가 10억 원 이하는 1개도 가능).

4. 매매사례가액과 상속재산의 양도

상속받은 재산을 곧 양도할 때는 취득가액을 높여야 양도차익이 줄어들게 되므로, 이런 상황이라면 상속재산가액이 높은 것이 좋을 수 있다. 다만, 이 경우 상속세가 증가될 수 있으므로 적절한 균형점을 찾도록 한다.

5. 채무·장례비용 등

채무나 장례비용 등과 관련된 절세방안은 다음 표와 같다.

항목	절세방안
채무	• 상속이 개시된 경우 채무의 합계를 따져봐야 한다. 채무가 재산보다 많다면 상속포기신청을 가정법원에 할 수 있다. 한편 한정승인에 대해서도 검토해야 한다. • 피상속인이 부담한 채무는 원칙적으로 공제된다. 다만 객관적인 증빙자료(금융기관 외의 경우에는 채무부담계약서, 채권자 확인서, 담보설정 및 이자 지급 증빙 등)를 갖추어야 한다.
장례비용	• 증빙이 없으면 500만 원을 공제하나, 그 이상의 금액(한도 1,000만 원)까지 공제받기를 원한다면 영수증을 챙겨야 한다.

장례비용 공제법

상속재산가액에서 공제하는 장례비 = ① + ②
① 피상속인의 사망일부터 장례일까지 장례에 직접 소요된 금액(봉안시설 또는 자연장지 사용금액 제외)

- 장례비가 500만 원 미만 시 : 500만 원을 공제
- 장례비가 500만 원 초과 시 : Min(장례비용 증빙액, 1,000만 원)

② 봉안시설·자연장지 사용금액
- Min(봉안시설·자연장지 비용 증빙액, 500만 원)

6. 배우자 상속공제의 활용

배우자가 상속을 받으면 배우자 상속공제액을 올릴 수 있다. 다만, 배우자 상속공제는 무한정 적용하는 것이 아니라 한도만큼 적용하므로 한도에 유의해야 한다.

7. 일괄공제

기초공제와 기타 인적공제가 5억 원에 미달하는 경우 5억 원을 일괄해서 공제할 수 있다. 따라서 배우자가 있는 공동상속의 경우 최하 10억 원의 상속공제를 받을 수 있는 것이다(일괄공제 + 배우자공제).

8. 동거주택 상속공제와 가업 상속공제의 활용

동거주택 상속공제를 활용하면, 공제액을 6억 원까지 늘릴 수 있다. 또한, 가업을 승계하는 경우에는 최고 600억 원까지 공제를 받을 수 있다.

9. 세대생략상속과 할증 과세

손자의 아버지가 있는 상태에서 할아버지의 재산이 상속으로 이전되면 상속공제액의 한도액이 축소되고, 할증 과세 30%(40%)가 되는 점에 유의해야 한다. 만약 협의분할 과정에서 손자녀에게 재산이 임의로 이전되면 상속세

외에 증여세가 부과되는 점을 기억해야 한다. 참고로 대습상속은 이러한 규제가 적용되지 않는다. 대습상속과 관련된 다양한 세무상 쟁점에 대해서는 저자의 카페를 참고하기 바란다(▶신방수세무아카데미/신방수세무사칼럼/"대습상속이 세제에 미치는 영향분석(국세동우회 기고 칼럼)").

10. 재산가액이 하락한 경우 상속세 경정청구방법

상속개시 후 1년이 되는 날까지 상속재산의 수용·공매·경매로 상속재산 가액이 하락 등의 사유가 있으면, 그 사유 발생일로부터 6개월 내 경정청구를 하면 환급을 받을 수 있다.

☞ 유사한 재산의 매매사례가액이 신고가액보다 하락한 경우에는 경정청구를 할 수 없다.

11. 상속세 신고기한 등

상속세는 상속개시일이 속한 달의 말일로부터 6개월 내 관할 세무서(피상속인의 주소지)에 신고해야 한다. 신고가 제대로 된 경우에는 산출세액의 3%를 세액공제한다. 한편, 상속세를 금전으로 납부하기 곤란할 때는 연부연납이나 물납방법을 이용할 수 있다.

12. 상속세 신고 후 사후검증 또는 세무조사

상속세 신고 후에는 9개월 이내에 상속세 신고 내용에 대한 오류나 탈루여부 등을 확인하기 위해 세무검증이나 세무조사 등을 하는 경우가 많다. 따라서 신고할 때 미리 조사 등을 받을 것을 예상하고 자료 등을 준비해두는 것이 좋다.

제7장

상속이 좋을까?
증여가 좋을까?

INHERITANCE TAX
AND GIFT TAX

상속세 폐지될까?

"세무사님, 재산을 어느 정도 가지고 있는 사람들은 상속세가 상당히 못마땅할 것 같습니다. 노력해서 일군 재산에 세금을 부과하니…"

동해선이 지금까지 증여세와 상속세를 공부하고 경험한 소감을 강 세무사에게 전달하고 있었다.

"그렇겠죠. 그 사람들뿐만 아니라 대다수가 세금 내는 것을 싫어하는 것이 인지상정이겠죠."

"그렇다면 왜 이렇게 싫어하는 세금을 거둘까요? 우리 집은 상속세를 낼 일이 없을 것 같아 이래저래 문제가 없을 것 같은데요."

"일단 세금이라는 제도는 정책적인 목적이 있을 수밖에 없죠. 아시다시피 상속세와 증여세는 부의 대물림을 어느 정도 방지하는 입법 목적이 있습니다. 부의 대물림을 마냥 허용하면 이 나라의 재산은 모두 부자들이 독차지할 수밖에 없겠죠."

"하지만 사회 한쪽에서는 이런저런 이유를 들어 상속세를 폐지하라고 하잖아요."

"그래요. 그렇다면 우리는 공부하는 입장이니 양측의 의견을 정리해볼 필요가 있을 것 같군요."

국세청의 발표내용에 따르면, 우리나라에서 상속세를 내는 사람들은 사망자 중 5% 내외라고 한다. 상속세를 내는 층이 많지 않다는 것은 분명 상속세가 부유층을 대상으로 과세되는 것은 틀림없다. 하지만 상속세는 부유층이 아니더라도 나올 수 있다. 배우자가 살아 있는 상태에서는 10억 원, 배우자가 없는 상태에서는 5억 원을 초과하면 과세가 되기 때문이다. 요즘 같아서는 아파트 한 채만 있더라도 이 금액을 훌쩍 넘어서는 경우가 많다.

그렇다면 지금부터는 상속세 폐지에 대한 각자의 입장은 어떤지 알아보자.

먼저, 상속세를 폐지해야 된다는 주장부터 보자.

상속세는 재산가액이 많을수록 내야 하는 세금이 많아진다. 상속세의 과세표준이 30억 원을 넘으면 50%의 세금을 내야 한다. 재산의 절반을 상속세로 낼 수도 있는 상황에 몰릴 수 있다. 이런 이유로 현재 재산이 많은 집안은 상속세를 폐지하는 것을 원하고 있다. 특히 한평생 기업을 키운 창업주가 나이가 많은 경우에는 더더욱 그렇다. 세금 때문에 가업(家業)승계를 불가능하게 만들 우려가 있기 때문이다. 이 외에도 상속세를 폐지하는 쪽에서는 상속세가 세금을 납부한 후의 재산에 대해 이중과세를 하거나 자본축적에 대해 과세하므로 경제성장을 저해한다고 주장한다. 열심히 일해 모은 재산에 과세하므로 소비를 조장하기도 하고 근로의욕을 떨어뜨린다고도 한다. 그래서 상속세는 열심히 일한 사람에게 벌을 과하는 측면이 있다.

반면, 상속세를 폐지하면 안 된다는 주장은 이렇다.

상속세를 폐지하면 부(富)의 대물림이 빈부 차이를 항구화시킨다. 부유층과 그렇지 못한 층이 출발점이 다르기 때문에 평등한 세상이 될 수 없다. 따라서 부유층의 부(富)의 대물림 차단할 필요가 있는데 그게 바로 상속세다.

상속세를 폐지하자는 쪽에서 주장하는 가업 승계의 저해는 소유권과 경영권을 혼동하는 오해에 해당한다. 경영능력이 검증되지 않는 후세대가 단지 가족이라는 이유만으로 인해 경영권을 승계받는다면 오히려 기업경영을 위태롭게 한다. 따라서 상속세 폐지는 어불성설이다.

그렇다면 정부의 입장은 어떤가?

정부는 상속세 폐지에 대해 난색을 보이고 있으나 상속세 부담을 줄여주기 위해 공제제도를 확대했다. 예를 들어, 1주택을 보유한 상태에서 상속이 발생하고, 직계비속이 10년 이상 동거하고 무주택자에 해당하면 6억 원을 추가로 공제한다. 이 외에 기업을 운영하던 기업주가 사망하면 가업 상속공제로 최고 600억 원까지 공제를 적용한다. 이 외에 최근 정부는 상속세 과세방식을 전체 유산에 대해 과세하는 것이 아니라, 각 상속인이 받은 재산가액에 대해 과세하는 방식으로 바꾸는 것을 검토하고 있다. 만일 이 안이 확정되면 상속세 부담이 다소 줄어들 가능성이 크다. 재산을 골고루 분산시키면 세율도 덩달아 낮아지기 때문이다.

부자들은 상속과 증여를
어떻게 이해할까?

"상속세가 당장 폐지되는 것이 쉽지가 않을 것 같군요."

동해선이 말했다.

"그렇습니다. 다만, 세율을 인하하거나 공제제도를 확대하는 등의 노력은 계속될 것으로 보입니다."

강 세무사가 말을 이어나갔다.

"그렇다면 소위 부자 집안에서는 상속과 증여를 어떤 관점에서 바라보고 있는지 정리 좀 부탁드립니다. 그래야 나중에 할 이야기들이 많아질 것 같습니다."

"좋은 의견입니다. 일단 그들이 어떤 식으로 상속과 증여를 이해하고 다루고 있는지 알아봅시다."

앞의 내용을 보면 상속세는 일반적으로 10억 원, 증여세는 그 이하의 금액으로도 과세가 가능하다. 따라서 재산가액이 10억 원이 안 된다면 상속세는 걱정하지 않아도 된다. 물론 배우자가 없는 상황에서는 이 금액은 5억 원이 된다.

하지만 증여는 다르다. 증여 대상이 배우자이면 10년간 6억 원, 성년자이면 5,000만 원까지 공제된다. 따라서 자녀에게 재산을 대물림하고자 하는 집안에서는 일정액의 증여세를 내고 증여하는 것이 일반적이다.

그렇다면 부자들은 구체적으로 어떻게 행동할까?

첫째, 상속은 미리 준비하는 것이다.

상속은 유산을 물려주는 것이다. 그런데 상속을 받을 사람이 많다 보면 상속 분쟁이 일어날 가능성이 크다. 따라서 재산가 집안은 늘 이 점을 고려해 미리 상속 대비를 한다. 예를 들어, '누구를 후계자로 할까?' 그리고 '어떤 재산을 누구에게 물려줄까?' 하는 식으로 교통정리를 한다. 이렇게 해야만 상속 분쟁을 예방할 수 있다. 한편 이 외에 상속세도 무시할 수 없다. 이에 대한 대비를 등한시하다가는 현행의 상속세 세율이 10~50%이니 재산의 절반을 세금으로 내야 하는 경우도 발생할 수 있기 때문이다. 그래서 살아생전에 미리 재산의 규모를 점점 축소시켜나간다. 이렇게 하면 상속세도 점점 줄어들 것이다. 그런데 세법은 상속재산을 미리 분산시켜 세금을 줄이는 것을 못마땅하게 생각한다. 그래서 사전에 증여한 재산가액을 상속재산에 합산시켜 세금을 정산한다. 물론 사전 증여한 재산을 모두 합산하는 것이 아니라 사망일로부터 소급해 상속인은 10년 내, 비상속인은 5년 내 증여한 재산가액만을 대상으로 한다. 이런 점 때문에 부자 집안에서는 증여시점을 빨리 잡아 누적합산과세기간(10년 등)을 벗어난다.

둘째, 증여시기를 잘 선택한다.

증여할 때는 증여 대상과 증여재산의 종류, 그리고 증여시기 등을 잘 선택해야 소기의 목적을 달성할 수 있다. 이 중 증여시기는 증여가 발생하는 때로서, 주로 증여재산의 평가와 관련이 있다. 예를 들어, 1억 원 정도 시세를 형성하던 어떤 재산의 가치가 증여시점에는 5,000만 원으로 하락했다면, 이 시기에 증여하면 5,000만 원으로 신고를 할 수 있다. 이런 원리로 부동산을 증여할 때는 새로운 기준시가가 발표되기 전에 증여하곤 한다. 다만, 요즘은 부동산은 기준시가가 아닌 시가(감정평가 포함)로 신고하는 추세이므로, 증여 시기가 특별히 중요하지 않은 경우도 많다.

셋째, 세금이 없는 재산을 선호한다.

일반적으로 부자들은 세금에 상당한 알레르기 반응을 일으킨다. 세금에는 금융재산에서 발생하는 금융소득종합과세나 부동산에서 발생하는 보유세와 양도소득세, 그리고 자녀들에게 대물림할 때 발생하는 상속세와 증여세 등 갖가지의 것들이 있다. 그래서인지 과세망에 걸리기 쉽지 않은 재산들을 선호한다. 예를 들어, 미술품이나 골동품, 일명 묻지 마 채권(예 : 고용안정채권 등), 기타 현금성 재산들이 그렇다.* 이러한 항목들은 공통적으로 세원포착이 힘들다는 것이다. 특히 현금성 재산들은 당사자 간에 담합이 잘 유지되면 과세당국이 이를 추적하는 것은 대단히 힘들다. 큰손들이 지하에서 활동하는 것도 이러한 것과 관계가 있다.

넷째, 재산의 형성시점부터 대책을 마련한다.

상속이나 증여 모두 이미 형성된 재산을 이전하는 방법에 해당하기 때문에 세금이나 각종 수수료 등이 뒤따르게 된다. 따라서 이러한 비용을 없애기 위해서 재산이 형성되는 초기시점부터 재산분배활동을 한다. 예를 들어, 부동산을 취득할 때는 배우자와 공동명의로 하거나 액면 가액으로 주식을 취

* 골드바도 있다.

득한다. 이렇게 미리 재산을 분산시켜두거나 낮은 가격에 취득하면, 나중에 가치가 변하더라도 세금 문제 등에서 한결 여유롭게 대처할 수 있다.

다섯째, 상속세 납부대책은 미리 마련한다.

상속세는 원칙적으로 상속개시일이 속하는 달의 말일부터 6개월 내 현금으로 납부하는 것이 원칙이다. 그런데 부동산 위주로 재산을 보유하고 있다면, 부동산을 헐값으로 처분할 수밖에 없을 것이다. 만일 기업을 운영하고 있다면, 주식으로 세금을 납부해 경영권 유지에 심각한 영향을 받을 수도 있다. 그래서 재산규모가 큰 집안에서는 미리 상속세 납부대책을 세워둔다. 일반적으로 상속세 납부대책은 보험이나 예금 등 금융상품을 수단으로 하는 경우가 많다.

상속과 증여의
일반적인 선택 기준

지금까지 우리는 동해선과 강 세무사 등을 통해 현실에서 많이 볼 수 있는 상속세와 증여세 등에 대한 쟁점들을 많이 살펴볼 수 있었다. 지금부터는 앞에서 공부했던 내용을 정리하는 관점에서 상속과 증여를 선택하는 요령 등에 대해 알아보자.

실무에서 보면 동일한 재산을 두고 상속할 것인가, 증여할 것인가에 대해 고민하는 경우가 많다. 이때에는 나이와 재산규모 등을 감안해 의사결정에 돌입해야 한다. 이하에서 이에 대해 알아보자.

1. 나이 기준

상속은 사후에 증여는 생전에 발생한다. 따라서 나이대별로 이에 대한 대책을 마련해야 한다. 이때 주의할 것은 사전 증여 시 증여세와 상속세에 있어서 '10년'[*] 누적합산과세제도다.

[*] 상속세 누적합산과세 시 상속인 외의 자는 5년을 합산기간으로 한다.

(1) 60대 이하

현재 증여를 하면 향후 10년 내 상속이 발생하지 않는 한 상속세 합산과세가 적용되지 않는다.

▶ 증여공제액 범위 내에서 증여활동을 자유롭게 해도 된다.

▶ 저평가된 부동산을 위주로 증여한다.

▶ 부동산은 부부 공동명의로 소유한다.

(2) 70대 이하

현재 증여를 하면 10년 내 상속이 발생하지 않는 한 상속세 합산과세가 되지 않는다. 다만, 이 나이대는 10년 내 상속이 발생할 가능성도 있으므로 사전 증여의 규모를 줄이는 것도 하나의 방법에 해당한다.

▶ 재산의 규모에 따라 증여활동을 한다.

▶ 손자녀한테 증여하면 상속세 합산기간이 10년에서 5년으로 단축된다. 다만, 할증 과세 등에 유의해야 한다.

(3) 70대 초과

현재 증여를 하면 향후 10년 내 상속이 발생할 가능성이 크다. 따라서 사전 증여 또는 자금인출 등에는 좀 더 세밀한 검토가 필요하다.

▶ 생활비 등은 본인의 자금이나 본인이 대출받은 자금으로 사용한다.

▶ 증여공제액 범위 내에서 증여해도 해당 금액이 상속재산가액에 합산되므로 주의해야 한다.

▶ 현금자산을 우선으로 줄이는 것이 좋다.

▶ 저평가된 부동산은 증여해도 된다. 이때 증여 후 상속재산가액에 포함되더라도 증여일 현재의 신고가액이 합산된다.

2. 재산규모 기준

상속이나 증여의 선택기준으로 '재산규모'도 중요하다. 이의 규모에 따라 상속이나 증여의 선택이 달라지는 경우가 많기 때문이다. 이하에서 이에 대한 판단기준을 살펴보자.

(1) 보유재산이 10억 원 이하인 경우

상속재산가액이 10억 원 이하가 되는 경우에는 피상속인의 배우자가 살아 있는 한, 상속세가 원칙적으로 과세되지 않는다. 배우자 상속공제를 최소한 5억 원 받을 수 있고, 기초공제(2억 원)와 기타 인적공제 대신 5억 원의 일괄공제를 받을 수 있기 때문이다. 따라서 상속재산이 이 금액에 미달될 것으로 예상되는 경우에는 상속세를 피하기 위해 사전에 증여할 필요성은 떨어진다. 오히려 이런 상황에서 사전 증여를 하면 애꿎은 증여세와 취득세만 날아간다.

▶ 사전 증여의 필요성이 없다.

▶ 자경농지는 상속으로 받는 것이 좋다.

(2) 보유재산이 10~20억 원 사이인 경우

재산규모가 10억 원~20억 원대는 다른 층보다 다양한 대안을 만들 수가 있다. 예를 들어 이런 층들은 재산의 일부를 사전에 증여하거나 상속준비 기간 중에 합법적인 범위 내에서 재산을 인출해 사용할 수도 있고, 실제 상속 발생 시 배우자 상속공제제도를 활용하면 세금을 축소시킬 수 있다. 참고로 앞에서 상속준비기간 중에 재산을 인출한다는 것은 상속개시일 전 1년(2년) 내 재산종류별로 2억 원(5억 원) 이하의 금액은 상속재산에 합산하지 않는다는 상속추정제도를 말한다.

그런데 앞에 언급된 사전 증여는 당장 증여세나 취득세 등의 현금지출이 발생하고, 또 상속 전에 상속재산을 인출하는 것은 편법적인 재산은닉으로 비쳐질 가능성이 있다. 따라서 현실적으로 이 정도의 재산규모에서는 배우자 상속공제나 동거주택 상속공제를 활용해보는 것이 괜찮은 방법이 될 수 있다.

▶ 사전 증여의 필요성이 어느 정도 있다.

▶ 저평가된 재산을 먼저 증여하는 것이 좋다.

(3) 보유재산이 20억 원을 초과하는 경우

상속재산이 20억 원대를 넘어서면 미리 증여하거나 처분해 재산을 리모델링할 필요가 있다. 다만, 실무적으로는 상속세 예측 등을 통해 사전 증여액의 규모나 증여시기 등을 꼼꼼히 결정할 필요가 있다. 예를 들어 10년 후쯤에 상속이 발생하고, 그때의 상속재산이 30억 원쯤 된다고 하자. 그리고 이 중 5억 원 정도의 상속재산을 덜어낸다면 어떤 효과가 발생할까?

구분	당초	변경
상속재산	30억 원	25억 원
− 상속공제	− 10억 원	− 10억 원
= 과세표준	= 20억 원	= 15억 원
×세율	×40%(누진공제 1억 6,000만 원)	×40%(누진공제 1억 6,000만 원)
= 산출세액	= 6억 4,000만 원	= 4억 4,000만 원

표를 보면 상속재산 5억 원이 사전 증여되면 향후 상속세는 2억 원이 떨어진다. 그렇다면 지금 증여하는 것이 좋을까?

그런데 증여 전에 반드시 고려할 것이 있다. 그것은 다름 아닌 증여세와 취득세 등의 과세 문제다. 그래서 이런 유형의 의사결정 시에는 사전 증여에 의해 증가하는 금액과 추후 상속세 절감액을 비교해봐야 한다. 다만, 실무적으로 증여를 부담부 증여방식(빚과 함께 증여하는 방식)으로 하면 최소한의 세금만을 부담할 수도 있다. 이와 함께 증여세는 현재시점에서의 현금지출을 의미하므로 이 금액에 대한 기회비용(증여세 현금지출분을 다른 투자 상품에 투자했을 때 최소한 벌어들일 수 있는 수익률)을 생각할 필요가 있다.

한편 부동산 가격이 지속적으로 상승한다고 가정한다면, 사전 증여가 오히려 해보다 득이 될 가능성이 높다. 예를 들어, 앞의 상속재산이 물가상승 등의 영향으로 30억 원에서 35억 원으로 증가되었다면, 상속세 예상액은 6억 4,000만 원에서 8억 4,000만 원[과세표준 25억 원×상속세 세율 40%-1억 6,000만 원(누진공제)]으로 2억 원이 뛰게 된다. 따라서 사전 증여를 하게 되면 2억 원 정도의 상속세를 추가로 절감할 수 있게 된다. 이런 점 때문에 부동산 가격이 상승하는 국면에서는 사전 증여가 빠를수록 좋다고 하는 것이다.

▶ 사전 증여의 필요성이 많다. 다만, 이 나이대는 상속세 합산과세 등에 유의할 필요가 있다.

▶ 저평가된 재산을 먼저 증여받는 것이 좋다.

▶ 여러 종류의 재산 중 현금성 재산을 먼저 줄이는 것이 좋다.

현금은 상속이 좋을까?
증여가 좋을까?

계좌에 현금이 있다고 하자. 이러한 현금을 보유한 상태에서 상속이 발생하면 당연히 상속재산가액에 포함된다. 따라서 세금 측면에서 현금은 기본적으로 상속보다는 증여 등으로 빼는 것이 좋다. 이하에서는 현금재산을 증여하는 경우와 무단인출한 경우로 나눠서 세무상 쟁점을 살펴보자.

증여하는 경우

계좌이체 등을 통해 현금을 사전 증여하면 다음과 같이 상속재산가액에 포함된다.

구분	합산기간	비고
상속인	10년	증여세 과세 여부 불문
상속인 외(손자 등)	5년	

▶ 증여세를 신고한 경우 : 증여 당시의 신고가액을 합산한다. 이때 납부한 증여세 산출세액은 상속세 산출세액에서 차감된다.

▶ 증여세를 신고하지 않은 경우 : 상속세 조사를 해서 앞의 기간 내에 증여한 금액을 찾아 상속재산가액에 합산시킨다. 이때 증여세 탈루가 발생한 경우에는 증여세와 가산세를 추징한 다음, 상속세 산출세액에서 증여세 산출세액을 차감한다.

무단인출을 하는 경우

상속세나 증여세를 내지 않기 위해 현금을 무단으로 인출하는 경우가 있다. 이때에는 다음과 같은 제도를 적용한다.

▶ 상속개시일~2년 이전 : 상속추정제도가 적용된다. 다만, 이 제도가 적용되더라도 인출한 금액의 20%와 2억 원 중 적은 금액에 대해서는 상속세가 과세되지 않는다(단, 증여에 해당하는 경우에는 합산됨).

▶ 상속개시일 2~10년 이전 : 과세당국에서 증여 등을 밝혀내지 못하면 일 처리가 종결된다.

Tip 상속세와 증여세가 없는 현금인출

- 피부양자(부모, 배우자, 자녀 등)의 생활비, 치료비
- 학자금
- 사회통념상의 축하금, 결혼용품 구입비 등
- 기타

주택은 상속이 좋을까?
증여가 좋을까?

주택을 상속할 것인지, 증여할 것인지의 여부는 주택 수와 기타 가격 등 여러 가지 변수에 따라 그 내용이 달라진다. 이하에서는 주택을 사전 증여하는 것이 좋을지, 상속하는 것이 좋을지에 대해 알아보자.

증여하는 것이 좋은 경우

증여하면 우선 증여세와 취득세가 나오며, 증여 후 양도하면 이월과세와 부당행위계산부인 등 다양한 제도가 적용된다. 또한, 증여 후 상속이 10년(5년) 내 발생하면 해당 증여가액은 상속재산가액에 포함되어 상속세가 부과된다. 따라서 이래저래 부동산 증여는 신중할 필요가 있다. 그럼에도 불구하고 증여가 좋은 상황은 다음과 같다.

▶ 증여로 인해 증여세와 취득세 부담을 상쇄할 수 있는 경우 : 예를 들어 증여한 후에 남은 주택을 비과세로 양도하는 경우 등이 대표적이다.

▶ 현재 저가로 평가된 자산이 시가가 상승할 것으로 예상되는 경우 : 예를 들어 재건축이 예정된 다세대주택이나 부동산 가격이 급락한 경우 등이 대표적이다. 이 경우, 상속재산가액에 포함되더라도 증여 당시의 가액이 포함되므로 증여가 유리할 수 있다.

상속으로 받는 것이 좋은 경우

주택을 상속받은 것이 좋은 경우를 나열해보자.

▶ 1세대 1주택을 보유하고 있는 경우 : 이 경우 증여보다 취득세가 저렴하며, 이의 양도 시 피상속인의 보유기간 등을 승계받아 비과세를 바로 받을 수 있다.

▶ 1세대 1주택을 보유한 상태에서 자녀가 10년 이상 동거봉양하는 경우, 동거주택 상속공제를 최대 6억 원까지 받을 수 있다.

▶ 위 외의 상황에서는 재산의 크기 등의 변수에 따라 상속에 대한 유불리를 따져야 할 것으로 보인다.

Tip 상속주택과 일반주택을 보유한 경우의 양도소득세 과세방식

피상속인으로부터 상속받은 주택과 일반주택을 보유한 상태에서 일반주택을 먼저 양도하면 비과세를 적용하는 것이 원칙이다(단, 2013년 2월 15일 이후에는 일반주택 보유 중에 주택을 상속받아야 비과세 특례를 받을 수 있다). 이때 피상속인이 주택을 여러 채 남긴 경우에는 선순위 한 채만 상속주택으로 보아 일반주택에 대한 비과세를 적용한다. 여기서 선순위 상속주택은 피상속인의 보유기간이 가장 긴 것으로 한다. 보유기간이 같은 경우에는 거주기간, 피상속인이 상속 당시 거주한 주택 등을 가지고 판정한다. 참고

로 공동으로 상속을 받은 경우에는 상속 지분이 가장 큰 상속인(같으면 당해 주택에 거주한 자, 최연장자순으로 한다)의 것으로 한다. 따라서 상속주택이 한 채인 경우 A의 지분율이 가장 크다면 A의 주택으로 간주되며, 소수지분자의 주택으로는 간주되지 않는다. 이로 인해 A가 일반주택을 한 채 더 보유하고 있는 상태에서 일반주택을 먼저 양도하면 비과세를 받을 수 있다. 또 소수지분자는 다른 주택을 처분하더라도 지분상속주택에 의해 과세의 내용이 달라지지 않는다. 즉 소수지분자는 다른 주택을 언제든지 자유롭게 처분할 처분할 수 있다(단, 소수지분 주택이 2채 이상인 경우 일반주택에 대해서는 양도세 비과세가 성립하지 않는다).

☞ 상속주택 외의 일반주택에 대한 양도세 비과세 판단이 쉽지 않으므로 반드시 전문세무사를 통해 일처리를 하도록 하자.

농지는 상속할까?
증여할까?

농지나 나대지 같은 토지의 경우에는 토지의 성격에 따라 상속과 증여에 대한 선택방법이 달라진다. 구체적으로 자경한 농지의 경우에는 일반적으로 상속, 그 외는 본인의 상황에 따라 상속이나 증여를 선택하면 될 것으로 보인다. 이하에서 토지에 대한 상속 또는 증여에 관한 선택요령을 살펴보자.

1. 자경한 농지

농지소유자가 자경한 농지는 될 수 있으면 상속으로 이전받는 것이 좋다.

(1) 농지를 상속받은 경우

농지를 상속받으면 피상속인의 자경기간을 승계받아 8년 자경농지에 대한 감면을 받을 수 있다.

- 상속개시일 후 3년 내 양도 시 → 이 기간 내 양도하면 상속인의 자경 없이도 양도소득세 감면이 가능하다.
- 상속개시일 후 3년 후에 양도 시 → 상속인이 1년 이상 재촌·자경을 해야 피상속인의 재촌·자경기간을 승계받을 수 있다. 이때 주의할 것은 연간 근로소득이나 사업소득(임대소득과 연금소득은 제외)이 3,700만 원이 넘어가면 자경한 것으로 인정하지 않는다는 것이다.

(2) 농지를 증여받은 경우

증여로 취득한 농지를 양도하는 경우에는 증여받은 날 이후 수증자가 자경한 기간으로 자경감면 또는 대토감면요건을 판단하는 것이므로, 증여자의 자경기간과 합산해 자경감면기간을 산정하지 아니한다.

2. 그 외의 토지

앞에서 본 토지 외의 토지는 본인이 처한 상황에 따라 상속이나 증여 중 하나를 선택하면 될 것으로 보인다. 참고로 토지에 대한 매매사례가액이 없는 경우가 많아 기준시가로 상속세 등을 신고하는 경우가 많다.

☞ 배우자나 직계존비속으로부터 토지를 증여받아 이를 10년 내 양도하는 경우에는 이월과세제도가 적용됨에 유의해야 한다. 따라서 토지를 증여받은 경우에는 증여 후 10년 뒤에 양도하는 것이 이익이다. 참고로 2022년 이전에 증여받은 토지는 10년이 아닌 5년을 적용한다.

가업 승계는 상속이 좋을까?
증여가 좋을까?

자신이 일군 기업체도 상속세나 증여세 과세 대상이 될 수 있다. 재산가치가 있기 때문이다. 이하에서는 개인기업과 법인기업 둘로 나눠 상속과 증여에 대한 선택요령을 살펴보자.

개인기업의 승계

개인기업을 상속이나 증여를 할 때는 우선 다음과 같은 절차를 따라야 한다.

첫째, 상증법에 따른 재산평가를 해야 한다.

개인기업도 재산가치를 가지고 있으므로 상증법 제60조~제66조의 규정에 따라 평가한 자산가액에서 당해 사업체와 관련된 부채를 차감한 가액에 당해 사업체의 영업권상당액을 합한 가액으로 평가한다.

▶ 사업과 관련 없는 자산과 부채는 일반상속재산 등으로 평가한다.

▶ 영업권상당액은 누락하면 상속세나 증여세가 추징될 수 있음에 유의해야 한다.

※ 영업권평가(상증법 시행령 제59조 제2항)

[최근 3년간의 순손익액의 가중평균액의 100분의 50에 상당하는 가액 – (평가기준일 현재의 자기자본×10%)×3.7908(기간 5년, 이자율 10%의 정상연금 현가 계수)
예) 3년간의 순손익액의 가중평균액이 2억 원, 자기자본이 5억 원인 경우 (2억 원×50% – 5억 원×10%)×3.7908=5,000만 원)×3.7908
= 189,540,000원

둘째, 가업 승계에 따른 조세 혜택을 확인한다.

상증법에서는 가업 승계를 원활히 해주기 위해 상속 시에는 최대 600억 원을 한도로 가업 상속공제를 적용하나 개인기업을 미리 증여받은 경우에는 별다른 혜택이 없다.

▶ 가업 상속공제는 가업영위기간이 10년 이상인 경우에 최고 600억 원까지 상속 시 공제되는 제도에 해당한다.

※ 가업 상속공제(상증법 제18조의 2, 2023년 개정내용 포함)

구분	내용	비고
적용 대상	• 중소기업 • 매출액 5,000억 원 미만인 중견기업	개인 및 법인 모두에게 적용됨.
공제한도	• 가업영위기간 10~20년 미만 : 300억 원 • 20~30년 미만 : 400억 원 • 30년 이상 : 600억 원	가업 상속공제 대상자산*에 한함.

* 가업 상속재산은 상속재산 중 가업에 직접 사용되는 토지, 건축물, 기계장치 등 사업용 고정자산으로서 기업회계기준 제18조 및 제20조의 유형자산 및 무형자산을 말한다(재산-705, 2010. 9.17). 여기서 무형자산은 특허권, 영업권 등을 말하는데, 영업권은 합병·영업양수 및 전세권취득 등의 경우에 유상으로 취득한 것을 말한다. 따라서 상증법에 따라 계산된 영업권은 유상으로 취득한 것이 아니므로 상속공제 대상이 되지 않는다.

구분		내용	비고
피상속인 지분요건		최대주주 & 지분 40%(상장 20%) 이상 10년 보유	피상속인은 일정기간 대표이사로 재직해야 함.
상속인 요건		• 상속개시일 현재 18세 이상 & 상속개시일 2년 전부터 가업에 직접 종사 • 신고기한까지 임원으로 취임하고, 2년 내 대표자로 취임(상속인의 배우자가 사전·사후요건 충족 시에도 가업 상속공제 허용)	
사후 관리	사후관리 기간	5년	
	고용유지	(5년 통산)정규직 근로자 수 90% 이상 또는 총급여액 90% 이상	매년정규직 수 80% 이상 또는 총급여액 80% 이상 요건은 삭제됨.
	자산유지	가업용 자산의 40% 이상 처분 제한	

셋째, 개인기업은 상황에 따라 상속이나 증여를 선택하면 될 것으로 보인다.

예를 들어 사업규모가 크다면 증여하는 것이 한계가 있다. 따라서 이 기업의 사업영위기간이 길다면 상속을 선택해 가업 상속공제를 받아 탈출구를 마련할 수 있다. 이런 반면 사업규모가 그리 크지 않다면, 사업자 교체 등의 방법을 통해 가볍게 사업을 승계할 수 있을 것으로 보인다.

법인기업의 승계

개인기업을 상속이나 증여를 할 때는 우선 다음과 같은 절차를 따라야 한다.

첫째, 상증법에 따른 재산평가를 해야 한다.

법인기업도 상증법에서 정하고 있는 방법에 따라 주식 평가를 해야 한다.

▶ 상장 주식 : 평가기준일 전후 2개월(총 4개월)간 종가평균

▶ 비상장 주식 : 순손익가치와 순자산가치로 가중평균(다음 페이지 참조)

둘째, 가업 승계에 따른 조세 혜택을 확인한다.

법인기업의 경우는 다음과 같은 혜택이 있다.

▶ 주식의 사전 증여 시 : 증여세 과세특례(다음 표 참조)

▶ 가업 상속 시 : 가업 상속공제

※ 가업 승계를 위한 주식 증여 시 과세특례(조특법 제30조의 6)

구분	내용
대상	18세 이상인 거주자가 가업을 10년 이상 계속해서 경영한 60세 이상의 부모로부터 해당 가업의 승계를 목적으로 주식을 증여받고 가업을 승계받은 경우
특례	기업자산상당액에 대한 증여세 과세가액(다음의 구분에 따른 금액을 한도*로 한다)에서 10억 원을 공제하고 세율을 100분의 10(과세표준이 60억 원을 초과하는 경우, 그 초과금액에 대해서는 100분의 20)으로 해서 증여세를 부과(2024년 개정안 : 300억 원 초과분 20%) * 한도 • 부모의 가업영위기간 10~20년 미만 : 300억 원 • 20~30년 미만 : 400억 원 • 30년 이상 : 600억 원
요건	증여세 신고기한까지 가업에 종사하고 증여일로부터 5년 이내 대표이사에 취임
사후관리	수증일로부터 5년 내 정당한 사유 없이 아래 사유 발생 시 증여세 등 추징 • 가업에 종사하지 아니하거나 가업을 휴업하거나 폐업하는 경우 • 증여받은 주식 등의 지분이 줄어드는 경우
상속세 합산과세	위의 특례가 적용되는 증여재산은 상속개시일과 무관하게 상속재산에 포함되며, 가업 상속공제 적용 대상이 됨.

셋째, 법인기업을 사전에 증여할 것인지, 사후에 상속으로 할 것인지 이에 대한 선택요령을 알아보자.

법인기업은 개인기업과는 달리 주식 평가가 전제되는 것인 만큼 먼저 이에 대한 평가를 한 후, 그 가치가 높다고 판단되면 사전에 증여나 상속 또는 매매 등의 방법을 통해 승계방안을 마련하는 것이 좋다. 다만, 앞에서 본 증여세 과세특례를 이용한 경우라도 상속이 발생하면 무조건 상속재산가액에 포함되므로 향후 주식 가격이 하락할 것으로 예상되면 증여를 선택하지 않는 것이 좋다. 증여 당시의 주식 평가액이 향후 상속재산가액에 포함되기 때문이다. 따라서 이 경우에는 상속으로 가서 가업 상속공제 혜택을 누리는 것이 좋을 것으로 보인다.

1주당 가액

$$= \frac{\text{1주당 순손익가치} \times 3 + \text{1주당 순자산가치} \times 2}{5}$$

$$= \frac{10,000 \times 3 + 20,000 \times 2}{5} = 14,000$$

만일 보유한 주식 수가 10,000주라면 총주식 가치는 1억 4,000만 원이 된다. 이 주식을 성년인 자녀에게 증여하면 증여세는 다음과 같다.

• 증여세 = (1억 4,000만 원−5,000만 원)×10% = 900만 원

참고로 최대주주가 보유한 주식에 대해서는 20% 할증평가를 하지만, 중소기업과 일정한 중견기업은 이 제도를 적용하지 않는다.

절세 코칭
상속세 합산과세와 증여세 합산과세의 관계

상속세와 증여세에서는 누진세부담을 줄이는 것을 방지하기 위해 10년 누적합산과세를 각각 적용하고 있다. 이하에서는 이들에 대해 좀 더 구체적으로 알아보고, 이 둘의 관계에 대해 별도로 알아보자.

1. 상속세 합산과세

상속개시일을 기준으로 소급해 상속인에게 10년(상속인 외의 자는 5년) 이전에 증여한 재산가액은 상속재산가액에 합산해 상속세로 과세한다. 이때 합산된 증여재산가액에 대한 산출세액은 상속세에서 기납부세액으로 공제된다.

구분	합산기간	비고
상속인	10년	10년 전의 것은 합산제외
비상속인	5년	5년 전의 것은 합산제외

☞ 합산기간에 제한이 없는 경우와 합산과세를 아예 하지 않는 경우

① 합산기간에 제한이 없는 경우
• 창업자금에 대한 증여세과세특례를 받은 경우(조특법 제30조의 5)
• 가업 승계에 대한 증여세과세특례를 받은 경우(조특법 제30조의 6)

② 합산과세를 아예 하지 않는 경우
• 공익법인 등에 출연한 재산
• 장애인이 증여받은 재산
• 전환사채 등의 주식 전환이익, 주식 상장 및 합병에 따른 증여이익, 타인의 기여에 의한 재산가치 증가, 특수관계법인 간의 거래를 통한 이익의 증여의제 등

•영농자녀 등이 증여받은 농지 등

2. 증여세 합산과세

10년 누적합산과세는 증여세에서도 적용된다. 증여시기를 달리함으로써 증여세를 줄이기 위한 것을 방지하기 위해서다. 현행 상증법은 최종 증여일로부터 10년 이내 동일인(부부는 동일인으로 봄)으로부터 받는 금액을 합산해서 증여세를 과세한다.

3. 상속세 합산과세와 증여세 합산과세의 관계

상속세 합산과세는 상속이 개시되면 피상속인이 10년(5년) 전에 증여한 재산가액을 상속재산에 합산해 과세한다. 한편 증여세 합산과세는 상속세 합산과세와는 별도로 동일인으로부터 10년 내 증여한 재산가액을 합산해 과세하는 제도를 말한다. 이 둘의 관계에 대해 알아보자.

구분	상속세 합산과세	증여세 합산과세
개념	피상속인이 10년(5년) 이내에 증여한 재산을 상속재산가액에 합산해 상속세를 과세하는 제도	동일인으로부터 10년 이내에 증여받은 재산가액을 당해 증여재산가액에 합산해 과세하는 제도
이중과세 조정	증여세 산출세액은 상속세에서 공제	증여세 산출세액은 기납부세액으로 공제
둘의 관계	상속세 합산과세와 증여세 합산과세는 별개의 제도에 해당함.	

〈사례〉

서울 강남구 압구정동에 거주한 K씨는 다음과 같이 증여했다. 물음에 답하면? 수증자는 모두 성년자에 해당한다.

• 자료

구분	수증자	증여금액	현재 시세	증여시기	비고
다가구주택	배우자	5억 원	10억 원	8년 전	증여 당시 성년임.
상가	자녀	1억 원	2억 원	7년 전	
토지	손녀 1명	1억 원	3억 원	6년 전	
계		7억 원	15억 원		

Q1. 이 경우, 증여세는 어떻게 과세되었을까?

수증자	증여금액	증여공제	과세표준	산출세액
배우자	5억 원	6억 원	0원	0원
자녀	1억 원	5,000만 원	5,000만 원	500만 원
손녀	1억 원	5,000만 원	5,000만 원	500만 원
계	7억 원	-	-	1,000만 원

Q2. K씨가 사망해서 상속세를 계산하려고 한다. 상속재산가액에 포함되는 사전 증여금액은 얼마인가?

수증자	증여금액	현재 시세	증여시기	상속재산가액에 포함되는 금액	비고
배우자	5억 원	10억 원	8년 전	5억 원	합산기간(10년) 미경과
자녀	1억 원	2억 원	7년 전	1억 원	
손녀	1억 원	3억 원	6년 전	-	합산기간(5년) 경과
계	7억 원	15억 원	-	6억 원	

위에서 손녀에게 증여한 재산가액을 합산하지 않는 이유는 비상속인의 경우에는 합산하는 기간이 5년이기 때문이다. 배우자나 자녀의 경우에는 합산기간이 10년이다.

☞ 사전에 증여한 재산이 상속재산에 합산되는 경우에는 증여 당시의 신고가액이 합산된다. 따라서 가치상승분은 합산 대상에서 제외된다.

Q3. 상속세 결정세액은 얼마나 될까? 단, 상속 시 발생한 상속재산가액은 10억 원이며, 상속공제액은 총 10억 원을 받을 수 있다고 가정한다.

구분	금액	비고
상속 시의 재산가액	10억 원	
+ 사전에 증여한 재산가액	6억 원	• 배우자와 자녀에게 사전 증여한 재산가액만 합산됨. • 합산되는 가액은 증여일 현재의 평가액임.
= 총상속재산가액	16억 원	
− 상속공제액	10억 원	
= 과세표준	6억 원	자료상 가정
×세율	30%	
= 산출세액	1억 2,000만 원	누진공제 6,000만 원
− 기납부세액	500만 원	합산되는 증여재산가액에 대한 증여세 산출세액을 말함.
− 신고세액공제(3%)	345만 원	(산출세액−기납부세액공제)×3%
= 결정세액	1억 1,155만 원	

사전에 증여한 재산가액은 상속재산가액에 합산되며, 이때 증여세 산출세액은 상속세 산출세액에서 공제된다.

☞ 사전 증여에 따라 상속공제액이 축소될 수 있다. 별도로 검토해야 한다.

제8장

상속·증여에 대한
궁금증 Q&A

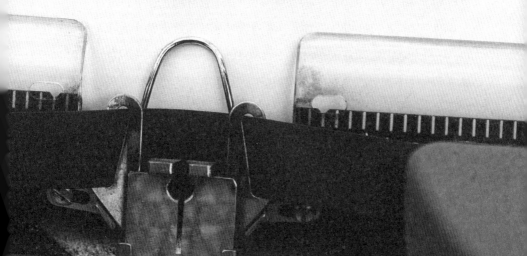

INHERITANCE TAX
AND GIFT TAX

상속세를 줄이려면 재산은
어떻게 관리해야 좋을까요?

Q. 경기도 부천시에 거주하고 있는 오정섭 씨는 부천 시내 나대지를 보유하고 있습니다. 그런데 요즘 땅값이 급등해 재산이 상당히 늘었습니다. 그런데 오 씨의 얼굴은 어둡기만 합니다. 세금이 만만치 않기 때문입니다. 물론 상속세를 말합니다. 그렇다고 미리 증여하면 증여세도 만만치 않습니다. 오 씨는 어떻게 해야 상속세를 줄일 수 있을까요?

A. 오 씨처럼 세금 때문에 한숨을 쉬는 사람들이 점점 많아지고 있습니다. 젊어서 일군 재산이 몇십 배 불어 큰 재산이 되었지만, 너무 덩치가 크다 보니 많은 세금 때문에 재산을 온전히 지킬 수가 없기 때문입니다.

예를 들어 오 씨의 땅은 그대로인데 땅값이 지금 100억 원이 된다고 합시다. 이 상태에서 오 씨가 사망하면 상속세로만 30~40억 원이 됩니다. 자, 이 돈을 상속인들이 현금으로 내지 못한다면 이 땅은 처분할 수밖에 없습니다. 그래서 상속세가 무섭다는 것입니다.

그렇다면 오 씨는 어떻게 해야 상속세를 덜 내면서 재산을 지킬 수 있을까요?

실무 경험상 가장 좋은 것은 취득시점부터 공동명의를 해두는 것입니다. 만일 오 씨가 미리 재산을 배우자와 자녀의 명의로 해두었다면 지금처럼 큰 고민을 하지 않았을 것입니다. 상속세는 돌아가신 분이 남긴 유산에 대해 나오기 때문에 배우자나 자녀의 명의로 되어 있는 재산은 오 씨의 재산과 섞이지 않기 때문입니다. 단, 부동산을 취득할 때는 자금출처조사를 조심해야 하겠지요.

그런데 오 씨처럼 단독명의로 재산을 보유하다가 재산이 불어난 경우에는 다음과 같은 방법 중 하나를 선택해야 합니다.

먼저 증여를 조금씩이라도 할 필요가 있습니다. 부동산은 지분으로도 증여가 가능합니다. 기준시가로 신고할 수 있다면 10년 누적합산과세가 되더라도 세금이 그리 크게 나오지 않을 수 있습니다.

다음으로, 증여가 여의치 않으면 상속을 통해 재산을 이전받을 수 있습니다. 다만, 상속재산이 시가로 평가되면 세금이 많이 나올 수 있으므로 기준시가로의 신고가 가능한지를 알아봐야 할 것입니다. 만약 기준시가로 신고를 했다면 상속개시일로부터 6개월이 지난 후에 양도가 되어야 상속세가 증가하지 않습니다. 물론 6개월 후에 처분할 때 취득가액이 낮으므로 양도소득세가 많아질 수 있습니다. 이런 점을 고려한다면 기준시가 신고도 좋지 않을 수 있습니다. 그래서 그 대안으로 감정평가를 받아서 신고하는 방법을 추천해드립니다.

일반적으로 지금 나이가 많지만 재산을 처분하지 못해 세금 걱정을 하는 분들은 오 씨처럼 죽는 날까지 재산을 가지고 가야겠다는 생각이 강합니다. 하지만 재산을 꼭 끼고 있으면 상속세 문제로 상당히 문제가 될 수 있습니다. 그래서 본인에게 맞는 전략을 만들어 이에 대비할 필요가 있습니다.

상속세 대비는 보통 나이와 재산규모에 따라 그 내용이 달라집니다. 50대

이하는 주로 자녀의 성장을 돕기 위해 소액증여가 활발합니다. 하지만 60대 이후는 재산을 지키는 것이 중요하므로 상속세를 예측해보면서 사전에 적극적으로 증여를 하는 것이 좋습니다. 그리고 이 나이대에는 재산을 부동산 위주로 관리하는 것이 아니라, 현금과 예금 등으로 분산해서 가지고 있는 것이 바람직합니다. 아시다시피 부동산은 유동성이 떨어지지만, 현금은 그렇지 않기 때문입니다.

상속이 임박했는데
증여를 받는 것이 좋을까요?

Q. 서울 광진구 자양동에 거주하고 있는 김영수(55세) 씨의 집 이야기입니다. 김영수 씨에게 최근 새로운 고민거리가 등장했습니다. 그의 아버지는 현재 병원 생활을 하고 있는데, 자식들이 아버지 생전에 재산을 서로 나눠야 문제가 없다고 빨리 나누자고 주장을 합니다. 재산은 20억 원 정도가 됩니다. 정말 그렇게 하면 아무런 문제가 없을까요?

A. 이런 현상은 대한민국 곳곳에서 찾아볼 수 있습니다. 부모의 재산은 부모에게 처분권한이 있기 때문에 생전에 받기를 원하는 거죠. 만일 미리 정해주지 않으면 상속 때 다툼이 발생할 가능성이 큽니다. 이런저런 이유를 들어 더 많은 지분을 확보하는 과정에서 마찰이 발생하는 것입니다. 김영수 씨 가족도 마찬가지입니다. 생전에 아버지가 정해주면 잡음이 발생하지 않기 때문에 이를 선호하는 것이죠.

그런데 이렇게 사전에 증여를 받게 되면 증여세가 나온다는 사실을 잊어서는 안 되겠습니다. 아버지의 재산을 성년인 자녀가 증여를 받으면 증여세가 나옵니다. 이렇게 증여세를 내고 상속이 발생하더라도 미리 납부한 증여세는 환급이 되지 않습니다. 그래서 애꿎은 증여세만 납부하게 되는 결과가 나옵니다.

참고로 사전에 증여받은 재산이 농지이면 심사숙고를 해야 합니다. 평생 농사를 지어온 땅을 덥석 증여를 받게 되면 양도소득세 감면 혜택이 날아가기 때문입니다. 좀 더 부연설명을 해보겠습니다.

세법에는 8년 이상을 농지소재지 등에 거주하면서 농사를 직접 지은 사람들에게 당해 농지를 양도하더라도 세금을 100% 면제하고 있습니다. 물론 1년간 1억 원(5년간 2억 원)까지만 감면합니다. 그런데 이 농지를 소유한 분이 돌아가시면 어쩔 수 없이 상속을 받게 됩니다. 세법은 이렇게 부득이한 사유를 고려해 상속인이 상속개시일로부터 3년 내 농지를 양도하면 100% 양도소득세를 면제합니다. 이렇게 농지를 상속받으면 이런 혜택이 있는데, 증여를 받게 되면 이런 혜택이 없다는 것이죠. 주의해야 합니다.

이제 앞으로 돌아가서 해결책을 생각해보기로 합니다.

일단 사전에 증여를 받게 되면 증여세를 내야 하므로 임종이 가까운 경우 증여는 될 수 있으면 삼가는 것이 좋습니다. 따라서 현실적으로 김영수 씨 가족은 상속을 통해 재산을 이전받는 것이 좋습니다.

그런데 문제는 재산분배를 어떻게 할 것인지입니다. 이에 대해 준비를 해두지 않으면 재산 분쟁이 발생할 수 있기 때문입니다. 김영수 씨네 집의 경우, 미리 유언장을 남겨 각자의 몫을 정해놓으면 분쟁을 예방할 수 있습니다.

자녀에게 어떻게
증여하면 좋을까요?

Q. 부산광역시에 거주하고 있는 김용순 씨는 자녀에게 증여하고자 합니다. 그런데 문제는 자녀에게 증여하면 증여세가 나온다고 하는데, 어떻게 하면 이를 피할 수 있을지 궁금합니다. 참고로 김 씨는 현재 60세로 상속세와는 거리가 먼 재산을 보유하고 있습니다.

A. 자녀에게 증여하는 경우에는 대상이 성년자인지, 그리고 미성년자인지에 따라 대응방법이 다릅니다.

먼저, 성년자녀를 보겠습니다.

성년자녀의 경우에는 소득능력이 있느냐, 없느냐에 따라 증여방법이 달라집니다. 소득이 있다면 자력으로 재산 취득자금 등을 입증할 수 있기 때문에 자금출처조사 등을 받을 가능성이 현저하게 떨어집니다. 하지만 소득이 없는 자녀의 경우에는 자금출처조사 등을 받게 될 가능성이 큽니다. 따라서 소득이 없는 자녀가 부동산을 취득하는 것은 매우 힘들 수 있습니다. 다만, 소액이거나 전세보증금 등을 활용하면 취득이 불가능한 것도 아니죠.

다음으로, 미성년자에 대한 증여요령을 보겠습니다.

미성년자에 대한 증여공제는 10년간 2,000만 원입니다. 이렇게 공제금액이 소액이다 보니 미성년자 자녀에 대해서는 청약상품이나 펀드 또는 보험같이 매월 소액으로 불입하는 상품이 주요 증여수단이 되고 있습니다. 이러한 상품에 가입한 경우 증여세 신고해야 할지가 관심 사항입니다.

만일 원금이 위의 비과세 한도 내 있다면 굳이 신고하지 않아도 문제가 없습니다. 다만, 기대수익이 클 것으로 예상되는 경우에는 미리 신고해두는 것이 좋습니다. 신고했다면 증여받은 원금에서 발생한 수익에 대해서는 증여세 문제가 발생하지 않기 때문입니다. 다만, 신고를 하지 않는 경우라도 운용수익을 학자금이나 생활비 등에 사용하는 경우에는 증여세 문제를 비켜나갈 수 있습니다. 부모가 자녀를 위해 가입한 보험은 보험료를 불입할 때가 증여시기가 아닌 '보험사고가 발생한 때(만기 포함)'가 증여시기가 됨에 유의해야 하겠습니다.

Tip 소득증명을 하지 못하는 자녀에 대해 부동산을 증여할 때 주의할 점

- 부동산을 증여할 때 주의할 점이 있다. 소득능력이 없는 자녀가 증여를 받을 때는 취득세와 증여세 등에 대해서도 증여세를 부과할 수 있다는 점이다.
- 부채와 함께 증여하면 향후 부채상환금액에 대해 조사가 진행된다. 따라서 부채상환에 대한 소명이 제대로 되지 않으면 증여세가 추징될 수 있다.

남의 명의를 내 명의로 바꾸고 싶다면 어떻게 해야 하나요?

Q. 경기도 수원시에 거주하고 있는 심수영(40) 씨는 요즘 골머리를 앓고 있습니다. 3년 전에 자신의 명의로 언니의 주택을 한 채 샀는데, 이것 때문에 본인의 주택이 비과세를 받을 수 없다고 합니다. 그래서 고민 끝에 언니에게 주택을 가져가라고 말을 꺼냈습니다.

하지만 언니 또한 세금 때문에 이러지도 저러지도 못하고 있습니다. 어떻게 해야 이 문제를 해결할 수 있을까요?

A. 이런저런 이유로 명의가 제대로 되어 있지 않은 경우가 많습니다. 세금을 회피하기 위해서, 또는 사업을 하면서 부도를 대비해 다른 사람들의 명의로 재산을 취득했기 때문입니다.

이렇게 명의신탁을 하게 되면 현행법에서 처벌 대상이 됩니다. 징역형도 가능하고, 과징금 30%도 있습니다. 하지만 현실적으로 이렇게 처벌을 받은 사람들이 거의 없습니다. 명의신탁인지, 아닌지 이를 가려내는 것이 매우 힘들기 때문입니다.

하지만 앞의 심수영 씨의 사례처럼 명의신탁으로 인해 세금관계가 꼬이는 경우가 있습니다. 이를 좀 더 자세히 보죠.

먼저, 심수영 씨의 세금관계를 보겠습니다.

일반적으로 대한민국에서 1세대가 집 한 채를 가지고 있으면 양도소득세는 없습니다. 물론 비과세요건을 갖추어야 하겠지요. 그런데 문제는 심수영 씨가 언니 주택을 보유함으로써 외관상 2주택이 되어 비과세 혜택을 받을 수 없다는 것입니다.

다음으로 심수영 씨의 언니 입장에서 세금관계를 파악해보겠습니다.

심 씨의 언니가 그 집을 가져오는 방법은 몇 가지가 있습니다. 증여를 통해 받을 수도 있고, 매매를 통해 받을 수도 있습니다. 물론 여기서 매매는 본인이 직접 매수자가 될 수도 있고, 아니면 제삼자에게 처분한 후 매매대금을 회수할 수도 있습니다. 그런데 문제는 이렇게 저렇게 해도 세금이 나온다는 것입니다.

그렇다면 이와 같은 거래 건에 대해서는 어떤 식으로 정리하면 좋을까요?

일단 심수영 씨가 언니 주택이 결합되면서 불이익을 받을 수 있으므로, 이 부분을 잘 조율해야 합니다. 예를 들어 비과세를 받으면 양도가액 전체를 심수영 씨 몫으로 할 수 있지만, 세금이 나오면 그만큼 현금흐름이 줄어듭니다. 따라서 이 줄어든 현금을 언니한테 청구하는 식으로 정리해야 합니다.

차용증은 어떻게 만드나요?

Q. 성찬성 씨는 곧 결혼식을 앞두고 있습니다. 요즘 집을 살까, 전세로 들어갈까 고민한 끝에 집을 사기로 했습니다. 그런데 대출을 받아 집을 사는 것이 아니라 아버지가 돈을 주시겠다고 합니다.

뭐 자기 돈이 안 들어가니 기분은 좋지만, 증여세 때문에 상당히 신경이 쓰입니다. 그래서 생각한 것이 바로 차용증을 쓰고 아버지로부터 계좌이체를 받은 다음 그 돈을 매도인에게 줄까 생각을 하고 있습니다. 증여로 받을 금액은 약 2억 원 정도가 됩니다.

성 씨는 아무런 문제가 없이 넘어갈 수 있을까요?

A. 현실적으로 이러한 행위도 자주 등장하고 있습니다. 현금거래나 자금이체 거래는 은밀히 할 수 있으므로 과세당국에 걸리는 확률은 거의 없기 때문에 증여세 신고를 하지 않는 것이 일반화되어 있습니다(단, 최근에는 자발적으로 신고하는 경향이 높아지고 있음). 그런데 문제는 이런 확률적인 문제에도 불구하고, 증여 당사자들은 자금출처조사에 전전긍긍한다는 것입니다. 확률적

으로 조사받을 확률이 조금이라도 있으면, 이에 사로잡혀 대책을 강구하는 것입니다.

그래서 생각하는 것이 바로 차용증입니다. 차용증은 돈을 빌렸다는 것을 입증하는 문서에 해당하죠. 이런 차용증은 대개 제삼자 간에 작성되지만, 가족 간에도 인정되는 것이 원칙입니다. 그런데 문제는 실질은 증여임에도 불구하고 내용은 증여에 해당하는데, 차용증으로 이를 위장하는 경우가 있다는 것입니다.

이런 현상은 정치권 등에서도 많이 볼 수 있죠. 과세당국의 고민은 바로 여기에 있습니다. 증여에 해당하는 것 같은데 차용증을 제시하면 이를 어떻게 할 것인가 하는 데 따른 것입니다.

그래서 과세당국은 이런 문제를 해결하기 위해서 특수관계인 간에 작성된 차용증은 원칙적으로 인정하지 않습니다. 그런데 문제는 가족 간에도 돈을 빌려 쓸 수 있다는 것입니다. 그래서 가족 간의 차입거래를 무조건 부인할 수도 없는 입장이기에 차용증에 구체적으로 이자율이나 차입금 상환방법 등을 기록하고, 거기에 따라 자금거래가 일치하면 이를 인정하고 있습니다.

예를 들어, 돈을 빌린 날짜에 돈이 제대로 수수되고 이자를 지급하기로 한 날에 이자가 꼬박꼬박 들어가는 등 자금거래가 입증된다면 부채거래가 인정된다는 것입니다.

여기에 더해 어떤 사람들은 차용증을 변호사 사무실에서 공증을 받아두는 경우도 있습니다. 이렇게 되면 법적 다툼이 있을 때 유리한 고지에 설 수 있기 때문입니다.

참고로 개인 간의 이자에 대해서는 25%(지방소득세를 합하면 27.5%)를 원천징수합니다. 100만 원을 지급하기로 했다면 이 금액의 275,000원이 원천징수된 금액이라는 것이죠. 상당히 높은 세금을 물어야 합니다. 그래서 어떤 사람들은 무이자율로 빌려주는 경우도 있습니다. 세법은 이런 무상대여금액이 2억 원 이상*이 되면 연간 4.6%의 이자율에 해당한 금액을 증여금액으로 보게 됩니다. 3억 원이면 연간 1,380만 원의 증여금액이 발생할 수 있다는 것입니다. 하지만 이 정도의 금액으로는 당장 증여세 문제는 없죠. 성년인 자녀는 5,000만 원까지는 증여세가 부과되지 않기 때문입니다.

Tip 자녀가 혼인할 때 (조)부모의 자금증여 및 대여법

첫째, 증여공제액 범위 내는 증여한다.

이때 증여공제액은 일반 증여공제 5,000만 원과 혼인 증여공제 1억 원 등 총 1.5억 원이 된다(혼인 증여공제 국회통과 전제).

☞ 부부를 기준으로 하면 3억 원을 기본적으로 조달할 수 있다. 여기에 사위와 며느리에게 증여하면 2천만 원을 추가할 수 있다(친족에 대한 증여공제는 1천만 원이다).

둘째, 2억 원 이하는 무이자로 차용을 한다.

이 경우 무이자에 대해서는 증여세가 없다.

셋째, 2억 원을 초과한 경우에는 전체 금액에 대해 0~4.6% 사이에서 이자율을 정해 이에 대한 이자를 지급한다.

이렇게 하면 차용금액에 대해서는 증여로 보지 않는다. 다만, 세법은 4.6%보다 낮게 이자를 지급하면 그 차액을 증여받은 것으로 본다. 물론 차액은 미미할 수 있다.

☞ 참고로 사회통념상 인정되는 혼수용품은 증여세가 비과세된다.

* 2억 원 이하는 무이자로 빌려도 증여세 문제가 전혀 없다. 무이자로 증여받은 금액이 1,000만 원 (2억 원×4.6%) 이하가 되면 증여세를 면제하기 때문이다. 다만, 2억 원을 초과하더라도 증여공제가 적용되므로 현실적으로 무이자에 대해 증여세가 과세되는 경우가 극히 드문 것이 현실이다.

장학재단을 설립하면
어떤 점이 좋을까요?

Q. 서울 중구 신당동에서 거주하고 있는 최수민 씨는 본인의 재산을 자녀에게 물려주는 것보다는 모두 사회에 환원하려고 합니다. 물론 그럴듯한 장학재단을 만드는 거죠.

만약 최 씨가 그의 재산 모두를 장학재단에 증여하거나 아니면 유증을 통해 출연하면 증여세나 상속세는 나올까요?

A. 상식적으로 보건대, 이러한 상황에서 세금을 거두어서는 안 될 것입니다. 그런데 자칫 잘못하면 좋은 일을 하는데도 세금이 나올 수 있습니다. 세법은 재단을 만들어놓은 후에 출연 가족들이 이와 관련된 재산을 마음대로 사용하는 것을 방지하기 위해 여러 가지 규정을 만들어놓고 있기 때문입니다. 이러한 문제 외에도 공익법인에 주식을 과도하게 증여해 증여세가 과세되는 경우도 있으므로 주의해야 합니다. 상증법 제48조에서는 공익법인이 의결권 있는 주식을 일정 비율(5~10%) 초과해서 증여받으면, 그 초과가액에 대해서는 증여세를 과세하도록 하고 있기 때문입니다. 그래서 이러한 제도를

이용하기 위해서는 사전에 세무전문가와 함께하는 것도 하나의 방법입니다.

참고로 당해 공익법인이 재산을 무상으로 출연받은 경우로서 그 출연 받은 재산을 그 출연 받은 날로부터 3년 이내 직접 공익 목적사업(직접 공익 목적 사업에 충당하기 위해 수익용 또는 수익사업용으로 운용하는 경우 포함)에 사용하는 경우에는 상증법 제48조의 규정에 의해 증여세가 과세되지 않습니다. 또한, 상속 재산 중 피상속인 또는 상속인이 종교·자선·학술 기타 공익을 목적으로 하는 사업을 영위하는 자에게 출연한 재산의 가액에 대해서는 제67조의 규정에 의한 신고기한(상속받은 재산을 출연해 공익법인 등을 설립하는 경우로서 부득이한 사유가 있는 경우에는 그 사유가 종료된 날이 속하는 달의 말일부터 6월을 말한다) 이내 출연한 경우에 한해 상속세 과세가액에 산입하지 않습니다.

시가와 기준시가 차이가 많이 나는 토지 중 어느 것으로 신고해야 할까요?

Q. 서울 서대문구에 거주하고 있는 송기철 씨의 사연을 들어봅시다. 송 씨가 보유한 땅은 400평이 되는데 평당 기준시가는 200만 원밖에 되지 않습니다. 그런데 시가는 놀랍게도 기준시가의 10배인 2,000만 원이라고 합니다. 기준시가로 하면 8억 원 정도, 시가로 하면 80억 원 정도가 됩니다.

왜 이렇게 기준시가와 시가의 차이가 심한지는 차치하고서라도 이러한 재산을 보유한 송 씨는 상당히 혼란스럽습니다.

만약 이 땅을 지금 증여하면 세금이 도대체 어떻게 부과되느냐 하는 것입니다. 시가로 신고하면 세금은 어마어마하겠지만, 기준시가로의 신고가 가능하다면 그렇지가 않기 때문입니다.

과연 송 씨는 어떻게 해야 이런 문제를 피할 수 있을까요?

A. 실무적으로 보면 시세와 기준시가의 차이가 상당히 나는 부동산이 꽤 많습니다. 상가의 부속 토지, 농지, 임야 등이 그렇습니다.

그런데 이렇게 시세와 기준시가의 차이가 심하면 신고 시 평가기준을 어떻게 해야 할지 상당히 혼란스럽습니다.

과세당국은 기준시가로 신고하면 시가과세를 위해 이것저것 따지게 되기 때문입니다. 하지만 상가의 경우, 상가의 시가를 매매사례가액으로 파악하는 것은 상당히 힘이 듭니다. 매매사례가액이 거의 존재하지 않기 때문입니다. 그래서 스스로 감정평가를 하지 않는 이상 법에서 정하고 있는 기준시가로 신고할 수밖에 없는 것이 현실입니다.*

그래서 이러한 상황에서는 현실적으로 기준시가로 신고하는 경우가 일반적입니다. 그러나 기준시가 신고가 꼭 좋다는 보장이 없습니다. 향후 처분을 할 때 양도소득세를 내야 하는데, 이때 취득가액이 기준시가로 정해지기 때문입니다. 따라서 상가 건물을 증여할 때는 처분시기를 살펴 감정평가를 할 것인가, 기준시가로 할 것인가를 정할 필요가 있습니다.

참고로 직계존비속이나 배우자로부터 증여를 받은 후 10년 내 양도하는 경우에는 이월과세제도가 적용되는 점에 주의해야 합니다. 이 제도는 증여받은 후 10년(2022년 이전 증여분은 5년. 이하 동일) 내 양도하면 당초 증여자의 취득가액을 기준으로 양도소득세를 계산하는 제도를 말합니다. 다만, 이월과세를 적용해서 나온 양도세가 이를 적용하지 않고 나온 양도세보다 적게 나오면 이 제도를 적용하지 않습니다(소득세법 제97조의 2 제2항 제3호).

---

* 물론 기준시가로 신고했다고 해서 무조건 이 금액으로 신고가액이 확정되는 것은 아니다. 신고 후에 감정가액으로 평가액이 바뀔 가능성이 있기 때문이다.

주가가 내려갈 때 주식을 증여하면
어떤 점이 좋을까요?

Q. 서울 강남구 압구정동에서 오랫동안 거주하고 있는 김영철 씨. 현재 주식을 보유하고 있는데 이 주식을 자식에게 증여해 도움을 주고자 생각하고 있습니다. 어떻게 하면 주식을 합법적으로, 그리고 저렴하게 증여할 수 있을까요?

A. 주식도 다른 재산처럼 증여할 당시의 시가로 평가해 신고하는 것이 원칙입니다. 하지만 재산을 평가하는 기준은 다른 재산과 다릅니다. 상장 주식은 증여일 전후 2개월, 즉 총 4개월간의 주가를 평균해 주식 가격을 산정합니다. 그런데 비상장 주식은 주가가 없습니다. 그래서 인위적으로 평가를 해서 가격을 구할 수밖에 없습니다.

상장 주식은 이처럼 4개월간 평가를 하므로 특정시점의 가격이 적용되는 펀드나 채권 등과는 가격 산정방법이 차이가 납니다. 이러한 점 때문에 주식을 증여했다가 취소하는 사례가 나옵니다. 따라서 주식을 증여할 때는 증여 후 2개월간의 주가 흐름까지 주의 깊게 지켜보는 게 필요합니다.

하지만 비상장 주식은 거래되는 금액이 없으므로 세법에서 정한 대로 평가를 해야 합니다. 일반적으로 비상장 주식은 최근에 당기순이익이 많고 잉여금이 많거나 부동산이 많으면 가격이 높게 평가되는 경우가 많습니다. 비상장 주식의 평가에 대해서는 제7장에서 살펴보았으니 참고하기 바랍니다. 참고로 주식과 관련해서는 다양한 규제가 많습니다. 대표적으로 자본금 증자나 감자, 합병 등의 과정에서 대주주를 중심으로 불공정 행위가 발생하면 이익을 본 주주에게 증여세를 과세합니다. 또한, 비상장 주식을 자녀 등에게 미리 이전한 후 상장해 부가 이전되면 이에 대해서도 증여세를 과세합니다. 이 외에도 다양한 문제점들이 발생할 수 있으므로 매사 주의를 해야 합니다.

골동품, 골프회원권, 미술품, 자동차에도
세금이 부과되나요?

Q. 중견 기업 L회장은 어렵게 모은 수억 원의 골동품을 자녀에게 물려주었습니다. 이 경우 세금이 부과될까요?

A. 골동품의 경우 세원관리가 마련되지 않아 시세파악도 어려워 부자들의 단골 편법 증여수단으로 자리를 잡은 것 같습니다. 예를 들어, 아버지가 아들에게 시가 3억 원 상당의 골동품을 물려준다 해도 이를 아들이 현금화하지 않는다면 증여세는 매길 수가 없는 것이 현실입니다. 그리고 이렇게 증여받은 아들이 몇 년이 지나 현금화한다고 해도 이를 과세당국이 적발해 내는 것은 불가능에 가깝습니다. 이 외에 그림이나 서예 작품 역시 마찬가지입니다. 더욱이 거액의 재산가일수록 골동품, 그림 등 고가 예술품을 '취미' 삼아 수집하는 경우가 늘면서 고가 예술품 증여는 갈수록 늘어가는 추세입니다.

그리고 이 외에도 과세망에 포착이 잘 안 되는 금이나 자동차, 기타 묻지마 채권이나 CD(양도성 예금증서), 비상장회사의 주식을 저가로 양도하는 경우도 은밀히 일어나고 있습니다. 또 자녀 명의로 채권을 구입해주고 이자소득에 대해 10년 장기채권 분리과세를 신청한 후 10년 뒤에 자녀가 상환받을 수 있도록 처리한 경우도 있습니다.

그렇다면 여기서 궁금한 것이 하나 있습니다. 위와 같은 행위는 생전에는 적발되지 않을 가능성이 있는데, 상속이 발생하면 어떻게 될까요?

일단 자발적으로 신고하지 않은 이상 과세당국이 이를 찾아내기가 현실적으로 어려워 보입니다. 앞에서 본 상속추정이나 증여추정제도 같은 것들이 있고, 세무조사를 하더라도 빈틈이 있기 마련이기 때문입니다. 이러한 점 때문에 상속세와 증여세는 납세의무자의 신고만으로 종결되지 않고 반드시 과세당국의 확인을 거쳐 종결되며, 국세부과 제척기간을 다른 세목에 비해 크게 늘리고 있습니다. 예를 들어 숨긴 재산이 50억 원을 초과하면 그 사실을 안 날로부터 1년 이내에 상속세나 증여세를 과세할 수 있습니다.

또한, 고액상속인(30억 원)의 경우 상속 후 5년 내 재산가액이 증가하면 재조사를 시행하는 등 사후관리를 강화하고 있습니다. 이처럼 상속세와 증여세에 대해서는 이런저런 제도들이 많이 있으므로 재산가 집안은 미리 주의해야 할 것 같습니다.

Tip 골동품·미술품 소득세 과세

골동품이나 미술품 등에서 발생한 소득은 기타소득으로 다음과 같이 과세되고 있다. 다만, 양도일 현재 생존한 국내 원작자의 작품과 개당, 점당 또는 조당 6,000만 원 미만의 미술품 등에 대해서는 과세하지 않는다. 참고로 아래의 필요경비는 양도가액이 1억 원 미만은 90%, 초과분은 80% 등을 적용한다(소득세법 시행령 제87조 제2호 참조).

• 기타소득 = (양도가액–필요경비)×원천징수세율 20%

부친 명의 토지를 무상 사용하면
세금이 있나요?

Q. 기준시가가 5억 원이고, 월 임대소득이 1,000만 원인 상가가 있습니다. 그런데 건물은 본인 소유지만, 그 토지(공시지가 10억 원)는 부친 명의로 되어 있습니다. 이 경우, 증여세를 내야 한다고 하는데 어떻게 대비해야 하나요?

A. 특수관계인으로부터 부동산을 무상으로 빌려 사용하면 무상이익에 대해 증여세가 부과됩니다. 또한, 무상으로 빌려준 사람에게는 무상으로 사용하게 한 금액을 수입으로 보아 소득세를 부과합니다. 따라서 특수관계인 간의 무상임대차계약은 이런 세금 문제가 있으므로 사전에 이를 예방할 수 있어야 합니다.

예를 들어, 증여세 등을 피하기 위해서는 정식으로 임대차계약을 맺는 것이 좋습니다. 세법에서 보는 임대료는 통상 개별공시지가의 2%를 최소로 하고 있으므로 월 166만 원 정도가 예상됩니다. 이렇게 정상적으로 임대료를 주고받으면 무상사용을 하는 것이 아니므로 증여세 문제를 없앨 수 있습니다.

연금보험의 평가방법은
어떻게 되나요?

Q. 서울 성북구 성북동에 거주하고 있는 김연철 씨는 아버지 앞으로 연금보험을 들어놨습니다. 만일 아버지가 사망한 경우 이 연금보험도 상속재산에 포함될 것 같은데, 이 상품은 어떻게 평가하는지 궁금합니다.

A. 연금보험은 크게 종신 연금형과 상속 연금형, 그리고 확정 연금형으로 구분됩니다. 종신 연금형은 죽을 때까지 일정액을 받는 것을 말합니다. 상속 연금형은 상속 전에는 이자 정도를 수령하고, 사망하면 적립금을 상속인에게 이전합니다. 그리고 확정 연금형은 10년 또는 20년 등 일정 기간에 따라 연금을 받는 것을 말합니다. 이러한 연금보험에 대해 재산을 평가할 때는 다음과 같이 평가합니다.

- 종신 연금형 → 종신정기금 평가방법에 의해 평가한다.
- 상속 연금형 → 종신정기금 평가방법에 의해 평가한다.
- 확정 연금형 → 유기정기금 평가방법에 의해 평가한다.

앞에서 종신정기금은 종신까지 정기적으로 주어지는 일정액의 금전 등을 말합니다. 그리고 종신정기금에 대한 평가방법은 다음과 같습니다.

$$\sum \frac{각\ 연도에\ 받을\ 정기금액}{(1+이자율^{*})^n}$$

종신정기금의 경우, 김 씨의 아버지가 통계청이 고시한 기대여명의 연수까지의 기간 중 각 연도에 받을 정기금액을 기준으로 위와 같이 계산합니다.

* 이자율 : 3.0%

보험금에도
상속세가 나오나요?

Q. 서울 광진구에 살고 있는 왕간다 씨는 최근 아버지가 돌아가시면서 보험금을 받게 되었습니다. 아버지의 유산은 상속공제액을 훨씬 뛰어넘어 상속세를 신고해야 할 판입니다. 이 경우 보험금도 상속재산에 포함되어 상속세가 나올까요?

A. 보험계약을 할 때, 피보험자(사고 대상의 되는 사람)의 사망으로 보험금이 발생한 경우 보험계약을 어떤 식으로 체결했느냐에 따라 상속세 과세 여부가 달라집니다. 다음의 내용을 참조하세요.

보험계약자가 부모인 경우

보험계약자	피보험자	보험수익자
부모	부모	자녀

보험계약자가 불입한 보험료에 의해 부모가 사망해 사망보험금이 발생한 경우, 해당 보험금은 상속재산에 포함되어 상속세가 과세됩니다. 이 경우 증

여세는 과세될 이유가 없습니다.

보험계약자가 자녀인 경우

보험계약자	피보험자	보험수익자
자녀	부모	자녀

보험계약자와 피보험자가 다른 상태에서 피보험자의 사망에 의해 보험금
이 발생한 경우에는 해당 재산은 보험수익자의 재산에 해당합니다. 따라서
이 경우 상속세는 발생하지 않으며, 보험계약자와 보험수익자가 일치하므로
증여세 과세 대상에서도 제외됩니다.

☞ 보험계약은 이와 같이 가입해두면 상속세와 증여세가 과세되지 않습니
다. 물론 보험계약자의 돈으로 납입해야 사후적으로 문제가 없습니다.

이혼 시 재산분할을 하면
세금이 없다면서요?

Q. H 씨는 이혼을 고려하고 있습니다. 그런데 이혼을 할 때에도 세금이 나온다는 말이 있는데 어떻게 해야 하나요?

A. 세법은 이혼 과정에 발생하는 위자료와 재산분할에 대해 성격에 따라 과세방식을 달리 적용하고 있습니다. 일단 재산분할의 경우에는 부동산이든, 현금이든 본인의 지분을 찾아간다는 측면에서 양도나 증여로 보지 않습니다. 따라서 이런 과정에서는 양도소득세나 증여세가 개입될 여지가 없습니다. 하지만 위자료의 경우에는 정신적 고통 등에 의해 지급된다는 점에서 부동산이든, 현금이든 증여세의 문제는 없지만, 부동산에 대해서는 양도소득세를 부과하고 있습니다. 부동산을 이전하는 쪽에서 위자료를 지급할 채무가 소멸하는 경제적 이익을 얻었다는 점에서 이를 유상양도로 보기 때문입니다. 따라서 이혼할 때는 위자료가 아닌 재산분할로 재산이 정리되어야 세금 문제가 없습니다.

절세 코칭

영리법인이 상속이나 증여를 받으면 벌어지는 일

상속이나 증여를 받을 수 있는 대상은 개인과 법인이다. 그런데 개인이 받으면 바로 증여세 등의 과세 대상이 되나 법인이 받은 경우, 상속세나 증여세가 부과되는지가 궁금하다. 이 외에 개인사업체에서 받은 경우도 증여세가 과세되는지 궁금할 수 있다. 이러한 개념을 이해하는 것은 세율을 결정하는 데 매우 중요하다. 개인에게 부과되는 증여세 세율은 10~50%이지만, 법인의 경우에는 9~24%의 세율이 적용되며, 개인사업체는 6~45%이기 때문이다.

그렇다면 앞에서 제기된 문제를 풀어보자.

1. 증여

첫째, 법인이 증여를 받는 경우를 보자. 법인기업의 경우 법인의 재산을 불려주는 것은 모두 법인의 소득으로 처리된다. 회계지식이 있다면 법인이 증여받은 재산은 '자산수증익'으로 처리된다는 사실 정도는 알고 있을 것이다. 따라서 증여분은 법인의 이익을 형성해 궁극적으로 9~24%의 세금이 부과된다.* 한편 법인의 주주와 특수관계에 있는 개인이 법인에게 증여한 경우, 해당 법인의 주주에게 증여세가 부과될 수 있음에도 유의해야 한다(단, 주주별로 증여이익이 1억 원 이상이 되어야 증여세가 과세된다).

둘째, 개인이 사업체를 통해 증여를 받으면 어떨까?

이에 대해 상증법(제2조 2항)에서는 다음과 같이 규정하고 있다.

---

* 법인 중 영리법인이 아닌 비영리법인이 있다. 대개 비영리법인이 증여를 받은 경우에는 예외적으로 개인과 같은 세율로 증여세가 부과된다. 하지만 공익성이 큰 장학재단이나 의료법인 그리고 기타 종교나 사회복지법인 등에게 증여세를 부과하면 공익사업을 방해하므로 이런 공익법인 등에게는 증여세를 부과하지 않고 있다.

"증여재산에 대하여 소득세법에 의한 소득세, 법인세법에 의한 법인세 및 지방세법의 규정에 의한 농업소득세가 수증자에게 부과되는 때는 증여세를 부과하지 아니한다."

따라서 소득세법에 의해 먼저 소득세가 과세되면 이중과세 방지를 위해 증여세를 부과하지 않는 것으로 볼 수 있다. 그러나 세무행정은 먼저 개인이 증여를 받은 후 사업체의 재산으로 사용하는 것으로 보아 증여세를 부과하고 있다. 이 부분은 개선이 필요하다.

〈사례〉

K씨는 법인 운영자금이 필요해 아버지로부터 5억 원을 증여받으려고 한다. 이 경우, 개인으로 받는 것이 좋을지, 법인이 받는 것이 좋을지 의사결정을 해보자. 이때 법인의 이익은 0원이며, 세율은 9~24%가 적용된다고 하자.

구분	개인	법인
세목	증여세	법인세
증여가액	5억 원	5억 원
공제금액	5,000만 원	0
과세표준	4억 5,000만 원	5억 원
세율	10~50%	9~24%(9.9~26.4%)
산출세액	8,000만 원 (4억 5,000만 원×20%-1,000만 원)	7,500만 원(8,250만 원) (2억 원×9%+3억 원×19%)

이 경우, 개인은 8,000만 원, 법인은 8,250만 원이 나온다. 따라서 이 경우 법인세가 조금 더 많다(배당소득세 추가 시 금액이 더 늘어날 가능성이 크다). 다만, 이러한 의사결정은 답이 정해진 것이 아니며, 상황에 따라 다른 결론이 나올 수 있음에 유의하자.

2. 상속

개인의 재산이 법인에 상속되면 우선 법인은 해당 재산을 공짜로 얻게 되므로 이에 대해서는 일단 법인세(9~24%)가 부과된다.

- 상속으로 받은 재산가액(자산수증익) × 9~24%

그런데 여기서 쟁점이 하나 생긴다. 법인이 상속받은 경우, 법인세만 내면 납세의무가 종결되는지의 여부다. 만일 그렇다면 개인이 상속받는 것보다는 법인이 상속을 받는 것이 유리할 것이다. 현행 상속세율은 10~50%이기 때문이다. 이에 현행 상증법(제3조의 2 제2항)에서는 상속받은 영리법인의 주주 중 상속인과 그 직계비속이 있는 경우에는 그 상속인과 직계비속이 추가로 상속세를 납부하도록 하고 있다.[*]

> 특별연고자 또는 수유자가 영리법인인 경우로서 그 영리법인의 주주 또는 출자자 중 상속인과 그 직계비속이 있는 경우에는 대통령령으로 정하는 바에 따라 계산한 지분상당액[**]을 그 상속인 및 직계비속이 납부할 의무가 있다.(2015.12.15 개정)

---

[*] 영리법인의 주주에 상속인과 그 직계비속이 없는 경우(예 : 사위나 며느리 등)에는 법인세 납부로 끝나게 된다.

[**] 상증법 제3조 제2항에서 다음과 같이 규정하고 있다.

[영리법인이 받았거나 받을 상속재산에 대한 상속세 상당액 - (영리법인이 받았거나 받을 상속재산 × 10 ÷ 100)] × 상속인과 그 직계비속의 주식 또는 출자지분의 비율

※ 상증세 집행기준 3의2-0-3 [특별연고자·수유자가 영리법인인 경우 상속인 등 납세의무]

　민법 제1057조의 2에 따른 특별연고자 또는 수유자가 영리법인인 경우에는 그 영리법인이 납부할 상속세를 면제하되, 그 영리법인의 주주 또는 출자자 중 상속인과 그 직계비속(이하 '상속인 등'이라 한다)이 있는 경우에는 해당 상속인 등의 상속인 지분상당액을 그 상속인 등이 납부할 의무가 있다.

---

① 상속인과 그 직계비속이 납부할 지분상당액 계산

영리법인에게 　　　유증 재산에 　　　상속인 등의
면제된 상속세 　ー　대한 법인세 　×　주식 등의 비율

② 유증재산에 대한 법인세

영리법인이 유증받은 상속재산 × 10%

상속·증여재산가액 정하는 방법

INHERITANCE TAX
AND GIFT TAX

증여(상속)재산가액을
정하는 방법

상속세나 증여세를 계산하기 전에 반드시 알아두어야 할 것은 과연 상속이나 증여재산을 어떻게 평가하는가 하는 것이다. 어떻게 평가하느냐에 따라 세 부담의 크기가 달라질 수 있기 때문이다. 물론 현금은 평가가 불필요하지만, 건물이나 토지 등은 평가 과정이 반드시 필요하다.

그렇다면 상증법에서는 어떤 식으로 평가하도록 하고 있을까?

먼저, 상속세 또는 증여세의 과세 대상인 재산의 가액은 상속개시일 또는 증여일 현재의 '시가'로 하는 것을 원칙으로 한다. 여기서 시가란 시장 가격을 말한다. 그런데 상속개시일이나 증여일 당시에 해당 재산이 시장에서 거래가 되지 않는 경우가 일반적이다. 이에 세법은 평가기간*에 다음과 같이 해당 재산에 대한 거래가액 등이 있으면 이를 시가로 인정한다.

* 상속재산의 평가기간 : 상속개시일 전후 6개월(1년)
  증여재산의 평가기간 : 증여일 전 6개월 증여 후 3개월(9개월)

- 해당 재산에 대해 매매가 있었던 경우 그 거래가액
- 2 이상의 감정평가기관이 상속세·증여세 납부 목적으로 평가한 감정가액이 있는 경우에 있어서 그 감정가액의 평균액(기준시가가 10억 원 이하는 1개의 감정평가도 인정)
- 당해 재산에 수용·경매 또는 공매사실이 있는 경우의 그 보상가액·경매가액 또는 공매가액 등

즉, 해당 재산이 아래 기간 내 매매되었거나 감정평가 등을 했다면, 이 금액이 상속이나 증여가액이 된다는 것을 말한다.

그런데 평가기간 내 거래가액이 없거나 감정을 하지 않으면 보충적 평가방법인 기준시가 등으로 신고할 수밖에 없다. 이렇게 되면 상속세와 증여세 세수가 줄어들 것이다. 이에 세법은 고육지책으로 마련된 제도가 바로 해당 재산과 '유사한 재산'이 다음의 평가기간에 거래된 경우, 이의 금액도 해당 재산에 대한 시가로 간주한다. 이는 유사한 재산을 통해 해당 재산에 대한 가격을 간접적으로 추정하는 제도라고 할 수 있다.

- 상속재산의 평가기간 : 상속개시일 전 6개월~상속세 신고 시까지의 기간*
- 증여재산의 평가기간 : 증여일 전 6개월~증여세 신고 시까지의 기간

그렇다면 여기서 '유사한 재산'은 구체적으로 무엇을 의미할까? 이에 대해서는 상증법 제60조 제2항 등을 따라가면 다음과 같은 결론을 얻을 수 있다.

* 유사한 재산에 대한 평가기간은 상속세나 증여세 신고 시까지를 말한다. 신고한 뒤에 발생한 매매사례가액으로 신고가액이 변경되는 것을 막기 위한 조치에 해당한다.

[부록] 상속·증여재산가액 정하는 방법

1. 공동주택의 경우 : 다음 각 목의 요건을 모두 충족하는 주택. 다만, 해당 주택이 둘 이상인 경우에는 평가 대상 주택과 공동주택가격 차이가 가장 작은 주택을 말한다.(2019. 03. 20 단서신설)
   가. 평가 대상 주택과 동일한 공동주택단지
   나. 평가 대상 주택과 주거전용면적의 차이가 평가 대상 주택의 주거전용면적의 100분의 5 이내일 것
   다. 평가 대상 주택과 공동주택가격의 차이가 평가 대상 주택의 공동주택가격의 100분의 5 이내일 것
2. 위 외의 재산의 경우 : 평가 대상 재산과 면적·위차·용도·종목 및 기준시가가 동일하거나 유사한 다른 재산

즉 아파트 같은 공동주택은 동일단지 내의 기준시와 면적이 같거나 유사(±5% 이내)한 것들의 거래가액 중에서 시가를 찾겠다는 것을 말한다. 그런데 평가기간 내 유사한 재산의 거래가액이 많이 있는 경우에는 평가 대상 주택과 기준시가가 가장 작은 주택의 가격을 시가로 삼는다. 예를 들어 유사한 재산에 대한 매매사례가액이 10억 원, 15억 원이 있는데, 이 중 15억 원이 평가 대상주택과 기준시가 차이가 가장 작게 난 것이라면, 이 금액이 재산평가액이 된다는 것이다.

이러한 재산평가방법은 실무에서 상당한 문제를 일으키고 있다. 평가기간이 1년(증여는 9개월)이 되고, 시장 상황에 따라 가격이 널뛰기하는데 '기준시가'라는 잣대로 재산을 평가하다 보니 전체 매매가액 중 가장 높은 가격이 재산가액으로 평가되는 일들이 발생하고 있다. 물론 운이 좋으면 가장 낮게 거래된 때의 가격이 재산가액으로 평가되는 경우도 있을 수 있다. 평가 대상주택과 기준시가가 차이가 작은 주택의 거래가액을 시가로 보도록 하는 규정 때문이다.

이처럼 공동주택에 대한 시가를 정할 때 기준시가라는 잣대를 사용하다 보니 결과적으로 '운'에 의해 시가가 정해지는 어처구니없는 일들이 발생하고 있는 것이다.

그렇다면 세금을 납부해야 하는 납세의무자는 이런 환경에 어떻게 대응해야 할까?

일단 아파트(빌라, 주택분양권, 조합원입주권 등 포함)처럼 가격이 널뛰기하는 경우에는 유사한 재산에 대한 매매가액으로 신고하는 것보다는 감정평가를 하는 것을 우선적으로 생각해봐야 한다. 세법에서는 당해 증여재산에 대해 감정을 받은 경우, 그 감정가액의 평균액(또는 해당가액)을 최우선적인 시가로 인정하고 있기 때문이다. 따라서 가격변동이 심한 아파트 같은 경우에는 감정평가를 받으면, 이 금액이 재산가액으로 고정되는 효과를 얻을 수 있다.

그런데 단독주택이나 상가나 빌딩 또는 토지 같은 재산들은 굳이 감정평가를 받지 않고 기준시가로 신고하는 경우가 많다. 단독주택 등은 유사한 재산이 없어 매매사례가액이 발견되지 않는 경우가 종종 있기 때문이다. 하지만 최근 정부에서는 기준시가로 신고된 오피스텔과 상업용 건물(토지 등으로 확대)에 대해서는 상속세나 증여세 신고기한 후 결정기한(상속은 9개월, 증여는 6개월) 내 재산평가심의위원회의 심의에 부쳐 2 이상의 감정평가액으로 상속세나 증여세를 과세할 수 있는 제도를 도입해 긴장감이 높아지고 있다. 추후 본세가 추징될 수 있기 때문이다(이 경우 가산세는 부과되지 않는다).

상속이나 증여가액의 평가는 상당히 중요하므로 일단 앞에서 본 내용을 표로 정리해보고, 쟁점이 되는 내용은 별도로 정리해보자.

1. 원칙적 평가방법		2. 보충적 평가방법	3. 평가심의위원회 감정평가방법
시가	간주시가		
불특정 다수인 간의 거래금액 (시장 가격)	① 당해 재산에 대한 평가기간 중의 다음의 가격 – 감정가액 – 매매가액 – 경매·공매·수용가액 ② 위①의 가격이 없는 경우 위치·면적 등이 유사한 재산에 대한 평가기간 중의 다음의 가격 – 매매사례가액 – 경매·공매·수용가액	아래 참조	보충적 평가방법으로 신고 시 평가심의위원회의 심의를 거친 가격 (감정평가액)

〈부동산 보충적 평가방법〉

부동산 유형	평가방식
토지	개별공시지가로 평가
주택	개별주택가격 및 공동주택가격으로 평가
일반건물	일반건물은 신축가격기준액·구조·용도·위치·신축연도·개별건물의 특성 등을 참작해 매년 1회 이상 국세청장이 산정·고시하는 가액으로 평가
오피스텔 및 상업용 건물	• 국세청장이 지정하는 지역에 소재하면서 국세청장이 토지와 건물에 대해 일괄해 산정·고시한 가액이 있는 경우 그 고시한 가액으로 평가 • 국세청장이 일괄해 산정·고시한 가액이 없는 경우에는 토지와 건물을 별도로 평가한 가액으로 평가
임대차계약이 체결된 재산	평가기준일 현재 시가에 해당하는 가액이 없는 경우로서 사실상 임대차계약이 체결되거나, 임차권이 등기된 부동산일 경우 아래와 같이 평가 ※ 임대차계약이 체결된 재산의 평가액 = Max[보충적 평가가액*1, 임대보증금 환산가액*2] *1 보충적 평가가액 : 토지의 개별공시지가 및 건물의 기준시가 *2 임대보증금 환산가액 : (임대보증금) + (1년간 임대료 합계액* ÷ 0.12) * '1년간 임대료 합계액' 계산 : 평가기준일이 속하는 월의 임대료에 12월을 곱해 계산

국세청 홈택스의 재산평가액을
맹신하면 안 되는 이유

현재 상속이나 증여재산의 평가와 관련해 납세자들의 재산권이 심히 침해되고 있어 이에 어떤 식으로 대응해야 하는지 도대체 감을 잡기가 힘들다. 그 이유에 대해 알아보자.

1. 공동주택(오피스텔 포함)

일반적으로 아파트 같은 공동주택(오피스텔 포함)의 경우 감정평가를 하지 않으면 매매사례가액으로 신고하는 경우가 많다. 이때 국세청 홈택스(메뉴 : 조회/발급→상속·증여재산평가하기*)에서 제공하는 다음과 같은 자료를 이용한다.

---

* 상속·증여재산평가정보 조회서비스에서는 토지, 공동주택, 개별주택, 일반건물, 상업용건물, 오피스텔, 상장 주식에 대한 상속 및 증여재산의 평가에 관한 정보를 제공하고 있다.
  • 홈택스 〉 조회/발급 〉 세금신고납부 〉 상속·증여재산평가하기
〈제공정보〉
전국의 공동주택과 수도권(서울·경기·인천), 5대 지방광역시(부산·대구·광주·대전·울산) 및 세종특별자치시('19년 고시부터) 소재 오피스텔의 유사재산 매매사례가액
  • 매매계약일부터 D/B수록일까지 일정 시간이 소요됨에 따라 조회일 전 약 2개월 이내 유사재산 매매사례가액은 제공되지 않음.
  – 토지·개별주택·일반건물의 기준시가 등 보충적 평가액
  – 상장주식의 평가기준일 이전·이후 2개월 종가평균액

[부록] 상속·증여재산가액 정하는 방법

(유사)매매 공동주택

증여 또는 상속일자	
주소	

기준시가 (단위 : 원, ㎡)

고시일자	기준시가	총면적	전용면적	공유면적

(유사)매매 시가(평가기간 내 유사 물건) (단위 : 원, ㎡)

순번	(유사) 재산	매매 계약일	매매가액	고시일자	기준시가	총면적	전용면적	지분양도 여부

(유사)매매 시가(평가기간 내 유사 물건) (단위 : 원, ㎡)

순번	(유사) 재산	매매 계약일	매매가액	고시일자	기준시가	총면적	전용면적	지분양도 여부

(유사)매매 시가(평가기간 내 유사 물건) (단위 : 원, ㎡)

이 자료는 평가기간 내(외)에 유사한 재산에 대한 매매사례가액을 자동으로 추출해주기 때문에 실무적으로 요긴하게 사용되는 경우가 많다. 하지만 이 국세청 홈택스 자료는 절대적인 흠결이 있다. 여기에서 제시된 금액으로 상속세나 증여세를 신고해도 해당 금액이 바뀔 수 있기 때문이다. 신고 후에 뒤늦게 거래에 관한 정보가 제공되는 이유에서다. 이는 다음과 같은 공지문을 통해서도 확인할 수 있다. 즉 공지문의 1에서는 유사재산의 매매사례가액에 대한 정보가 뒤늦게 제공될 수 있고, 이에 따라 신고 후에 다른 가액으로 신고가액이 뒤바뀔 수 있음을 알려주고 있다.

1. 조회일 전 약 2개월 내 유사재산 매매사례가액은 시간제약상 부득이 제공되지 못하며, 이에 따라 과세관청의 상속·증여세 처리 시 다른 사례가액 등으로 결정될 수 있습니다.
2. 아울러, 본 시스템을 이용해 유사재산 매매사례를 확인한 경우 등기부등본을 열람하여 매매가액 등의 확인을 권장합니다.
3. '상속증여세법 시행규칙' 제15조 개정에 따라 '19. 3. 20 이후 공동주택에 대한 상속·증여분부터는 반드시 평가 대상주택과 공동주택가격 차이가 가장 작은 주택이 있는지 추가 확인하시기 바랍니다.
4. 위 3번에 따른 시가가 둘 이상인 경우 평가기준일을 전후해 가장 가까운 날에 해당하는 가액을 시가로 적용합니다.

따라서 이러한 한계로 인해 납세자가 공동주택의 경우 매매사례가액으로 신고하는 것 자체가 어떻게 보면 도박에 가까울 수밖에 없다. 앞의 자료를 통해 확인한 가액으로 신고했지만, 신고 후에 가격이 바뀔 수도 있고 바뀌지 않을 수도 있기 때문이다. 이는 세법에서 정하고 있는 과세요건의 명확성 원칙을 훼손하는 것이기도 해 납세자의 재산권을 침해하는 결과를 가져오기 때문에 신고할 때를 기준으로 나온 가액을 신고가액으로 인정하든지, 평가기간 내 발생한 여러 가지 매매사례가액 중 하나를 납세자가 선택할 수 있는 기회를 주는 것이 타당하다고 보인다.

한편 위 공지문의 3과 4도 상당히 문제가 있다. 앞에서도 지적했듯이 여러 개의 매매사례가액이 있는데 '기준시가'라는 잣대로 최종 시가를 선정하기 때문이다. 매매사례가액의 편차가 거의 없다면 별다른 문제가 없기 때문에 부동산 가격이 갑자기 급등하거나 급락한 경우, 운이 없으면 기준시가가 같거나 차이가 작다는 이유 하나만으로 시가가 결정되는 불합리한 상황이 발생하는 것은 세무상 심각한 문제가 있다. 세법이 유사한 재산의 범위를 정해두고 평가기간 내 해당 재산들이 거래되는 것을 모두 시가로 보고 있음에도 불구하고, 기준시가를 가지고 그중 하나를 획일적으로 선택하도록 하다 보니 이러한 현상이 발생하고 있다.

☞ 이러한 불합리한 현상으로 인해 공동주택은 무조건 감정평가를 받는 식으로 실무가 돌아간다. 감정평가를 받으면 매매사례가액과 무관하게 해당 금액이 고정되기 때문이다. 하지만 문제는 납세자가 감정평가 수수료를 온전히 떠안아야 한다는 것이다. 물론 수수료에 대한 공제가 되지만 500만 원에 불과해 납세자의 부담은 상당히 크다. 이처럼 세무신고를 위해 납세자의 부담을 가중시키는 것은 옳지 못한 방향이다. 따라서 재차 강조하지만 납세자가 평가기간 내의 매매사례가액 중 하나를 선택할 수 있게 하거나, 아니면 신고 시까지 발견된 매매사례가액으로 신고하면 그 뒤에 발견된 매매사례가액은 신고에 영향을 주지 않도록 하는 조치가 필요해 보인다.

2. 상업용 건물

아파트와는 달리 상업용 건물은 유사한 재산이 거의 없다. 이에 따라 실무에서는 감정평가를 하지 않는 이상 보충적 평가방법(임대료 환산가액, 기준시가)으로 신고하는 경우가 많다.

그런데 2020년부터 위 기준시가 등으로 상속세를 신고한 경우, 그 신고기한 경과 후 결정기한(상속세 9개월, 증여세 6개월) 내 평가심의위원회의 심의를 거쳐 매매가액이나 감정가액 등을 시가에 포함시킬 수 있게 되었다. 예를 들어, 기준시가가 30억 원인 상업용 건물을 이 금액으로 상속세나 증여세를 신고해서 세금을 납부한 경우라도 국세청에서 감정을 받은 금액이 100억 원이라면 이 금액으로 과세하겠다고 위 위원회에 요청하면, 그 위원회는 이를 심의해서 승인할 수 있다는 것을 의미한다.

납세자의 입장에서는 상당히 곤혹스러운 제도가 도입된 것은 틀림이 없다. 하지만 이 제도는 다음과 같은 문제들이 있다.

첫째, 적용 대상의 모호함이 문제다.

이 제도는 원래 오피스텔과 상업용 건물 등 비주거용 건물을 대상으로 도입되었으나 모든 부동산에 적용할 수 있는 것으로 해석하고 있다. 이렇게 되면 언제든지 과세관청의 편의에 따라 신고가액이 바뀔 수 있는 불합리한 결과가 발생한다. 이는 납세자의 재산권이 심히 침해되는 결과를 낳는다(조세법률주의 침해).

둘째, 대상자 선정방식이 공개되지 않는 것도 문제가 된다.

현재 기준시가로 신고된 모든 부동산에 대해 감정평가를 적용하는 것이 아니라, 기준시가가 20억 원이 넘는 비주거용 건물에 대해서만 이를 적용하는 것으로 알려졌다. 하지만 이는 어디까지나 비공개된 정보에 의한 것으로 투명한 행정이 되기 위해서는 선정방식을 공개할 필요가 있다(조세평등주의 침해).

셋째, 납세자는 소급감정을 허용하지 않는 것도 문제다.

국세청에서는 신고기한 경과 후 소급해 감정한 가액을 시가로 인정하는 것은 법적 안정성을 해치고 조세행정 집행상 혼란을 초래할 우려가 있다는 등의 이유로 일관되게 소급감정가액은 인정하지 않고 있다(재삼46014-1612, 1996. 7. 8, 재삼46330-274. 1999. 6. 30).

☞ 다만, 대법원에서는 소급감정에 해당하는 경우에도 객관적이고 합리적인 방법으로 평가한 가액에 해당하는 경우에는 시가로 본다고 판시(대

[부록] 상속·증여재산가액 정하는 방법

법2010두8751, 2010. 9. 30)한 바가 있다.

3. 기타

공동주택과 상업용 건물 외의 토지나 단독주택, 그리고 소규모 상가주택 등은 매매사례가액이 거의 없어 보충적 평가방법인 기준시가로 신고하는 경우가 많다. 다만, 이 경우 과세당국에서 신고 후에 감정평가액으로 경정할 가능성도 배제할 수 없지만, 실무에서 보면 소규모 자산(기준시가 20억 원 이하)에 대해서는 이 제도를 적용하지 않는 것으로 관측되고 있다. 신고 전에 전문 세무사를 통해 이 부분을 확인하기 바란다.

> **Tip 상업용 건물에 대한 사후 감정평가제도 제동**
>
> 상업용 건물 등에 대한 상속세나 증여세를 기준시가로 신고한 경우 국세청이 감정평가액으로 과세할 수 있는 제도가 2020년부터 시행되고 있다. 하지만 앞에서 지적한 것처럼 이 제도는 상당한 문제점을 내포하고 있다. 국세청이 자의적으로 평가를 의뢰해 세금을 강제징수하고 있는 것에 해당하기 때문이다. 이러한 행위에 대해 최근 서울행정법원(행정4부)에서도 "국세청이 과세 목적으로 일방적으로 의뢰해 나온 가격은 시가로 보기 어렵다"고 판단했다. 이에 따라 현재 평가심의위원회를 거쳐 감정가액 등으로 과세하는 방식을 계속해 적용하는 것이 쉽지 않을 것으로 보인다. 같은 논리로 납세자의 손을 들어줄 가능성이 크기 때문이다(단, 대법원의 최종 판결 전까지 현행의 방식을 고수할 수도 있음).

절세 코칭
실무상 감정평가를 하면 좋은 경우

부동산은 매매나 상속·증여 등을 거치면서 가격이 다양하게 변한다. 이에 따라 변하는 가격은 세금에도 다양하게 영향을 준다. 이하에서는 주로 상속이나 증여 시 감정평가를 하면 좋은 이유를 아울러 살펴보고자 한다.

첫째, 시가 변동이 큰 부동산을 상속이나 증여할 때다.

아파트처럼 가격이 널뛰기를 하는 경우에는 감정평가를 받아서 상속세나 증여세를 신고하는 것을 검토해볼 수 있다.

▶ 평가기간(상속세 1년, 증여세 9개월) 내에 감정평가를 하면, 이 금액이 상속 또는 증여재산가액으로 확정된다.

둘째, 상속이나 증여 시 양도소득세 취득가액을 올려두고 싶을 때다.

상속이나 증여로 취득한 부동산을 향후 양도하면 상속이나 증여재산가액이 된다. 따라서 향후 취득가액을 올리고 싶다면 감정평가액으로 신고할 수 있다.

▶ 상속의 경우 감정평가액으로 신고하면 상속재산가액이 증가되며, 감정평가액이 취득가액이 된다.

▶ 증여의 경우 감정평가액으로 신고한 후 이를 양도하면 이월과세가 적용되므로 증여 후 10년 후에 양도해야 감정평가액을 취득가액으로 인정받을 수 있다.

☞ 상속의 경우 이월과세제도가 적용되지 않으므로 감정평가를 받아 신고해두면 향후 양도소득세 신고할 때 도움을 받을 수 있다.* 하지만

---

* 감정평가만 받아두고 신고하지 않더라도 향후 양도소득세 신고 시 준비해둔 감정평가액을 취득가액으로 할 수 있다.

[부록] 상속·증여재산가액 정하는 방법

증여의 경우 이월과세제도가 적용되므로 감정평가의 효과를 얻기 위해서는 10년을 기다려야 한다.

셋째, 특수관계인 간의 매매 시 시가를 참고하고 싶을 때다.

특수관계인 간에 저가 양수도를 하면 저가 양도자에게는 부당행위계산부인, 저가 양수자에게는 증여세제도가 적용될 수 있다. 따라서 이때 거래가액을 정할 때 감정평가액을 참고해서 거래가액을 정할 수 있다.

▶ 예를 들어 감정평가액이 5억 원이라고 하자. 이 금액의 95% 수준인 4억 8,000만 원 정도에서 거래금액을 정하면 양도자는 부당행위계산부인규정을 적용받지 않는다. 시가와 5% 이내의 차이는 문제를 삼지 않기 때문이다.

▶ 증여의 경우에는 30%(3억 원) 기준을 사용하므로 3억 5,000만 원을 초과한 금액으로 거래금액을 정하면 증여세를 과세하지 않는다.

☞ 이처럼 특수관계인 간의 저가 양수도 모형은 양도자가 비과세를 받을 수 있다면, 감정평가액 기준 30% 정도 인하된 거래금액으로 해도 양도소득세와 증여세 모두 문제가 없다.

Tip 상증법상 감정평가제도

감정평가의 유용성이 점점 커지고 있다. 이하에서 상증법상 감정평가제도에 대해 알아보자.

1. 유효한 감정평가액
상증법상 감정평가액이 시가로 인정되기 위해서는 다음의 요건을 충족해야 한다.

▶ 평가기간* 내 감정평가를 받을 것

▶ 위 평가기간 내에 가격산정기준일과 감정가액평가서 작성일이 포함될 것

☞ 현행 상증법을 집행하는 국세청은 납세자가 평가기간이 지난 후 받은 감정가액은 상증법상의 가액으로 인정하지 않는다. 하지만 대법원은 소급감정에 해당하는 경우에도 객관적이고 합리적인 방법으로 평가한 가액에 해당하면 하나의 감정가액도 시가로 본다고 판시(대법2010두8751, 2010. 9. 30)하고 있다.

2. 감정평가 개수

해당 부동산의 기준시가가 10억 원 이하인 경우에는 1개의 평가액이 가능하며, 이를 초과하면 2개 이상의 평가액이 필요하다.

※ 상속·증여세 신고 시 감정평가수수료 공제

• 부동산에 대한 감정평가법인 수수료 : 500만 원 한도

• 비상장 주식에 대한 신용평가기관(세무법인 등) 평가수수료 : 1,000만 원 한도

• 서화·골동품 전문가 평가수수료 : 500만 원

3. 감정가액의 적용배제

감정가액이 일정한 기준에 미달한 경우에는 이를 인정하지 않는다. 아래 집행기준을 참조하기 바란다.

※ 시가로 보는 감정가격(상증세 집행기준 60-49-5)

① 감정평가서를 작성한 날이 평가기간 내 속하는 경우로서 2 이상의 공신력 있는 감정기관(기준시가 10억 원 이하 부동산의 경우 하나 이상의 감정기관)이 평가한 감정가액이 있는 경우에는 그 감정가액의 평균액은 시가로

---

* 상속은 상속개시일 전·후 6개월 – 총 1년, 증여는 증여일 전 6개월~증여 후 3개월 – 총 9개월)

인정된다. 단, 주식 및 출자지분의 감정평가액은 인정되지 아니한다.

② 앞의 ①의 감정가액이 기준금액(보충적 평가방법으로 평가한 가액과 유사사례 가액의 90% 가액 중 적은 금액)에 미달하거나 평가심의위원회의 심의를 거쳐 감정가액이 부적정하다고 인정되는 경우에는 세무서장 등이 다른 감정기관에 의뢰해 감정한 가액에 의하며, 그 가액이 납세자가 제시한 감정가액보다 낮은 경우에는 앞의 ①의 감정가액으로 한다.

③ 평가 대상 재산이 공유물인 경우 이 재산의 타인지분에 감정가액이 있는 경우에는 이 감정가액을 공유물의 감정가액으로 볼 수 있다. 다만, 공유물이 현실적으로 각자가 별도로 관리·처분할 수 있고, 이에 대한 계약 등에 의해 그 사실이 확인되거나 상호 명의신탁재산에 해당해 사실상 이를 공유물로 볼 수 없는 경우에는 타인지분에 대한 감정가액을 평가 대상 감정가액으로 보지 아니한다.

④ 납세자가 제시한 감정기관의 감정가액이 세무서장 등이 다른 감정기관에 의뢰해 평가한 감정가액의 80%에 미달하는 경우 1년의 범위 내 시가불인정 감정기관으로 지정할 수 있으며, 그 기간 동안 평가한 감정가액은 시가로 보지 아니한다. 시가불인정 감정기관으로 통지를 받은 날부터 20일 이내 의견을 제출해야 하며, 정당한 사유 없이 의견을 제출하지 아니한 경우에는 의견이 없는 것으로 본다.

4. 평가심의위원회의 역할

현행 상증법 시행령 제49조의 2에서는 아래 사항을 심의하기 위해 국세청 등에 평가심의위원회를 두도록 하고 있다.

• 평가기간 밖의 매매 등의 가액의 시가인정
• 시가불인정 감정기관의 지정
• 비상장 주식 등 가액평가 및 평가방법
• 건물, 오피스텔 및 상업용 건물 가치의 산정·고시를 하기 위한 자문

이러한 제도에 따라 보충적 평가방법(기준시가나 환산가액)으로 상속세나 증여세를 신고하면 국세청에서 감정평가를 받아 이의 금액으로 과세할 수 있게 된다.

참고로 이 제도는 납세자도 신청 가능한데 상속세 과세표준 신고기한 만료 4개월 전(증여의 경우에는 증여세 과세표준 신고기한 만료 70일 전)까지 신청해야 한다.

Tip 각 세법상의 시가

구분	법인세법	소득세법	상증법
시가가 있는 경우 ※시장에서 거래되는 가격	해당 가격	해당 가격	해당 가격(평가기간 내의 매매·감정·수용가격 등 포함. 간주시가)
시가가 불분명한 경우	• 감정가액〉상증법상 평가규정 적용 • 금전 : 4.6% 등 적용 가액	상증법 적용(단, 양도일 또는 취득 전후 3개월 내의 평가액 기준)	위 시가를 산정하기 어려운 경우 : 보충적 평가방법을 시가로 함.
근거 규정	법령 제89조	소령 167조	상증법 제60조 등

상속·증여재산평가와 관련된 쟁점 요약

상속과 증여에 따른 재산과 부채를 평가할 때, 금융재산이나 부채의 금액을 파악하는 것은 그렇게 어렵지 않다. 객관적인 시세가 있기 때문이다. 그런데 부동산은 쉽지가 않다. 시세에 관한 정보를 제공하는 업체도 있지만, 정확성을 담보할 수 없을뿐더러 모든 부동산에 대한 시세에 대한 정보를 제공하고 있지도 않기 때문이다.

이하에서 재산평가와 관련된 쟁점을 요약해보자.

첫째, 인터넷 시세표로 신고할 수 있을까?

상속이나 증여에 대해 세금신고를 할 때 시가를 찾아내기가 상당히 곤란한 경우가 일반적이다. 특히 아파트를 제외한 물건들은 시세조차 알 수 없는 경우가 많다. 그러다 보니 신고금액을 결정할 때 대부분 기준시가로 신고한다.

그러나 아파트의 경우에는 시세가 존재하고 매매사례가액도 다양하다. 그래서 아파트는 매매사례가액을 제대로 조사해야 나중에 문제점을 피할 수 있다. 그런데 아파트라도 매매사례가액이 없는 경우가 있다. 이럴 때 애써 돈을 들여가며 감정을 받지 않고 국민은행 등에서 제공한 시세로 신고할 수 있을까?

결론적으로 말하면 이의 금액은 법에서 인정하는 가격이 아니다. 하지만 실무적으로 이 가격으로 들어가도 통과되는 경우가 있으므로 세무전문가를 통해 알아보기 바란다.

둘째, 증여일로부터 3개월 내 매매사례가액이 밝혀지면 증여를 취소할 수 있나?

이제 상속세나 증여세를 미리 신고하면 매매사례가액이 밝혀져 신고를 다시 해야 하는 번거로움이 발생할 수 있다. 그래서 될 수 있으면 신고기한이 속하는 달의 말일 정도에 맞추어 신고하는 것이 이러한 번거로움을 예방할 수 있다. 그런데 만일 예상과 달리 증여일로부터 3개월 내 예상치 않게 높은 매매사례가액이 밝혀졌다면 증여를 취소하면 될 것이다. 그렇다면 이러한 상황에서 세금관계는 어떻게 될까?

- 증여세 → 금전 외 재산은 증여일로부터 3개월 내 반환하면 당초 증여분과 반환분에 대해서는 세금이 없다.
- 취득세 → 취득세는 반환이 힘들다.

셋째, 기준시가 신고 시 어떻게 하면 절세할 수 있을까?

만일 매매사례가액이 없다고 한다면 이제는 마음 놓고 기준시가로 신고해도 문제가 없다(단, 일부 빌딩 등은 사후 감정평가로 과세될 수 있음에 유의). 그렇다면 언제 증여하는 것이 좋을까? 이는 다음과 같은 기준시가 발표일과 관련이 있다.

구분	아파트	단독주택	토지
발표일	매년 4월 30일경	좌동	매년 5월 31일경

만일 주택을 증여할 때는 매년 4월 30일 전에 하면 작년도의 기준시가를, 이 날짜 이후에 증여하면 새로 고시된 기준시가로 신고를 해야 한다. 적용시점에 주의할 필요가 있다.

실무적으로 보면 개발이 예정된 지역 내의 저평가된 지역의 집을 증여한 경우에는 증여세가 낮게 나오는 이유도 이러한 과세기준과 관계가 있다. 예를 들면, 성년인 자녀에게 시가가 1억 원인 집을 사주는 경우 증여세는 700만 원이지만, 실제 집을 증여하는 경우에 증여세는 700만 원보다 적게 나온다. 이는 건물의 기준시가는 시가보다 낮게 되어 있기 때문이다.

넷째, 담보로 제공된 재산의 평가는 어떻게 할까?

저당권이나 임대차계약이 체결된 재산의 평가는 다음과 같이 함에 유의할 필요가 있다.

담보 제공된 재산	저당권이 설정된 재산	다음 둘 중 큰 금액 ① 상증법상 평가액 ② 당해 재산이 담보하는 채권액
	전세권이 등기된 재산	다음 둘 중 큰 금액 ① 상증법상 평가액 ② 등기된 전세금
	임대차계약이 체결된 재산	다음 둘 중 큰 금액 ① 상증법상 평가액 ② 임대보증금 + 연간임대료/12%

예를 들어 어떤 건물을 평가한다고 하자. 이 건물의 시세는 20억 원이나 기준시가는 8억 원이다. 그리고 이 건물의 임대보증금은 5억 원이고 연간 임대료는 1억 원이다. 이 건물을 증여한다고 할 때 재산평가액은 얼마나 될까?

일단 임대차계약이 체결된 재산은 다음 중 큰 금액으로 한다.

① 상증법상 평가액

상가의 경우 매매사례가액 등이 거의 존재하지 않기 때문에 기준시가로 신고를 할 가능성이 크다. 따라서 상증법상 평가액은 기준시가 8억 원이다.

② 임대보증금 + 연간임대료/12%

임대보증금이 5억 원이고 연간임대료를 12%로 나눈 금액은 약 8억

3,333만 원이다. 따라서 이 둘을 합한 13억 3,333만 원이 평가액이 된다.

다섯째, 상속·증여가액이 수정되면 가산세는 어떻게 될까?

예를 들어 신고한 상속이나 증여가액이 매매사례가액의 발견이나 오류 등에 의해 달라져 과세관청이 수정해 고지서를 보내는 경우 가산세는 어떻게 적용될까? 이런 경우 원칙적으로 신고를 불성실하게 했을 때 신고불성실가산세(10~40%)를, 그리고 납부를 적게 한 경우에는 납부지연가산세(미납기간에 따라 일일 2.2/10,000)를 부과한다. 하지만 다음의 사유가 발생한 것에 한 해에는 신고불성실가산세를 부과하지 않는다.

- 신고한 재산에 대한 평가가액의 적용방법 차이(예 : 기준시가로 신고했으나 매매사례가액으로 고지한 경우 등)로 미달 신고한 경우
- 신고한 재산으로서 소유권에 관한 소송 등의 사유로 인해 상속 또는 증여재산으로 확정되지 아니한 금액
- 상속공제나 증여공제의 적용 착오로 미달 신고한 금액

☞ 한편 신고 후에 국세청이 감정평가를 적용해 상속세나 증여세를 경정한 경우에는 납부지연가산세도 부과하지 않는다.

여섯째, 감정평가를 받아두고 상속세를 신고하지 않은 경우에 감정평가액을 재산평가액으로 주장할 수 있을까?

그렇다. 다음 예규를 참조하기 바란다.

※ 상증, 재산세과-607, 2011. 12. 20

상속세 과세표준을 신고하지 않은 경우로서, 상속재산인 부동산과 유사한 다른 재산에 대해 상속개시일 전후 6월 이내 매매 등 가액이 있는 경우에는 그 가액은 시가로 인정될 수 있는 것이며, 상속개시일 전 2년 이내의 기간 (상속개시일 전 6월 이내의 기간을 제외) 중에 유사한 다른 재산에 대한 매매 등 가액이 있는 경우, 평가심의위원회의 자문을 거쳐 당해 재산의 시가로 인정되는 가액에 포함시킬 수 있는 것임.

절반으로 줄이는
상속·증여 절세법

제1판 1쇄 2023년 5월 3일
제1판 2쇄 2023년 8월 23일

지은이   신방수
펴낸이   한성주
펴낸곳   ㈜두드림미디어
책임편집   최윤경, 배성분
디자인   얼앤똘비악(earl_tolbiac@naver.com)

㈜두드림미디어
등록   2015년 3월 25일(제2022-000009호)
주소   서울시 강서구 공항대로 219, 620호, 621호
전화   02)333-3577
팩스   02)6455-3477
이메일   dodreamedia@naver.com(원고 투고 및 출판 관련 문의)
카페   https://cafe.naver.com/dodreamedia

ISBN 979-11-982681-1-2 (03320)